할 수 있다, 미국 의사

USMLE부터 매칭까지 한국 의사 미국 진출 가이드

할 수 있다, 미국 의사

서울대학교 의과대학 동창회 기획 | **염선영 외** 지음

올림

발간사

미래를 향한 새로운 항로를 열며

의학은 인류의 고통을 덜고 건강한 삶을 영위하도록 돕는 숭고한 사명을 지닌 학문입니다. 의학 교육자로서 평생을 살아오며, 제자들이 국내외에서 의학 발전에 기여하는 모습을 지켜보는 일은 저에게 큰 보람이었습니다.

최근 의료계는 전례 없는 도전과 변화의 시기를 맞이하고 있습니다. 어려운 상황 속에서 많은 젊은 의사들과 의과대학 학생들이 미래에 대한 불안과 좌절감을 느끼고 있다는 사실을 잘 알고 있습니다. 우리 동창회는 이들에게 다양한 진로의 가능성을 보여주고, 그들이 의학에 대한 열정과 사명을 잃지 않도록 돕는 것이 우리의 책임이라고 생각합니다.

이러한 책임을 실천하기 위한 사업 가운데 하나로 지난 1년여 동안 미국에서 활발히 활동 중인 동문들로 멘토단을 구성하여, 미국 진출을 희망하는 후배들에게 실질적 조언과 정보를 제공하는 일을 진행해왔습니다. 이 과정에서 사회적 환경과 기성 체제에 상처받은 많은 청년 의사들과 의과대학 학생들이 따뜻한 도움의 손길을 내미는 선배들을 통해 세상은 아직 꿈을 펼쳐볼 만한 곳이라는 희망을 찾았다는 피드백을 받았습니다. 이러한 선후배 간의 교류와 지원을 서울의대 동창회를 넘어 대한민국의 의료계 후배 전체를 위해 확대하는 것이 바람직하다고 느꼈습니다.

모든 의료인은 환자의 건강과 행복을 위해 헌신하는 하나의 공동체입니다. 이에 서울의대 동창회는 그동안 개별적으로 제공되던 조언과 정보를 체계적으로 정리하여 『할 수 있다, 미국 의사』라는 책으로 출간하게 되었습니다. 이 책은 단순한 정보 제공을 넘어, 미국 의료 환경에서 새로운 도전을 준비하는 모든 한국 의사들과 의대생들에게 실질적인 나침반이 될 것입니다.

의사의 사명은 국경을 초월합니다. 어디에서 활동하든, 환자의 고통을 줄이고 건강을 증진시키는 그 근본 가치는 변함없을 것입니다. 이 책이 의학의 길을 걷는 모든 젊은 의사들에게 광활한 세계 무대에서 꿈을 펼칠 수 있는 용기와 지혜를 제공하길 진심으로 바랍니다.

이 뜻깊은 프로젝트가 동창회 차원에서 성공적으로 진행될 수 있도록 적극 지원해준 황세희 홍보 부회장께 깊은 감사의 말씀을 전합니다. 또한 미국 멘토 연결 프로그램을 기획하고 많은 후배들에게 멘토링을 제공하며, 이 책의 기획과 편집을 맡아 헌신해준 염선영 기획이사에게도 감사의 마음을 전합니다. 이 책의 편찬을 위해 소중한 시간을 내어 귀한 경험과 지혜를 공유하는 데 기꺼이 헌신해준 동문 여러분께도 특별한 감사의 마음을 전합니다.

미래의 의료를 짊어질 우리 후배 의사 여러분, 여러분의 꿈과 열정이 어떤 어려움도 이겨낼 수 있는 가장 강력한 동력이 될 것입니다. 그 여정에 이 책이 작지만 든든한 길잡이가 되기를 바랍니다.

한규섭
서울대학교 의과대학 동창회 회장

책을 엮으며

선택의 순간, 여러분은 혼자가 아닙니다

2024년 어느 봄날, 제 휴대폰에는 하루에도 몇 통씩 전화가 걸려왔습니다.

"선배님, 미국 가는 게 정말 가능할까요?"

"지금 상황에서 USMLE 준비해도 될까요?"

"한국에 남아 있는 게 맞을까요, 아니면…"

목소리에 묻어나는 불안감이 고스란히 전해졌습니다. 한국 의료계의 급격한 변화 속에서 길을 잃은 후배들의 마음이 느껴졌습니다.

2000년의 데자뷔

2000년 의약분업 당시, 저를 포함한 많은 선후배와 동기들이 비슷한 고민에 빠져 있었습니다. 의료의 정치화 속에서 정책에 대한 의료진의 우려는 이기적 저항으로 해석되고, 의사라는 직업 자체가 사회적 비난의 대상이 되었습니다. 그런 현실에 깊은 상실감을 느낀 우리가 선택한 길이 바로 미국행이었습니다.

하지만 그 길은 결코 평탄하지 않았습니다.

9/11 이후 외국인에 대한 시선이 차가워진 미국에서, 우리는 '외국인 노동자'였습니다. 언어의 벽, 문화의 차이, 그리고 다양한 편견과 차별 속에서 '과연 내가 여기서 제대로 할 수 있을까' 하는 끊임없는 자기의심과 싸워야 했습니다.

그럼에도 지나고 보니, 그 선택이 우리에게 준 것들이 있었습니다. 본질에 뿌리를 둔 세계 최고 수준의 전공의 교육, 국제적 무대에서의 다양한 경험, 그리고 무엇보다 '글로벌 무대에서도 통할 수 있다'는 자신감이었습니다.

소극적 관망에서 적극적 조언으로

솔직히 말하면, 여러 해 동안 저는 후배들에게 이 길을 추천하기를 주저해왔습니다.

'굳이 타지에서 고생할 필요가 있을까? 한국에서 가족들과 함께 평

범하게 사는 게 더 행복하지 않을까?'

그런데 2024년을 지켜보면서 생각이 바뀌었습니다. 도전하고 싶어 하는 후배들이 있다면, 최소한 제대로 된 정보를 바탕으로 스스로 판단할 수 있도록 도와야겠다는 마음이 들었습니다.

'족보'에 없는, 뽑는 사람들의 관점

작년 한 해 동안 100명이 넘는 후배들의 문의를 받으면서 흥미로운 사실을 발견했습니다. 그들의 '족보'에 USMLE 시험 정보는 최신 트렌드를 잘 반영하고 있었습니다. 하지만 쉽게 접할 수 있는 여러 지원 경험담과 정착 후기는 대부분 막 지원에 성공했거나 정착한 지 얼마 안 된 따끈따끈한 당사자들의 경험담이었습니다. 지원자의 시각에서 쓰인 이런 후기들을 그대로 따라했는데 실패했다는 경험담도 많았습니다.

정작 뽑는 사람들은 무엇을 보고 있을까요? 전공의 이후 교육자, 관리자, 경영인으로 연륜이 쌓인 선배들이 되돌아보니 이제서야 보이는 것들이 있었습니다. 당시에는 놓쳤던 부분들, 때로는 오해하고 있었던 부분들. 오랜 시간 미국에서 전공의를 선발하고 교육해온 선배들의 시각은 어떨까요?

그런 궁금증에서 이 책이 시작되었습니다.

진짜 궁금한 것은 선배들의 스토리

하지만 후배들이 알고 싶어 하는 건 지원 전략만이 아니었습니다.

"진짜 미국에 가서 잘 살 수 있을까요?"

"외국인이라는 한계는 정말 없을까요?"

"선배들은 어떻게 용기를 내셨어요?"

"지금 떠나는 게 도망치는 건 아닐까요?"

이런 마음 깊은 질문들에 답하고 싶었습니다. 불안함 속에서도 용기를 낼 수 있되, 무모하지 않은 선택이 될 수 있도록.

연륜 있는 선배들의 시선

따라서 두 가지 내용을 모두 담기로 했습니다.

첫째, 뽑는 사람들의 마음입니다. 오랫동안 미국에서 전공의를 선발하고 교육해온 의학교육자들, 전공의 지원자의 부모가 되어 바라본 경험, 한미 양국에서 전공의 수련을 모두 마친 임상 교수 등 지원 전략에 관한 연륜 있는 선배들의 현실적 조언을 담았습니다.

둘째, 다양한 분야에서 활약하는 동문들의 솔직한 경험담을 모았습니다. 개인 의원 운영, 병원 경영진, 임상교수, 연구교수 등 다양한 분야에서 활약하는 동문들의 솔직한 경험담을 모았습니다. '박사를 먼저 할까, 전문의를 먼저 할까' 고민하는 후배들을 위해 두 과정을 모두 거친 선배의 20년 후 통찰까지 담았습니다.

정보 공백을 메우다

특히 정보가 부족했던 영역들도 다뤘습니다. 중년 전문의 의료 이민에 대한 문의는 많았지만 경험담은 찾기 어려웠기에 실제 성공한 선배의 이야기를 담았습니다. 또한 선택의 폭을 넓히고자 미국뿐 아니라 캐나다까지, 북미 전역의 기회를 살펴볼 수 있도록 구성했습니다.

탈출이 아닌 성장을 위하여

우리의 의도는 단순한 탈출구를 제시하는 것이 아닙니다. 글로벌 의료 전문가로 성장할 기회를 모색하는 이들에게, 보다 폭넓은 선택지를 제공하고 싶었습니다. 특히 이 책을 통해 미국의 협력 중심 문화와 전인적 성장을 중시하는 수련 환경을 이해함으로써, 점수와 등수를 넘어선 새로운 관점에서 자신만의 길을 발견할 수 있기를 바랍니다.

2024년의 상황이 많은 의료인들에게 미래에 대한 고민을 안겨준 것도 사실입니다. 하지만 위기는 때로 새로운 기회의 문을 열어주기도 합니다. 그리고 이 책이 그런 기회를 찾아가는 여정에 작은 도움이 되기를 바랍니다.

혼자가 아니라는 것

무엇보다 이 책을 통해 후배 의사들의 마음이 따뜻해지고 용기를 얻었으면 합니다. 그리고 기존의 틀을 넘어선 새로운 시각으로 자신의 가능성을 발견하고, 더욱 성숙한 의사로 성장할 수 있기를 바랍니다.

힘든 선택의 순간에 여러분은 혼자가 아닙니다. 같은 길을 걸어온 선배들이 여러분의 여정을 응원하고 있습니다. 앞서갔던 이들의 시행착오와 연륜이 쌓인 시점의 통찰을 통해 좀 더 쉽게, 좀 더 현명하게 길을 찾을 수 있기를 바랍니다.

감사의 마음을 전하며

이 책이 완성되기까지 많은 분들의 도움이 있었습니다. 전폭적인 지원을 아끼지 않으신 한규섭 동창회 회장님과 황세희 부회장님께 깊은 감사를 드립니다. 동창회 사무국의 세심한 도움에도 감사드립니다.

개인적인 경험을 솔직히 나누는 것은 결코 쉬운 일이 아닙니다. 그럼에도 기꺼이 마음을 열어주신 모든 동문들께 진심으로 감사드리며, 특히 교육자로서 따뜻한 조언 보따리를 선뜻 건네주신 천효림 선배님께 깊은 고마움을 전합니다.

어떤 경로를 선택하든, 그것이 환자 치료와 의학 발전에 의미 있는 기여로 이어지기를 바랍니다. 그리고 그 여정이 보람차고 행복하기를 진심으로 기원합니다.

따뜻한 동료애를 담아

염선영
서울대학교 의과대학 동창회 기획이사
미국 정신과 전문의

차례

발간사 4
미래를 향한 새로운 항로를 열며
한규섭

책을 엮으며 7
선택의 순간, 여러분은 혼자가 아닙니다
염선영

제1부 태평양을 건넌 의사들이
태평양을 건널 의사들에게
미국 진출을 꿈꾸는 당신에게 주는 선배들의 진솔한 조언

진정한 나로 살아가기 21
오무연 | 재활의학과 전문의, 병원 경영자, 전 의학교육자

속도가 아닌 방향, 스펙이 아닌 나 27
천효림 | 내과 전문의, 의학 교육자

미국 개원의의 현실 38
이도은 | 내분비내과 전문의, 개원의

한 의사의 솔직한 이민 이야기 43
익명 | 감염내과 전문의

꿈을 향한 도전의 여정 50
박종철 | 종양내과 전문의

연구와 임상 사이, 미국 의학계 진출을 위한 현실적 조언 56
김태곤 | 종양내과 전문의

낯선 땅에서 꺼낸 가장 깊은 나 69
박은경 | 핵의학과 전문의

중년의 새로운 도전, 한국 전문의의 미국 의사 생활 84
이정림 | 소아마취과 전문의

어둠 속에서도 길을 찾아서 90
익명 | 내과 교수

두려움을 넘어서 98
곽호중 | 기초의학 교수

열정과 공감 104
채영광 | 종양내과 전문의

다시 시작하는 용기, 두 번째 전공의 109
이주영 | 한·미 소아정신과 전문의, 대학병원 임상강사

캐나다에서 의사로 살아보니 123
김태경 | 영상의학 전문의

제2부 미국 의사 시험 및 ECFMG Certificate
염선영

개요 145
시험 지원 148
USMLE Step 1 152
USMLE Step 2 CK(Clinical Knowledge) 165
OET Medicine 175
Pathway 1 and ECFMG Certification 185
USMLE Step3 190

제3부 미국 전공의 지원 가이드
(감수: 오무연)

미국 전공의 지원 시스템 안내 205
염선영, 천효림

ERAS 서류의 유기적 연결: 완벽한 마케팅 전략 219
염선영

이력서의 진짜 역할: 당신의 업무 능력을 예측하는 도구 233
염선영, 천효림

추천서의 진짜 역할: 인격 보증서 242
염선영

인터뷰의 본질: 함께 일할 수 있는 사람인지 확인하는 것 251
염선영, 천효림

제4부 Personal Statement는 자기소개서?

지원 동기 및 목표 진술서(Personal Statement) 265
이주영

PS가 당신의 인생을 바꾼다 273
염선영

나는 무엇을 하고 싶은가 289
염선영

그것이 알고 싶다 1
'나도 할 수 있을까?' 298
자기 평가와 준비 전략
염선영

그것이 알고 싶다 2
미국 비자와 영주권 304
이주영

부록 후배가 묻고 선배가 답하다

후배가 묻고 선배가 답하다 1
공통 관심사 Q&A 315

후배가 묻고 선배가 답하다 2
전공의 지원 관련 Q&A 322

제 **1**부

태평양을 건넌 의사들이
태평양을 건널 의사들에게

미국 진출을 꿈꾸는 당신에게 주는 선배들의 진솔한 조언

진정한 나로 살아가기

오무연 | 재활의학과

원고를 부탁받았을 때, 전 미국에 온 지 35년이 되어 지금 미국에 오시려는 분들에게 practical한 도움이 되지는 못할 것 같다는 생각이 들었습니다. 저는 미국에서 임상, 연구, 교육, healthcare management 영역에서 다 일해보았습니다. 레지던시 프로그램 디렉터 역할도 몇 번 해보았기 때문에 interview process, ACGME rules, faculty requirements, institutional requirements, current trend for physician shortage 등에 익숙합니다.

그래서, 용기를 내어, 미국에서 살아온 삶이 더 길어진 지금, 미국 진출을 고려하시는 분들께 제 생각을 간단히 씁니다.

1. Be clear about the true reason why you are pursuing what you

are pursuing. Tell your story.

There are various reasons why we are pursuing a career and/or life in the U.S. (By the way, this may be one of the interview questions. Remember, the most powerful answer is the one that reflects your true self. This is your chance to showcase your unique journey and aspirations. Don't hold back!)

One common denominator is that we all seek joyful lives that allow us to flourish. This reason may not align with what you write in your personal statement or CV. There are countless distractions, whether in Korea, the U.S., or any other place on earth. Take the time to delve into this. When have you experienced the most joy and had a moment of 'forgetting yourself,' and why? These moments could be in the context of patient care, discovering new medical breakthroughs, or engaging in academic pursuits. However, they are not confined to these career-related situations. Being with someone you love, being in nature, and being free from 'things' can also be these moments. Reflect deeply and broadly about every aspect of your life.

저는 미국에서 살기 위해 미국에 왔습니다. 더 큰 세상을 보고 싶었거든요. Medical career was a part of my journey. 한국에서도 미국에서도 재활의학을 택했습니다. 제 생각에 재활의학은 most ecologically valid field in medicine입니다. 인간의 function and living에 초점을 맞추기 때문입니다.

누구나 살면서 재활이 필요한 때가 오고, 자기 자신이 아니더라도 부모님이나 일가친척, 지인께서 재활이 필요한 시기가 꼭 있거든요. 고령사회로 들어서면서 WHO와 Institute for Health Metrics and Evaluation (IHME)의 Landmark study에 따르면 재활 수효는 세계적으로 24억 1천만 명(전체 인구의 1/3)이라고 되어 있고, 앞으로 이 숫자는 급격히 늘 것으로 예상됩니다.

지금은 환자들과 같이 늙어가고 공유할 수 있는 것들도 많아서, 의사로서 나이 드는 것이 좋은 점도 많다는 생각이 듭니다.

선생님의 스토리는 무엇인가요? 듣고 싶네요.

2. Have a self-regard with authenticity

During the early phase of pursuing a career in the U.S., everyone often tries to 'fit in' to the new society. We try to become fluent in English, perfect the personal statement to be as 'interesting' as possible to the residency program directors, and speak up our thoughts in meetings, etc.

저는 예전에 한국 억양을 줄이려고 코칭까지 받은 적이 있어요. 이런 것들은 모두 좋은 생각이고, 마땅히 배울 것은 배워서 새 사회에 적응해야죠. 하지만 미국은 다양한 사람들이 살고 있기에 개개인의 삶이 서로 다를 수 있다고 여기는 성향이 있습니다.

정말 멋진 Korean American이 되셔요. 시간이 지날수록 한국에서 배운 문화, 지식 등등이 정말 좋은 것이 많고, 여기에서 일하는 동료들, 환자들 그리고 커뮤니티에 알려주고 싶다는 생각이 많이 드실 겁니다. 특히 남에 대한 배려(I am not saying that you become a 'door mat'!), 따뜻한 말 한마디, 미소 띤 얼굴 – 이 작은 것들이 절대 작지 않습니다.

내 마음에 조금 여유가 있어야 자연스럽게 배려가 생기니까 너무 목표에만 집중하다가 매일의 삶의 보석 같은 순간들을 놓치지 않았으면 합니다.

인터뷰에서도 Highlight the work you have been doing in Korea. Make your work interesting and relevant to the work you are pursuing. What is the Theme of your life?

3. Be flexible and stay relevant

특정 과를 하고 싶어 하는 사람이 많습니다. 미국에서는 중간에 전공을 바꾸는 경우가 꽤 있어서, 일단 특정 과 말고도 내과, 소아과, 가정의학과 등 프로그램 숫자가 많은 과들을 꼭 지원하시기를 권고해드립니다.

미국 Healthcare Ecosystem을 배우는 것이 굉장히 중요하거든요. 배울 것이 너무 많아요. 보험 커버는 어떻게 되는지, Medicare Medicaid rule은 무엇인지, 주 및 연방 차원의 healthcare policies, 환자 가족과는 어떻게 소통해야 하는지 등등, 모두 의사로서 알아야 할 너무 중요한 정보입니다.

물론 명성 있는 레지던시에 들어가면 좋으나, 이런 정보를 배우기 위해서는 꼭 그런 프로그램들이 아니더라도 일단 health system에 들어가는 것이 급선무입니다. 그리고 과를 꼭 바꾸고 싶으면 다시 시도를 해도 되고요.

The current healthcare landscape has been changing rapidly, with the patients being cared for in community-based settings and only the sick of the sickest being admitted to the hospitals. Academia is suffering from the funding cuts from NIH and other government agencies. All of these changes require the utmost flexibility and creativity from all of us. There are many physician jobs beyond traditional healthcare roles, including health plans, administration, and consulting. 좀 더 넓고 크게 생각하시길 바랍니다.

4. Have an unrealistic dream and non-SMART aim

Compared to the other fields, physician training typically does not emphasize creativity by system design. 모든 것은 best practice guideline이나 evidence based practice를 따라야 하고 여기서 벗어난 진료는 질타받으니까요.

지금은 의사들의 창의력이 너무도 중요한 시기입니다. A new care model, the use of AI in medicine, and how to address the needs of the aging population all require creativity. 환자의 안전과 의료

의 질적 개선을 위해서 SMART(Specific, Measurable, Achievable, Relevant, and Timebound) 목표를 향해 노력하세요. However, our lives deserve SMART aims but also non-SMART aims. 진짜 하고 싶은 것이 있으면 하세요. 시간이 좀 걸릴 수는 있겠지만 꼭 이루실 겁니다.

I want to thank Dr. Sun Young Yum for her vision of this book. I hope that it will be meaningful to all physicians regardless of their choices.

속도가 아닌 방향, 스펙이 아닌 나

천효림 | 내과

1. 들어가는 글

동창회의 후원을 발판으로 미국 진출에 도움이 될 가이드북을 발간하면서 다양한 관점을 아우르는 중 부족한 저에게도 원고 청탁이 들어와서 많은 고민이 되었습니다.

Residency 지원에 있어서 대다수가 공유하는 전반적인 가이드라인이 있는 가운데, 일반화될 수 없는 각 개인과 수련 프로그램의 다양성이 존재하며, 저 한 사람의 의견이 전체를 대변할 수 없을 뿐만 아니라 제 의견이 정답도 아니고 혹 다른 경우에 있어서는 오답이 될 수도 있어서, 제 의도와는 다르게 오히려 사고의 폭을 좁히거나 편향된 오해, 왜곡, 혹은 혼란을 야기할 수도 있다는 우려 때문입니다.

그럼에도 불구하고 자그마한 용기를 내게 된 계기는 지금 제가 부여받아 하고 있는 역할이 '더 나은 우리'라는 전체적인 그림을 위해 오늘도 고민하고 도전하는 분들에게 작은 나침반, 격려, 혹은 위로가 되었으면 하는 바람에서 비롯되었습니다. 이 글은 제 개인의 의견이기에 어떤 기관이나 단체, 전체를 대변하는 것이 아니며 그럴 수도 없기 때문에, 지혜롭게 참고용으로 읽어주시면 감사하겠습니다.

2. 나누는 글

삶의 조감도

아시다시피 인간은 혼자가 아닌 '우리'로 살아가게 되며 그 안에서 가치를 발견하게 됩니다. 퍼즐을 맞추면서 어떤 퍼즐이 색깔이 멋있고 모양이 매력적이라고 해서 그런 퍼즐만 한곳에 모아서는 절대로 전체 그림이 완성될 수 없듯이, 전체의 그림, 더 넓은 우리라는 시각에서 바라보면 한 개개인의 퍼즐이 자신만의 관점이 아니라 주변 퍼즐의 관점, 상호 작용, 우선순위, 가치, 장단점 등을 골고루 살펴보며 맞춰갈 때 더 능동적이고 유기적인 결합을 이뤄가며 전체적인 그림의 완성도를 높여갈 것입니다.

등산을 하면서, 어떤 사람이 동쪽에서 시작했는데 꼭 서쪽으로 가고 싶어 한다든지, 아니면 먼저 남쪽에서 출발한 사람이 그 경험을 공유하면서 남쪽으로만 가야 된다고 하는 얘기를 듣고 그쪽으로만 따라가는 경우가 생길 수도 있겠죠. 아시다시피 대부분은 동서남북 어느 쪽에나 길은 있고 다 같은 정상을 향해 나아가지요. 어쩌면 북쪽에서 시작해서 자신만의 길을 개척하는 것이 더 좋은 방법일 수도 있겠지요.

본인이 생각하는 성공이나 목표가, 내 퍼즐을 찾기 쉽고 견고하게 만들어서 주변 퍼즐에 등대 역할을 할 것인지, 아니면 약간 평범하고 무던한 모양새더라도 전체 모양을 만드는 데 필요에 따라 적절히 사용되는 것을 우선시할지, 이전의 등산로를 더 가기 쉽게 만들지, 새로운 길을 만들지, 아니면 쉬어 갈 수 있는 공간을 만들지에 대한 우선순위와 가치관, 성공에 대한 정의는 스스로 찾아야 하는 질문이겠지요.

속도가 아니라 방향성

주변을 돌아보면 짧은 시간 안에 의사로서 미국 진출에 관한 모든 과정을 완벽하게 마치고 레지던트 지원을 하자마자 합격하는 '정답'을 보여주는 분들을 보게 됩니다. 하지만 또 가끔은 모든 우여곡절 끝에 막히는 길들을 돌고 돌아 가느다란 실오라기 같은 기회를 통해 결국은 자신만의 길을 찾아가는 '다른 풀이법'을 보여주는 분들도 만나게 됩니다.

단 한 번에 성공하게 되면 1가지 방법을 알게 되지만 9번 실패 후 10번째에 성공하게 되면 10가지 방법의 장단점을 알게 되듯, 실패를 두려워하지 마시고, 그것이 내가 도착 또는 성취하고 싶은 자리에 가기까지 필요한 밑거름이 된다는 관점으로 인지하시면, 가시는 길이 좀 더 여유롭고 자신에게 관대하며 편안해지지 않을까 생각해봅니다.

누구나 자신의 미래를 계획하고 도전하지만 본인의 의사 혹은 주변 상황의 전환으로 그 진로가 바뀌는 경우를 보게 됩니다. 미국은 워낙 다양한 사회이고, 각 사람과 프로그램, 지역공동체가 처한 상황과 형편이 달라서, 대부분의 지원자가 경험하는 경우나 밑에 나열한 경우 이외에도 더 많은 독특한 경우가 있을 거라 생각합니다. 여러분의 방향성에 관한 질문에 약간이라도 도움이 되었으면 하는 바람으로 주변에서 경험한 예시를 나눕니다.

- Residency 및 fellowship을 한 번에 도전하고 합격하고 정착하시는 분
- Residency 및 fellowship에 떨어진 후 여러 번 도전해서 합격하시는 분
- 합격했으나 본국에 남고 오지 않거나, 비자 때문에 일정을 조정해야 하는 분
- 수련 중 프로그램 혹은 전공 자체를 바꾸시는 분
- 수련 중 유급되거나, 자의 혹은 타의로 수련 자체를 그만두게 되는 분
- Residency 수련 후 바로 본국으로 돌아가거나, 본국에 갔다가 다시 fellowship으로 나온 분
- Residency 수련 후 다른 전공의 residency를 하거나, 두 개 이상의 fellowship 수련을 하시는 분
- 영주권을 먼저 받기 위해 J1 waiver를 하고 나중에 fellowship 하는 분
- Fellowship을 먼저 한 후에 residency를 하시는 분

- 하나의 fellowship을 지원했는데 combined fellowship 오퍼를 받는 분
- Research와 Clinical fellow 후 residency 없이 attending이 된 분
- 원하는 Fellowship을 못해서 차선으로 선택한 과에서 더 좋은 병원의 교수로 남게 되는 분 등

미국으로 진출하려는 이유가 수동적인 선택이라기보다는 좀 더 큰 그림을 완성하는 데 있어서 나의 적극적인 역할을 찾아가고, 미래를 개척하며, 실패를 두려워하지 않고, 다른 이들의 유익을 추구하고자 하는 능동적, 긍정적 그리고 거시적인 이유였으면 하는 바람입니다. 분명 어떤 분들은 한국에 계실 때 더 큰 역할을 담당하실 수 있고, 그것이 본인과 의료계 전체에 유익을 가져다주는 경우가 있을 것입니다.

여러 사회에서 공동체의 방향성이 공익을 추구하는 것을 높은 가치로 받아들이는 것을 보게 되는데, 특히 미국 사회는 생활하면 할수록 느끼는 것이, 어떤 관점에서는 개인중심주의처럼 보일 수도 있겠으나, 사회 전체의 유기적 공동체에 최선을 가져다주는 방향성을 끊임없이 모색하는 것을 경험할 때가 많습니다. 이는 사람과 사회의 건강을 추구하는 의료계에서는 특히 더 중요하게 부각되는 것 같습니다.

개인적으로 추구해야 될 가치가 사회 전체의 유익에 어떻게 부합될 수 있는지, 그리고 내 개인적인 독창성이 전체 그림에서 어떤 부분을 차지할 수 있는지, 그 자리와 시간 그리고 주변에 같이 일할 수 있는 환경들을 모색하면서 자신을 준비하는 것이 중요하다고 생각됩니다.

당장 언제까지 무엇을 할지에 관한 물음도 중요하지만, 내가 어디로 향하는지에 대한 물음을 놓지 않는 것이 장기적으로 더 중요하고 또한 첫 번째 물음에 대한 답을 찾아가는 데 도움이 되리라고 생각합니다.

스펙이 아니라 나

아주 발전된 연구 경험과 논문 발표 및 세계 유수 학자들의 추천서를 받고는 작은 커뮤니티 병원에 지원하는 경우나, 혹은 현재 당면한 현실적이고 구체적인 환자 진료에 초점을 맞추며 직업의 목표를 설정하고 경험을 쌓은 후 대도시의 연구에 초점을 맞춘 병원에 지원하는 경우, 과연 그것이 본인과 병원, 더 나아가 그 주변의 사회와 공동체에 가장 유익한 결정인지 고민해봐야겠죠.

Residency 지원에 있어서 전체적인 가이드라인이라면 대학지원과 비슷한 holistic review라고 할 수 있겠습니다. 개인의 academic achievement뿐만 아니라 extra curriculum, 지원서, 사회봉사활동, 취미, 자기소개서, 대인관계, 성격유형, 추천서 등등을 골고루 고려하게 됩니다.

개개인의 성향과 추구하는 가치가 다르듯이 프로그램마다의 방향과 목적이 독특하게 다르기 때문에 위에 언급한 각종 분야별 가중치를 적용하는 것도 프로그램마다 다르겠죠.

지원서만을 통해서 보면 많은 분들이 최고의 가치를 지닌 훌륭한 사람으로 보이는 경우가 많습니다. 그래서 holistic review를 통해 그 프로그램에 가장 적합하다고 사료되는 지원자를 선별하는 과정을 거쳐 인터뷰하게 됩니다. 이 인터뷰 또한 각 프로그램마다 방법과 방향성, 질문과 형식이 다르겠지요. 프로그램마다 차별점이 있어서 획일적으로 말씀드리기 어렵고, 이것이 모두 다 통용되는 것도 아니기 때문에 조심스럽게 말씀드리고, 지혜롭게 판단하시기를 바라면서 이 과정들의 공통점 중 몇 가지 예를 뽑아 본다면 지원서에 나타난 사실을 검증하는 과정, 지원서와 추천서와 지원자 사이의 integrity를 살펴보는 과정, 지원자의 인격과 성격이 현재 프로그램에 있는 수련의들과 어떻게 잘 융화될 수 있는지, 지원자의 개인적인 목표와 희망이 프로그램을 통해서 최대치로 도달할 수 있을지 그리고 프로그램이 그것을 어떻게 최선으로 도와줄 수 있는지 등을 고려하겠죠.

인터뷰 과정에서 질문을 보면 그 사람이 어떤 문제에 대해서 얼마나 깊이 고민하고 그것을 위해서 해결책을 생각해봤는지에 대한 깊이와 발전 가능성을 보게 됩니다. 과거 행적보다는 나의 생각과 비전을 통한 현재 문제 인식과 더불어 미래를 보여줄 수 있는 좋은 창이 됩니다. 프로그램 측면에서는 함께할 동료로서의 자질과 됨됨이를 살펴보는 데 도움이 되지요.

많이 들어보셨듯이 추천서는 한 사람의 integrity를 보여줄 수 있는 아주 중요한 증거입니다. 미국은 자신의 honor와 integrity를 걸고 추천서를 쓰는 경우가 많고, 또한 추천서를 통해 파급될 영향도 고려하기 때문에 객관적이고 정직하게 쓰는 것이 보편화되어 있습니다. 사용하는 언어는 대부분이 긍정적이지만 그 안에서도 차이가 느껴집니다. 예를 들어 학생을 평가할 때 outstanding = A, excellent = B, very good = C, good = D를 사용할 경우, 얼핏 보면 다 좋은 얘기 같지만, 그 속에 미묘한 분별점이 있습니다. 그리고 추천서 속에 저자의 숨은 의도가 담겨 있는 것이 대부분입니다. 추천서를 읽어보면 이 사람이 얼마나 지원자를 잘 알고 있으며 진심으로 쓰는지 드러나고, 진정으로 추천하는지, 아니면 그냥 대충 얼굴만 아는 정도인지 알 수 있습니다. 아주 드물게는 추천서를 통해 지원자를 뽑는 것을 지양하라는 의도를 전달하는 경우도 있습니다. 물론, 그것이 지원자뿐만 아니라 선발 프로그램, 나아가서는 영향을 받는 공동체 전체에 최선이라 생각했기에 그런 내용의 추천서를 쓴 것이겠지요.

ACGME는 residency와 fellowship 프로그램의 기준을 정하고 관리 감독하는 기관입니다. 그래서 수련의들이 더 좋은 환경에서 양질의 교육을 받을 수 있도록 프로그램을 평가하고 피드백을 주며, 그 조건에 부합하지 못할 경우 시정 명령까지 하게 되고 심할 경우 프로그램을 폐쇄하기까지 합니다. 이 과정에서 레지던트들의 의견이 큰 몫을 차지하게 됩니다. 이를 통해 ACGME, 나아가 미국 사회가 어떻게 하면 수련의가 최선의 환경에서 최고의 수련을 받을 수 있을지 고민하는 것을 볼 수 있습니다. 프로그램에서는 지원자가 프로그램에 어떤 도움을 줄 수 있을까를 고려하는 동시에, 다른 큰 틀은 프로그램이 어떻게 이 레지던트를 도와서 그 사람이 최선의 모습으로 성장할 수 있을지에 관한 부분도 수련의를 뽑을 때 중요하게 고려하는 부분입니다. 때에 따라서는 레지던트의 목표와 전공 방향성에 따라 수련 기간 동안만 아니라 평생을 같이할 수 있는 동료로서 기존 지역사회 공동체의 새 일원으로 일할 가능성을 염두에 두기도 합니다.

간혹 어떤 지원자가 다른 프로그램에서 더 성장할 수 있는 가능성이 보일 때는 다른 방향을 조언해주기도 합니다. 이 역시 큰 그림에서 보자면 이 지원자는 여기보다는 저기에서 수련받을 때 전체 사회에 더 큰 유익이 된다는 관점에서 이해할 수 있겠지요.

레지던트 수련을 시작하게 되면, 각 프로그램은 ACGME에서 각 specialty board와 함께 만든 Milestone Project를 통해 6개의 항목과 각 항목당 여러 개의 세부항목에 따라 레지던트들의 성장 과정을 보여주는 master plan을 제시하고, 각 개인의 성장 과정을 모니터링합니다. 이 6가지 항목은 patient care, medical knowledge, practice-based learning and improvement, system-based practice, professionalism, interpersonal and communication skills입니다. 레지던트들은 각 로테이션이 끝날 때마다 해당 supervising attending의 평가와 피드백을 받게 되고 이 자료들을 모은 후 1년에 두 번 정도씩 프로그램 디렉터들을 만나 자신의 성장과정을 피드백받게 됩니다. 미국 의사 수련과정 중에서 다방면의 전인격적인 의사를 양성하는 데 초점을 두는 부분을 발견할 수 있습니다.

내가 아닌 우리, 동행

제가 느끼기에는 미국의 매칭 시스템은 한 명의 super hero를 만들어내기보다는 모든 수련의들을 상향 평준화시켜 양질의 의사를 양성하는 시스템에 가깝다는 생각을 하게 됩니다(물론, super hero들도 많이 양성됩니다). 최상위 의대를 나온 후 작은 시골의 수련 프로그램으로 가거나, 소규모 의대를 나와서 대도시의 최상위 수련 프로그램으로 가기도 하지요. 의료 교육에 존재하는 수직적인 도제적 교육과 더불어 다양한 배경의 수련의들이 서로 영향을 주고받으며 배울 수 있는 수평적인 교육 제도가 잘 형성되어 있는 것 같습니다. 또한 미국 의대뿐만 아니라, 전 세계에서 자신에게 주어진 환경에서 최선을 다하며 이곳까지 온, UN을 방불케 하는 다양한 수련의들이 함께 모인 곳에서는 의학 지식뿐 아니라 문화, 역사, 음식, 종교, 철학, 종교, 여행, 취미 등 사회 및 인간사 전반의 다양한 대화와 교류가 이루어집니다.

환자와 사회공동체 그리고 인류를 위해 최선으로 자신의 지혜와 재능, 기술과 열정, 헌신과 사랑을 쏟는 것을 보며 그러한 의사들과 함께 일할 수 있는 행복 그리고 그런 인재들과 함께 고민하고 교류하며 나누는 intellectual curiosity, 이 다양한 분들이 의학과 치유라는 공통분모를 통해 다른 곳에서는 경험하기 힘든 조화를 이루어가며 선한 영향력을 주고받는 아름다운 공동체를 보게 되고, 그들을 통해 배우면서 겸손해지는 이런 것들은 과분한 선물이고 도전할 가치가 있다고 생각합니다.

아시다시피 여러분 개개인은 세상에서 오직 한 명뿐이고 여러분만이 할 수 있는 독창적인 자질을 가지고 계시다는 점과 더불어 어느 나라에서든 의대를 졸업하셨다는 사실은 뛰어난 재능과 함께 그만큼 사회와 공동체에 대한 큰 책임과 의무를 내포한다는 점을 인지하시면서,

지금 계신 곳에서 나보다는 우리를 좀 더 나은 곳으로 인도할 수 있는 방향성을 놓치지 마시고, 자신의 최선의 모습으로 재능을 나누신다면, 그것이 한국인지 미국인지, 지금인지 내년인지, 이 길인지 저 길인지에 대한 질문에서 벗어나 좀 더 큰 그림을 바라보면서 그것이 조금씩 완성되어 가는 데 일조한다는 점에서 보람과 이유를 찾는 데 도움이 될 수 있을 것이라 생각됩니다.

3. 나오는 글

우리 삶의 다방면에서 그렇지만, 특히 의학에서는 100%의 확신은 할 수 없고, 그 불확실성을 인정하며 삶의 한 부분으로 받아들여야 하는, 조금은 불편함과의 동행, 그리고 그로 인해 항상 겸손하게 나를 돌아볼 수 있게 하는 이 부름의 길을 걸어가면서, 내가 있는 여기에서 함께 일하는 우리를 돌아보는 큰 틀, 그리고 공동체의 유익을 위해 나를 정확히 알고 내가 할 수 있는 가장 최선의 장소와 방법, 그리고 우리가 함께 나아가는 방향을 견지한 시선을 놓치지 않으면서 옆에 있는 동료를 돌아볼 수 있는 여유를 지니시길 소망합니다.

누군가가 여러분께 왜 지금 여러분이 계신 곳에 있는지 물어본다면, 여러분이 계신 '현재', '그곳'이 여러분의 '최선'의 version으로 사회 공동체와 다른 사람을 위해 최고로 기여할 수 있기 때문이라는 답을 나누실 수 있기를 소망합니다. 그리고 그 '현재'와 '그곳'이 큰 그림 안에서 지속적으로 유기적인 관계 속에 변해가는 아름다운 동행이기를 바랍니다.

미국 개원의의 현실

이 글은 미국에서 20여 년간 내과 의사로 활동하며 현재 캘리포니아에서 내분비내과 개원의로 성공적인 커리어를 쌓고 계신 이도은 선생님께서 후배들의 질문에 답하는 형식으로 작성해주신 경험담입니다. 질문 중에는 '돈은 얼마나 버나요?' 같은 직설적인 질문부터 경영 부담과 두려움, 혼자서 의료소송을 감당해야 하는 무서움 등 솔직하고도 현실적인 고민이 많았습니다. 이런 질문들을 받고 '아, 후배들이 이런 고민들을 하는구나, 이런 이야기를 해주면 도움이 되겠구나'라는 관점에서 미국 개원의의 현실에 대해 솔직하게 답변해주셨습니다.

이도은 | 내분비 내과

외국인 의사도 충분히 경쟁력을 가질 수 있다

미국 개원의 시장에서 외국인 의사가 경쟁력을 가질 수 있는지에 대한 질문을 받았습니다. 제 경우를 말씀드리면, 내분비내과 분야에서는 경쟁이 거의 없었습니다. 많은 의사들이 수익성 면에서 내분비내과를 선호하지 않아서인지, 개원 초기부터 환자 수요가 꾸준히 있었습니다.

처음에는 하루 2~3명의 환자로 시작했지만, 3개월 후에는 15명까지 늘어났습니다. 현재는 10명에서 25명 정도의 환자를 진료하고 있습니다.

현재 미국은 전반적으로 의사 부족 현상을 겪고 있습니다. 특히 primary care physician의 부족으로 환자들이 의사를 찾는 데 어려움을 겪고 있어, 실력 있는 의사라면 시간이 지나면서 자연스럽게 환자

층을 확보할 수 있을 것입니다.

한국과는 다른 의사-환자 관계

미국에서도 의사에게 무리한 요구를 하거나 비상식적인 행동을 하는 환자들이 있는지에 대한 질문을 받았습니다. 제 경험으로는 특별히 어려운 환자를 경험한 적은 거의 없습니다. 대부분의 환자들이 예의 바르고 전반적으로 의사의 전문성을 존중하는 문화가 있어서 진료에 큰 어려움은 없습니다. 의사-환자 관계가 좀 더 서로의 경계를 존중하는 문화인 것 같습니다.

미국의 의료소송 문화에 대해서도 많은 질문을 받았습니다. 한국은 의사의 형사 입건 및 형사 처벌 빈도가 다른 나라의 수십 수백 배에 달하고 민사소송도 흔한데, 미국은 소송의 국가인데 더 많은지, 한국에서 한 번 겪으면 의사를 안 하고 싶어할 정도인데 소송이 만연한 미국에서는 어떻게 견디는지에 대한 우려였습니다.

실제로는 의료소송이 매우 드뭅니다. 소송에서 의사가 패소하려면 중대한 과실(gross negligence)이 입증되어야 하는데, 이는 극히 드문 경우입니다. 대부분의 경우 환자가 승소하기 어렵고 소송 비용도 상당하기 때문에, 실제로 소송까지 가는 경우는 많지 않습니다.

조직 vs 개원의, 어느 쪽이 더 안정적일까

개원의로서의 불안감에 대해 후배들이 종종 질문합니다. 조직에 속하지 않은 것과 속한 것 모두 장단점이 있습니다. 개원의의 경우 미래에 대한 예측 가능성이 떨어질 수 있지만, 대형 병원에 소속되어 있다고 해서 안정성이 보장되는 것도 아닙니다.

실제로 많은 병원들이 재정적 어려움을 겪고 있고, 기부금에 의존하여 운영되는 경우도 많습니다. 수익성이 떨어지는 과의 의사는 봉직의로서의 삶도 미래가 불투명할 수 있습니다. 따라서 조직에 속해 있다는 것이 반드시 더 나은 보호막을 제공한다고 보기는 어렵습니다.

수입, 열심히 하면 충분히 벌 수 있다

개원의와 봉직의의 수입 차이는 전공 분야, 사업 마인드, 근무 강도 등에 따라 크게 달라집니다. 제 동료 중 한 명은 내분비내과 개원의로서 2년차부터 연 100만 달러 이상의 수입을 올리고 있습니다. 물론 이는 상당한 업무량을 소화해야 가능한 수준입니다. 한국처럼 열심히 일하면 미국에서도 이 정도 금액은 충분히 벌 수 있습니다. 개인적으로는 업무량을 줄이고 욕심을 부리지 않는 편입니다.

성공의 비결은 따뜻한 마음

성공적인 개원의가 되기 위한 중요한 자질로 저는 대인관계 기술을 꼽고 싶습니다. 가장 중요한 것은 환자의 이야기를 경청하고, 증상을 진지하게 받아들이며, 공감하는 능력입니다. 환자 입장에서 생각하고 진심으로 도와주려는 마음이 전달되면, 자연스럽게 신뢰 관계가 형성됩니다.

미국에서는 환자들이 만족스러운 의료 경험을 주변 사람들과 공유하고 추천하는 문화가 있어, 성실하고 따뜻한 진료를 제공하면 환자 기반이 자연스럽게 확대됩니다. 겸손함, 경청, 눈 맞춤, 그리고 진정성 있는 노력이 보이면 특별한 사업 수완 없이도 성공할 수 있습니다.

자유로운 의료보험 시스템

미국 의료보험 시스템의 특징 중 하나는 자유도가 높다는 점입니다. 미국은 의사가 보험 계약 여부를 자유롭게 선택할 수 있습니다. 주요 보험은 Commercial insurance와 Medicare로 나뉩니다.

보험 계약을 하면 정해진 수가를 받게 됩니다. 예를 들어, 시술 없는 초진은 Medicare의 경우 대략 250~280달러를 지급합니다. 반면 보험 계약을 하지 않으면 의사가 자유롭게 가격을 책정할 수 있습니다. 제 동료는 뉴욕에서 신환 진료비로 3,000달러, 재진료로 1,000달러를 받고 있습니다. 한국에서는 수가를 의사가 정할 수 없다고 듣고 많이 놀랐습니다. 자기 자본으로 하는 자영업인데 서비스의 가격을 강제한다는 점이 이해하기 어려웠습니다.

저는 처음 13년간 모든 보험을 받다가, 최근에는 Medicare를 제외한 모든 진료를 비급여 현금진료로 전환했습니다. 환자 수는 줄었지만 수입은 비슷하게 유지되며, 환자 만족도도 높아졌습니다.

신규 개원의라면 Medicare만 계약하고 Commercial insurance는 처음부터 배제하는 것을 권하고 싶습니다. 나중에 계약을 해지하는 과정이 매우 복잡하기 때문입니다.

일과 삶의 균형이 주는 만족감

중년의 개원의로서 느끼는 가장 큰 만족감은 업무의 자율성입니다. 연간 6주 정도의 휴가를 가지며, 일정을 자유롭게 조정할 수 있습니다. 원한다면 더 많은 휴가도 가능하지만 수입과의 균형을 고려해야겠죠.

주말과 저녁 시간은 완전히 자유롭고, 응급 호출도 없습니다. 이러한 일과 삶의 균형이 개원의 생활의 가장 큰 매력이라고 생각합니다.

후배들에게 전하는 메시지

저는 진정한 환자 중심 진료와 의사-환자 간 신뢰 관계의 중요성을 늘 강조하고 싶습니다. 사업가적 수완보다는 인간적 따뜻함과 전문성이 성공적인 개원의의 핵심이라고 생각합니다. 자유로운 의료 시스템 속에서 자신만의 균형점을 찾아가며 만족스러운 의사 생활을 영위하는 것이 가능합니다. 제 경험담이 미국 개원을 고려하는 후배들에게 실질적인 도움과 영감이 되기를 바랍니다.

이도은 선생님은 진정한 환자 중심 진료와 의사-환자 간 신뢰 관계의 중요성을 강조하셨습니다. 사업가적 수완보다는 인간적 따뜻함과 전문성이 성공적인 개원의의 핵심이라는 선생님의 철학은, 미국 개원을 고려하는 후배들에게 귀중한 통찰을 제공합니다. 자유로운 의료 시스템 속에서 자신만의 균형점을 찾아가며 만족스러운 의사 생활을 영위하고 계신 선생님의 경험담이 많은 후배들에게 실질적인 도움과 영감이 되기를 바랍니다.

한 의사의 솔직한 이민 이야기

익명 | 내과

현실을 마주하며

최근 한국의 의료 상황과 관련해서, 한국 의사들 중에 미국 의사 생활에 관심을 갖는 분들이 늘고 있다는 이야기를 듣게 됩니다.

사람마다 성향이 다르고 가치관이 다른 만큼 어느 쪽이 더 좋다고 단정짓기는 어렵겠지만, 한 가지 분명한 건 한국의 의대 출신이라는 브랜드는, 어느 대학이든, 미국에서는 새롭게 자신을 증명해야 하는 출발점에 불과하다는 것입니다.

제가 미국에 온 것은 순전히 개인적인 여정이었고, 지금도 제 인생에서 가장 의미 있는 선택 중 하나라고 생각합니다. 물론 제 경험이 모든 분에게 맞는 것은 아니겠죠. 다만 진로를 고민하는 후배들에게 또 다른 관점을 제시해드릴 수 있다면 좋겠다는 마음에 이 글을 쓰게 되었습니다.

의대에 오게 된 특별하지 않은 이유

시간을 거슬러 올라가 중고등학교 시절 이야기를 해보겠습니다. 의대에 들어오게 된 건 특별히 거창한 뜻이 있어서가 아니라 어찌어찌해서 그렇게 된 것이었어요.

당시 가정 상황이 어려웠고, 1남 3녀의 막내였던 저는 가족에게 작은 기쁨이라도 주고 싶었습니다. 학교에서 좋은 성적을 받아왔을 때 부모님이 기뻐하시는 모습을 보며, 학생 신분으로 그거라도 해드리자는 동기부여가 생겼죠.

그렇다고 하기 싫은 공부를 억지로 한 건 아니었지만, 제 적성은 100% 문과 체질이라는 걸 그때나 지금이나 확신하고 있어요.

80년대 후반부터 90년대 초반, 한국 사회가 엄청난 변화를 겪던 시기였습니다. 사회 전반에 관한 문제의식이 높아지던 때였는데, 순진한 고등학생이었던 저에게는 그런 분위기가 깊은 인상을 남겼어요. '내가 문과를 해서 법대나 경영대를 간다면 과연 내가 원하는 방향으로 일할 수 있을까?'라는 막연한 고민이 생겼습니다. 어쨌든 고2 때 문과에서 이과로 전향하고 의대를 어찌어찌해서 가게 되었죠.

버거웠던 의대 생활과 첫 번째 전환점

의대 생활은 녹록지 않았습니다. 전국의 영재들이 오는 곳이라 일단 무사히 졸업하는 데 급급했던 것 같아요. 나이 50이 넘은 지금 돌이켜

보면 전반적으로 동기부여 자체가 약했던 게 기저에 깔린 가장 큰 문제였던 것 같습니다.

하지만 본과 3학년 때쯤 저는 정체성에 대한 고민이 들기 시작했습니다. '내가 한국 사회에서 사는 게 과연 최선의 선택일까? 혹시 어딘가에 더 나은 대안이 있을까?'

그때 한 친구를 만났고, 그 친구를 통해 USMLE를 알게 되었습니다. 미국이란 나라에서 내 전공을 살리며 사는 게 불가능하지 않다는 걸 처음 깨달았죠. 물론 그땐 일단 의대를 무사히 졸업하는 게 우선이었기에 굳이 심각하게 준비하지는 않았지만요.

인턴 생활, 그리고 현실과의 첫 마주침

인턴 생활은 저에게 첫 본격적인 사회생활 경험이었습니다. 학생 시절에는 아르바이트 경험이 많지 않았던 터라 새로운 환경에 적응하는 과정이었어요.

미국 진출이 확실했다면 굳이 한국에서 인턴을 할 필요가 없었겠지만, 그때는 미국행이 구체적인 계획이라기보다는 막연한 가능성 정도였기 때문에 자연스럽게 인턴 과정을 밟게 되었죠.

미국 동료들과 한국의 인턴 시스템에 관해 이야기하면 '학대'라고 부르며 놀라기도 합니다. 하지만 한 달마다 다른 과를 순환하면서 다양한 임상 분야를 경험하고, 각 과의 특색 있는 분위기를 체험한 것은 지금 미국에서 일반내과의로 일할 때 큰 도움이 되고 있어요.

그런데 인턴 때 의사 선배들 생활을 가까이서 보면서 내 미래 모습을 상상하며 '저런 생활에 내가 과연 행복할까?'라는 생각이 들기 시작했습니다.

공보의 시절, 진짜 나를 찾은 시간

제가 본격적으로 도미를 결심하고 준비를 시작한 건 공중보건의 시절이었습니다. 시골에서 유유자적하며 '나란 사람은 누구인가, 어떤 인생을 살아야 하는가'를 주변 의식 없이 생각할 수 있었던 소중한 시간이었어요.

20대 중반쯤 되니까 동기들 중에 결혼하는 친구들도 생기고, 조금이나마 사회생활을 하면서 한국 사회와 나라는 인간의 공존 가능성에 대해 의구심을 갖게 되었습니다.

다른 문화에서 느낀 편안함

외국인 친구가 몇 명 있었는데, 그 친구들과 대화를 많이 하면서 영어 공부뿐 아니라 외국인에 대한 이질감을 많이 없애는 데 도움이 되었던 것 같습니다.

요즘은 많이 나아진 것 같지만, 저는 어릴 때부터 좀 더 자유롭고 개방적인 환경을 선호하는 성향이었어요:

- 좀 더 수평적인 관계를 선호하는 편(강요된 위계질서보다는)
- 개인의 다양성과 개성을 중시하는 성향
- 각자의 영역을 존중하는 문화를 좋아하는 편(남의 일에 지나친 간섭보다는)

몇몇 외국인 친구와 이야기하면서 오히려 이야기가 잘 통하고 한국인과는 또 다른 편안함 같은 걸 느끼며 일종의 문화충격을 경험했습니다. 특히 나보다 훨씬 나이가 많은 사람들과도 대화가 잘 통하는 것은 정말 놀라운 경험이었어요. 영어에는 존댓말이 없어서 그런지 세대 간 소통이 훨씬 자유롭더군요.

용기가 필요했던 결정

제 성격은 겁이 정말 많고 위험 부담 있는 건 절대로 하지 않는 성격인데요, 그런데도 한 번도 가본 적 없는 나라인 미국이란 곳에 도전한다는 게 지금 생각해도 정말 용기가 필요한 결정이었습니다.

공보의 초반에 한 달 기본훈련을 받으면서 한국 사회의 조직문화를 다시 한번 생각해보게 되었습니다. 개인보다는 집단을 우선시하고, 서열과 통제를 위한 규율을 중시하는 문화가 제게는 여전히 낯설게 느껴졌어요. USMLE 공부를 위해 지방 소도시 도서관에서 시간을 보내며 자연스럽게 제 미래에 대해 더 구체적으로 생각해볼 수 있었던 것 같습니다.

미국 도전을 위한 실질적 준비

처음에는 미국이란 나라가 과연 나에게 최선의 선택일까 고민도 했었습니다. 극한의 자본주의, 비싼 물가, 불안한 치안 등 영화나 미디어에서 비춰지는 내용들이 어느 정도는 다 사실이니까요.

잠시 영국으로 가는 것도 생각했는데, 결정적으로 거기는 EU나 영연방 국가에서 오는 사람들을 확실히 선호하는 것 같더군요.

든든한 동반자들을 만나다

제가 공보의로 있을 때쯤 메디케이트에 미국 의사 준비하는 사람들 모임이 생겼는데, '나와 같은 길을 가려고 하는 사람들이 있구나'라는 점이 심리적으로 큰 도움이 되었습니다. 그 당시 장충영이란 분이 그 사이트의 운영자셨는데, 이 자리를 빌려 깊은 감사를 드리고 싶어요.

그전까지는 시험을 보러 일본이나 홍콩으로 가야 했는데, 그때쯤 해서 한국 시험센터에서 온라인으로 시험을 볼 수 있게 되어 훨씬 간편해졌죠. 연세대 의대 근처 의학서점 주인분과 나눈 이야기도 큰 도움이 되었어요.

USMLE 성적의 중요성

그 당시 사람들이 USMLE 성적의 중요성에 대해 많이 이야기했고, 저 역시 거기에 스트레스를 꽤 받았던 기억이 납니다. 하긴 외국 대학 출신의 경우 시험 점수 외에는 특별히 보여줄 게 없으니 상대적으로 중요한 건 사실인 것 같아요. 다행히 요즘에는 한국의 인지도가 많이 올라가긴 했습니다.

까다로웠던 비자 문제

지금은 어떨지 모르겠지만, 제 때만 해도 비자 문제가 참 걸리는 문제였습니다. 물론 미국에서 수련만 받고 한국으로 돌아올 계획이라면 큰 문제가 없지만, 저같이 처음부터 이민을 목적으로 하는 경우에는 참 예민한 문제였어요. 이에 대해 충분히 공부하고 고민해보시길 추천드려요.

20년 후의 솔직한 조언

지금까지 제 이야기를 들어보셨는데, 한 가지 분명한 건 이 선택이 제게는 맞았다는 것입니다. 하지만 모든 사람에게 맞는 길은 아니에요.

이런 분들에게 추천합니다:
- 한국 사회의 위계질서나 획일성에 답답함을 느끼는 분
- 다양성과 개인의 자유를 중시하는 분
- 불확실성을 감내할 수 있는 용기가 있는 분
- 언어와 문화의 장벽을 극복할 의지가 있는 분

다시 고민해보셔야 할 분들:
- 서울대라는 프리미엄을 포기하기 어려운 분
- 가족과의 물리적 거리가 부담스러운 분
- 안정성을 최우선으로 여기는 분
- 한국 의료계에서 변화를 만들어나가고 싶은 분

결국 자신의 가치관과 성향에 맞는 선택을 하는 게 가장 중요합니다. 남들이 가는 길이 아니라 자신에게 맞는 길을 찾으시기 바랍니다.

꿈을 향한 도전의 여정

박종철 | 종양내과

시작: 혼란 속에서 피어난 꿈

2000년, 의약분업 사태로 한국 의료계가 요동치던 그해, 저는 막 인턴이 된 새내기 의사였습니다.

'과연 이것이 내가 꿈꾸던 의사의 모습일까?'

파업과 혼란을 지켜보며 문득 이런 생각이 들었습니다. 거창한 포부가 있었던 건 아닙니다. 그저 한국에서는 만나기 어려운 새로운 의학의 세계를 경험해보고 싶었을 뿐이죠.

군 생활 중 USMLE를 준비하며 미국행을 꿈꾸기 시작했습니다. 많은 동기들도 함께 같은 꿈을 키우고 있었습니다.

방황: 7년간의 우회로가 주는 교훈

미국 땅을 밟은 후, 제가 선택한 길은 조금 특별했습니다. 바로 수련을 시작하는 대신, 먼저 세상을 더 넓게 보기로 했거든요.

암연구실에서 2년, 제약회사에서 몇 년, 총 7년간의 비임상 생활을 거쳐 드디어 내과 레지던트를 시작했습니다. 졸업 후 10년이라는 긴 공백. 당연히 레지던시 매칭은 쉽지 않았죠.

'너무 돌아온 게 아닐까?'

스스로에게 수없이 물었지만, 지금 돌이켜보면 그 시간들이 모두 소중한 자산이 되었습니다.

재시작: 처음부터 다시 배우는 용기

첫날부터 현실의 벽이 높았습니다. 미국 의대생들에게는 당연한 경험들이 저에게는 전혀 없었거든요.

서브인턴십? 경험 무. 병원 용어나 약물? 한국과 완전히 달라. 환자 보고(case presentation)? 교수님이 직접 시범을 보여주셔야 했죠.

'이걸 언제 다 따라잡지?'

하지만 2년차가 되면서 조금씩 자신감이 생겼습니다. 그 무렵 둘째 딸도 태어났고요. 내과 레지던트 시작과 동시에 혈액종양학 전임의(fellowship)를 목표로 꾸준히 준비했습니다.

전문의로의 성장: 진정한 보람을 찾다

'어떤 세부 전공을 택해야 할까?'

고민 끝에 깨달은 건, 어떤 분야든 결국 비슷하다는 것이었습니다.

중요한 건 좋은 멘토를 만나는 것이죠. 저도 소화기암에서 비뇨기암으로, 최종적으로는 두경부암과 조기 임상시험으로 전문 분야를 바꿨습니다. 모두 멘토들의 조언 덕분이었어요.

혈액종양내과 의사가 된 지금, 주말과 저녁은 온전히 가족과 함께합니다. 환자들의 질병이 심각하고 죽음과 자주 마주해야 하는 것은 여전히 어렵습니다. 하지만 그만큼 환자와의 관계는 깊어지죠.

치료의 동반자로서 쌓아가는 신뢰, 그 과정에서 느끼는 보람은 다른 어떤 것과도 바꿀 수 없습니다.

현재: 연구와 진료의 조화로운 일상

임용 8년차. 이제 리듬이 생겼습니다.

환자 진료 50%, 연구와 교육 50%. 외래가 있는 날은 오전 8시부터 환자들을 만나고, 외래가 없는 날에는 연구팀과 미팅하며 새로운 치료법을 모색합니다.

암연구의 가장 큰 매력은 무엇일까요? 바로 끊임없는 약물 개발의 가능성입니다. 두경부암 센터, 신약 임상 센터, 면역 세포치료 센터에서 first-in-class, first-in-human 임상시험들을 진행하며, 환자들에게 새로운 희망을 전하고 있습니다.

보스턴: 춥지만 따뜻한 의료 도시

보스턴은 솔직히 춥습니다. 물가도 비싸고, 맛있는 한식당도 많지 않아요. 하지만 이 모든 단점을 상쇄하고도 남을 매력이 있습니다.

작지만 안전하고, 고풍스러우면서도 학구적인 분위기. 무엇보다 의학 분야에서는 세계 최고의 생태계를 자랑하죠. Massachusetts General Hospital에서 Cambridge's Kendall Square까지, 이곳은 바이오 혁신의 중심지입니다.

최근에는 한국에서 오시는 분들이 많아져서 더욱 반갑습니다. 서로 정보도 나누고, 함께 성장할 수 있어서 좋아요.

가족: 미국에서 아이들과 함께 자라기

미국 생활의 가장 큰 장점 중 하나는 '가족 중심' 문화입니다.

회식이나 억지 모임은 거의 없어요. 대신 주말과 저녁 시간을 온전히 가족과 보낼 수 있습니다. 아이들 교육도 한국보다는 여유롭죠. 명문대가 전부가 아니라, 다양한 삶의 선택지가 있다는 게 매력적입니다.

물론 단점도 있어요. 아이들이 자라면서 1.5세대인 부모와 가치관이 달라지는 것. 하지만 이것도 성장 과정의 일부라고 생각합니다.

요즘 가장 행복한 시간은 곧 성인이 되어 떠날 딸들과 함께하는 지금 이 순간들입니다.

시련: 가장 어두웠던 순간들

'정말 제대로 된 선택이었을까?'

미국에 와서 레지던트를 시작하기 전까지가 가장 힘들었습니다. 불확실한 미래, 끝없는 의구심들이 저를 괴롭혔거든요.

레지던트 시작 후에도 펠로우십 걱정, 취업 걱정이 이어졌습니다.

하지만 지금 돌이켜보면, 그 모든 과정조차 나름의 의미가 있었던 것 같아요.

학창시절: 아쉬움과 소중한 깨달음

솔직히 고백하자면, 저는 학교보다는 바깥세상이, 공부보다는 사람들과의 만남이 더 소중했어요. 하지만 그때의 경험들이 지금의 저를 만들었습니다.

가장 의미 있었던 활동은 AMSA(Asian Medical Students' Association)였어요. 다양한 나라의 의대생들과 교류하며 세상이 얼마나 넓은지 깨달았거든요.

'더 알차게 보낼 수 있었을 텐데….'라는 아쉬움도 있었지만, 모든 순간이 소중한 경험이었다는 것을 나이가 들어서야 깨달았습니다.

후배들에게: 진심 어린 응원과 조언

미국 의사의 꿈을 키우는 후배님들께 이 이야기를 전합니다.

첫째, 뜻이 있으면 반드시 길이 열립니다.

앞에 놓인 산이 아무리 높아 보여도, 한 걸음씩 내딛다 보면 정상에 오를 수 있어요. 저처럼 우회로를 거쳐도 괜찮습니다. 젊을 때의 모든 경험은 실패가 아니라 자산이거든요.

둘째, 자신만의 타이밍을 믿으세요.

'수련 전에 연구를 할까, 바로 레지던트를 할까?'

많은 분들이 고민하시는 문제죠. 정답은 없습니다. 여러분의 목표와 상황에 맞는 선택이 최선의 선택이에요. 연구자가 최종 목표가 아니라면, 레지던시부터 시작하는 것도 좋은 방법입니다.

셋째, 좋은 멘토를 찾으세요.

혼자서는 보이지 않는 길도 경험이 풍부한 선배의 조언으로 명확해집니다. 저 역시 지금까지 올 수 있었던 건 훌륭한 멘토들 덕분이에요.

마지막으로, 완벽하지 않아도 괜찮습니다.

미국 생활이 항상 화려하지만은 않아요. 어려움도 있고, 외로운 순간도 있죠. 하지만 그 모든 것들이 여러분을 더 단단하게 만들 거예요.

포기하지 마세요. 여러분의 꿈은 충분히 이룰 가치가 있습니다.

현재의 소망: 환자들에게 희망을

지금 제가 가장 간절히 바라는 것은 환자들에게 진짜 도움이 되는 연구를 하는 것입니다. 항암 약물의 올바른 사용, 치료 결과 분석, 그리고 새로운 신약 개발을 통해 환자들의 삶을 개선하고 생존을 연장하는 것. 이것이 제 궁극적인 목표예요.

미래에는 한국의 병원이나 회사들과도 활발히 협력하고 싶습니다. 다기관 연구나 한국에서 개발 중인 신약의 미국 진출을 도우며, 두 나라를 잇는 가교 역할을 하고 싶어요.

이 이야기가 미국 의료이민을 꿈꾸는 모든 분들에게 작은 용기가 되기를 바랍니다. 여러분의 도전을 진심으로 응원합니다.

연구와 임상 사이,
미국 의학계 진출을 위한 현실적 조언

김태곤 | 종양내과

들어가며

지난 1년간 많은 후배들이 같은 질문을 가지고 찾아왔습니다. "박사를 먼저 할까요, 아니면 임상 트레이닝을 먼저 할까요?" "연구와 임상, 무엇을 우선해야 할까요?"

미국에서 의사과학자로 살면서 한국에 있는 후배들로부터 연구에 관한 질문을 받을 때마다 무슨 조언을 해주어야 할지 늘 고민해왔습니다. 저 역시 처음에는 이 정도로 과학 연구를 심도 있게 하게 될 줄 몰랐지만, 지금은 미국에서 의사과학자로 사는 삶이 어떤 것인지 어느 정도 알기에 다양한 조언을 해줄 수 있으리라 생각합니다. 이런 고민을 하는 후배들에게 제가 걸어온 길을 통해 얻은 통찰을 나누고자 합니다.

나의 출발점: 예상치 못한 여정의 시작

2001년 의과대학을 졸업할 때까지 저는 한국 밖을 나가본 적이 없었습니다. 그 흔한 배낭여행조차 경험해보지 못한 채, 미국의 삶은 저와 아주 먼 이야기였습니다.

2000년 의약분업 갈등 당시 주변에서 미국행을 준비하는 친구들도 있었지만, 저는 우선 모교 병원에서 인턴 생활을 시작했습니다. 그런데 시간이 지나면서 학문에 대한 열망이 점점 커졌고, 막연히 '더 넓은 세상에서 의학을 공부하고 싶다'는 생각이 들기 시작했습니다. 그렇게 미국 진출의 첫 관문인 USMLE 공부에 발을 들여놓게 되었습니다.

종양학을 공부하고 싶었는데, 종양학을 하려면 연구를 해야 할 것 같다는 단순한 생각에 미국 대학들에 무작정 이메일을 보냈습니다. 펜실베이니아 대학에서 무급 연구원 자리를 제안받았을 때, 모험심 반 호기심 반으로 미국행을 결정했습니다.

미국에서의 첫 경험은 녹록지 않았습니다. 영어 실력이 부족했고, 과학에 대한 기초 개념이 없었으며, 무엇보다 미국의 업무 문화에 적응하는 것이 가장 어려웠습니다. 시키는 일을 성실히 수행하는 것을 미덕으로 여기는 한국 문화에 익숙했던 저에게, 스스로 문제를 찾고 해결해나가는 미국의 연구 문화는 큰 도전이었습니다.

하지만 결국 과학의 매력에 빠져들었고, 박사 학위를 취득한 후 임상 수련을 마쳤습니다. 현재는 환자를 보면서 동시에 연구실을 운영하는 의사과학자로 살아가고 있습니다.

연구 vs 임상: 선택의 갈림길

박사 학위 먼저 vs 임상 트레이닝 먼저

미국에서 의사과학자가 되는 일반적인 경로를 살펴보면, 의과대학 졸업 후 임상 트레이닝을 먼저 받고 나서 연구의 길로 가는 것이 가장 흔합니다. 또 다른 경로로는 MD/PhD 과정을 통해 두 학위를 함께 취득한 후, 임상 트레이닝을 거치거나 바로 연구로 진입하는 경우가 있습니다.

그렇다면 외국인 의사들은 왜 실험실을 찾게 될까요? 크게 두 가지 이유가 있습니다. 첫째는 현실적인 이유로, 미국에서 의사로 살고 싶지만 처음부터 임상 의사 자리를 구하기가 쉽지 않기 때문입니다. 둘째는 연구에 대한 진정한 관심과 열정 때문입니다.

여기서 중요한 것은 자신의 연구에 대한 관심도를 정확히 파악하는 것입니다. 만약 연구에 그다지 관심이 없거나 확신이 서지 않는다면, 시간이 오래 걸리는 실험실 연구보다는 상대적으로 단기간에 완성할 수 있는 간단한 데이터베이스 연구(차트 리뷰나 메타분석)를 선택하거나 아예 바로 임상 수련에 진입하는 것이 현명합니다.

실제로 실험실 경험 없이 2년이라는 시간으로 제1 저자 논문을 완성하는 경우는 매우 드뭅니다. 따라서 다소 아쉬움이 남더라도 임상 수련을 먼저 마친 후, 펠로우 기간이나 주니어 교수 시절에 연구를 시작하는 것이 더 현실적이고 바람직한 선택이라고 생각합니다.

각 경로의 장단점

박사 학위 우선 경로: 연구 역량의 체계적 구축

한국 의과대학에서는 연구를 접할 기회가 제한적이기 때문에, 미국에서 연구 커리어를 쌓으려면 미국에서 받은 학위가 상당한 도움이 됩니다. 석사는 2년, 박사는 5년 정도의 시간 투자가 필요하며, 석사과정에서는 장학금이나 조교 활동을 통한 보수를, 박사과정에서는 일정 수준의 급여를 받으며 생활할 수 있습니다.

대학병원에서 교수로서 실험실을 운영하며 환자를 보는 의사과학자를 목표로 한다면, 석사나 박사과정에서 배우는 지식과 발표하는 논문이 상당한 도움이 됩니다. 실용적 관점에서도 박사 학위는 향후 clinical fellowship 지원 시 큰 장점으로 작용합니다.

임상 트레이닝 우선 경로: 의학적 전문성 확보

저에게 항상 조언을 주시던 한 선생님께서 말씀하신 것이 기억납니다. "Career development는 수련과정에서 하는 것이 아니라 주니어 교수 때 하는 것이다." 기초과학 연구를 임상과정 중에 하기는 어렵지만, 중개연구나 임상연구는 주니어 교수 시절에도 충분히 가능합니다.

교수가 되면 NIH K Grant 등 career development award와 같은 많은 기회가 열리기 때문에, 오랜 수련 기간 없이도 clinical investigator로 성장할 수 있습니다. 다만 큰 대학병원에서 교수 자리를 찾는 것이 쉽지 않을 수 있다는 점은 고려해야 합니다.

박사 학위 우선 경로의 현실적 고려사항

미국 레지던시 지원 시 연구 경력의 가치

유명 대학에서 제1 저자로 좋은 논문을 발표하고, 그 멘토가 정치적 영향력을 가진 경우 해당 대학병원의 레지던트로 선발되는 경우가 있습니다. 하지만 그만큼 좋은 논문을 쓰는 것이 쉽지 않고, 논문 발표가 곧 임상능력 평가로 이어지지는 않습니다.

주립 대학병원에서는 연구 능력을 인정받아 대학병원 레지던트로 발탁되는 경우도 있다고 하지만, 대부분의 외국인 의사가 갈 수 있는 곳은 커뮤니티 병원이며, 이곳에서는 연구 경험이 레지던트 합격과 큰 관련이 없는 것으로 보입니다.

나이 요소의 현실

좋은 커뮤니티 병원일수록 최근에 의과대학을 졸업한 젊은 의사를 선호하는 경향이 있습니다. 반면 수련 환경이 상대적으로 열악한 커뮤니티 병원이나 대학병원에서는 나이를 크게 중요시하지 않는다는 인상을 받았습니다.

따라서 박사과정 후 좋은 커뮤니티 병원에 입학하기는 쉽지 않으며, 오히려 주립 대학병원을 지원하는 것이 현실적입니다. 박사 학위를 받은 후에는 레지던트 지원 시 대학병원 프로그램 디렉터에게 직접 연락하는 적극성을 보이는 것이 중요합니다. 그저 수많은 지원서 더미에 묻혀 버리기를 기다리기보다는, 자신의 연구 경력과 열정을 직접 어필할 기회를 만들어야 합니다.

전공별 연구 경력의 중요도

모든 전공이 연구를 필요로 합니다. 다만 레지던트 선발 과정에서 연구 경험을 상대적으로 덜 고려하는 분야로는 가정의학과, 응급의학과, 소아과 등이 있을 것으로 보입니다. 하지만 이런 구분에 너무 매몰되기보다는, 개인의 상황과 관심에 따라 연구 여부를 결정하는 것이 바람직합니다.

임상 우선 경로의 현실적 고려사항

수련 후 연구 진입의 어려움과 해법

수련과정 후 대학교수가 되거나 대형 병원에 취직해야 더 나은 연구 기회를 얻을 수 있습니다. 이를 위해서는 대학병원이나 어느 정도 규모의 커뮤니티 병원에서 수련받아야 하는데, 여기에는 어느 정도의 연구 경험이 필요한 것도 사실입니다.

'연구→대학병원이나 대형 커뮤니티 병원 수련→더 나은 교수 포지션→연구 기회'라는 선순환 구조를 이해한다면, 외국인 의사로서 2년 정도의 연구 투자는 나쁜 선택이 아닙니다.

임상 경험이 연구에 주는 강점

의사로서 연구한다는 것은 환자를 보면서 갖게 되는 질문에 대한 답을 찾는 것입니다. 기초과학자들이 과학적 발견을 먼저 하고 이를 인간의 건강과 질병에 어떻게 적용할지 고민하는 것과는 반대의 접근법입니다. 임상 경험이 풍부해지면 가장 중요한 임상 질문을 바탕으로 연구할 수 있다는 큰 장점이 있습니다.

임상의와 연구자의 병행

임상의로서 연구 시간을 확보하는 것이 가장 중요합니다. 미국에서는 'effort'라는 개념이 있어서, 환자 진료 시간 외에 연구하려면 그 시간에 대한 급여를 어디서든 확보해야 합니다. 대부분 institutional support로 10-25%의 연구 시간을 갖게 되며, 연구 시간을 늘리려면 외부 연구비를 받아와야 합니다.

특히 주니어 교수의 경우 NIH K08, K23 등 Career Development Award를 받으면 연구 시간을 75%까지 보장받을 수 있습니다. 개인적 열정만으로는 연구를 지속하기에 한계가 있습니다.

개인적 경험: 선택의 순간들

의사과학자 결정과 그 여정

30대 초반에 의사과학자의 길을 결정했을 때, 저는 오로지 저 자신만 생각하면 되는 나이였습니다. 하지만 박사과정 중 결혼하고 아이를 갖게 되면서 경제적 문제를 고려하지 않을 수 없었습니다. 다행히 양가 부모님이 건강하셔서 부양 부담이 없었기에 원래 계획대로 커리어를 이어갈 수 있었습니다. 많은 어려운 순간마다 아내의 격려와 희생이 있었습니다.

레지던트 시절의 도전 과제들

뒤늦게 시작한 레지던트 생활은 고달팠습니다. 우선 임상에서 너무 멀어져 있었습니다. 한국에서 인턴만 하고 미국에 온 터라 아는 것도 많이 않았지만, 무엇보다 생소한 병원 생활은 정말 쉽지 않았습니다. 마이애미 대학병원에서 수련받을 때는 70% 이상의 환자가 영어보다 스페인어를 쓰는 히스패닉이었는데, 이들과 소통하는 것은 정말 어려운 일이었습니다. 마이애미의 문화를 이해하는 데도 상당한 시간이 걸렸습니다. 결국 이런 모든 문제를 잘 극복하고 수련을 마치게 된 것은 아내와 부모님의 격려 덕분이라고 생각합니다.

펠로우 과정과 현재

펠로우 수련 기간에도 영어 부족 문제는 극복하기 어려웠습니다. 외국 의대 출신은 저 혼자였고, 워낙 보수적인 병원에서 수련받았기 때문입니다. 아내와는 연구를 다시 하지 않기로 약속했지만, 결국 그 길로 돌아가는 저를 보며 아내는 포기하는 심정이었을 것입니다.

그런데 펠로우 생활은 생각보다 빨리 적응할 수 있었습니다. 레지던트 때보다 훨씬 수월했죠. 면역학 박사 학위는 많은 교수들에게 매력적으로 다가갔고, 제 정체성을 명확히 정의하며 커리어 방향을 결정할 수 있었습니다.

의사과학자 커리어의 현실

펠로우를 마치고 나서야 의사과학자의 길이 얼마나 어려운지 알게 되었습니다. 동기 8명 중 5명은 자기 자리를 찾았고(1명은 개원, 4명은 학계), 1명은 제약회사로, 2명(저 포함)만이 의사과학자의 길로 갔습니다.

의과대학 1학년 때 해부학을 배우며 '이때가 가장 힘들다'고 생각했는데, 3-4학년 임상 과목 공부량에 비하면 해부학은 정말 적다는 걸 깨달았을 때의 그 어이없음처럼, 주니어 교수 생활은 그간의 모든 어려움을 무색게 할 정도로 힘들었습니다. 특히 연구비를 받아오는 과정이 매우 어려웠고, 아이들 교육비가 늘어나는 경제적 압박으로 야간 부업을 자주 할 수밖에 없었습니다.

현재의 성찰

현재 밴더빌트에 자리를 잡았지만, 이제는 원하는 연구실을 운영해야 한다는 더 큰 압박을 받고 있습니다. 연구원 채용, 연구비 확보, 남부 특유의 인종차별과 같은 문제들이 있습니다. 가장 큰 문제는, 제가 원하던 것을 이루었지만, 한국에 계신 양가 부모님이 연로해지셨다는 사실입니다.

후배들에게 던지는 근본적 질문들

연구 선택의 핵심 기준

연구를 선택할 때 가장 큰 어려움은 재정적 문제와 가족 문제입니다. 연구를 잘할 수 있는지는 정도의 차이일 뿐, 본인이 만족하면 얼마든지 할 수 있습니다. 중요한 것은 주변을 둘러볼 수 있는 시야가 있는가, 내 결정으로 가족이 너무 힘들지는 않은가, 부모님이 내 도움을 필요로 하시지는 않는가를 종합적으로 고려하는 것입니다.

진정한 동기 확인하기

지금까지 40여 명의 후배와 젊은 의사들이 실험실 연구나 의사과학자 경력에 관해 연락해왔습니다. 이 중 제가 이 길을 권유한 분은 매우 일부입니다.

핵심 질문들:
- 정말 열정이 있는가?
- 많은 희생을 각오했는가?
- 연구를 진심으로 좋아하는가, 아니면 좋은 병원에 가고 싶어서인가?
- 왜 연구를 하고 싶은가?

이 모든 질문에 명확히 답할 수 있어야 합니다.

연구는 선택사항이다

미국에서 의사의 연구는 optional입니다. 미국 연착륙을 위해 연구를 선택하기에는 연구 경험이 레지던트나 펠로우 수련에 실제로 도움이 되는지 확실하지 않습니다. 연구는 좋아서 하는 것이지, 누가 좋다고 해서 하는 것이 아닙니다.

많은 젊은 의사들이 연구를 원하지만, 이 모든 것이 개인의 행복보다 우선되어서는 안 됩니다. 15년 전부터 이 길이 제 길이라고 확신했던 저도 많은 순간 좌절하고 우울해합니다. 너무 좋아서 하는 사람도 힘든데, 그냥 커리어를 위해 연구한다면 얼마나 우울한 일이겠습니까?

임상연구, 중개연구, 기초연구 모두 소중한 연구입니다. 세상에 필수의료, 비필수의료라는 구분이 의미가 없는 것처럼, 모든 분야가 소중합니다. 연구를 좋아하는 사람이 있고, 덜 좋아하는 사람이 있듯이 어떤 것이 더 중요하고 숭고하다는 의미가 아니라, 내가 어떤 삶을 더 좋아하는지가 결정의 이유였으면 좋겠습니다.

결론: 두려움을 넘어 도전으로

의사과학자로서의 삶

몇 년 전 한국의 의사과학자 양성 심포지엄에서 '의사과학자 양성을 할 이유도 없고 할 수도 없다'는 발표를 했다가 보건복지부 관계자들을 당황하게 한 적이 있습니다. 물론 그 이후로는 초대받지 못하고 있습니다.

하지만 저는 제가 의사과학자라는 사실이 너무 자랑스럽습니다. 때로는 힘들지만 대부분 행복합니다. 임상 일을 하면서 치료되지 않는 환자들을 보며 연구 동기를 얻고, 연구에서 좌절할 때 환자를 보면서 다시 힘을 얻습니다. 이보다 이상적인 직업이 있을까 싶습니다.

개인의 행복이 우선

연구비, 인력 채용, 논문 압박 등 많은 현실적 장벽이 있는 것도 사실이지만, 세상에 쉬운 일이 어디 있겠습니까? 임상에만 집중하는 의사들도 그 안에서 소명을 갖고 열심히 일하고 있습니다.

제가 의사과학자 양성을 할 수 없고 해서도 안 된다고 생각하는 이유는, 연구는 개인의 행복을 위해 하는 것이지 국가의 노벨상 프로젝트나 신기술 개발을 위함이 아니기 때문입니다. 이런 것들은 부수적으로 따라오는 것이지 목표가 될 수는 없습니다. 다만 행복하게 연구하는 사람들을 위해 길을 열어준다는 취지에서는 적절한 시스템만 갖추어주면 충분할 것입니다.

박사과정, 도전할 가치가 있는가?

박사과정 5년이 크게 느껴질 수 있습니다. 재정적 문제도 무시할 수 없고, 가족이 있으면 더욱 부담스럽습니다. 그럼에도 불구하고 연구를 하겠다는 마음이 있다면, 한 살이라도 젊을 때 박사과정에 도전하는 것도 좋은 선택이라고 생각합니다.

박사과정에서 배우는 것들은 한국에서 받은 교육 체계와 사고방식을 완전히 바꾸는 작업입니다. 창조적 사고방식은 하루아침에 배울 수 없지만, 새로운 것을 한다는 행복감은 정말 큽니다. 박사를 마치고 임상과 연구를 함께 할 때, 머릿속에 그려지는 큰 그림들과 그 부족한 부분을 채워 넣는 가설들을 생각하며 사는 것은 큰 기쁨입니다.

마지막 메시지

제게 박사는 단순히 학위 하나가 더 생긴 것이 아니라, 생각의 흐름과 의과학의 가치를 배우는 작업이었습니다.

패러다임을 바꾸는 일을 하고 싶은 사람, 혁신을 좋아하는 사람, 반복적인 일보다 새로운 일에서 행복을 느끼는 사람들에게는 박사과정을 권합니다.

어떤 선택을 하든 중요한 것은 자신의 진정한 열정을 따라가는 것입니다. 현실적 제약에 너무 얽매이지 말고, 준비된 마음으로 최선을 다한다면 어떤 길이든 의미 있는 여정이 될 것입니다. 인생은 직선이 아닌 여정이며, 때로는 우회로도 결국 목적지에 도달하게 해줍니다.

낯선 땅에서 꺼낸 가장 깊은 나

박은경 | 핵의학과

어느덧 미국에 온 지 15년차입니다. 뜻하지 않게 주(state)를 다섯 번이나 옮겼고, 다음 달 여섯 번째 주와의 만남을 앞두고 있습니다. 좋은 일도 많았습니다. 하지만 힘든 일도 있었습니다. 덕분에 굳센 자아가 길러지고 있지만 잔걱정도 늘었습니다.

'이민 후배'들이 제가 겪었던 시행 착오를 덜 겪었으면 좋겠다는 바람으로 글을 쓰게 되었습니다. 하지만 막상 노트북을 열고 나니 이런 생각이 들었습니다. 미국이란 나라는 너무나 넓고 의료 체계는 복잡다단한 데다가 사람마다 목표나 성향이 천차만별일 수 있으니 '이렇게 해라, 저렇게 하지 마라'는 조언은 결국 절대적인 것일 수 없으며, 인터넷에 있는 무수한 정보보다 나을 게 없겠다는 생각이 들었습니다.

그래서 구상을 바꿨습니다. '전문의 취득 후 미국에 올 경우 이러이러한 길이 있습니다. 이렇게 준비하시고 이런 것은 피하세요'로 기획했던 초안은 사적인 경험담을 담은 수필로 변신하게 되었습니다. 지극히 개인적인 여정입니다. 그럼에도 아직 미국이라는 나라와 타국에서의 중년의 삶이 미지의 영역인 분들께 미리보기 기능이라도 되기를 바라며 이야기를 꺼내봅니다.

새로운 도전을 찾아서

뭔가 색다르면서도 의미 있는 일을 해보고 싶었던 저는 인턴을 마치고 관악 캠퍼스에 가서 교육학 석사 과정을 밟았습니다. 모교에서 '의학교육실' 초대 실장을 지내신 지도교수님 덕분에 의학교육이라는 새로운 분야를 접하게 되었기 때문입니다.

야심찬 계획을 세웠습니다. 양도 어마어마한데 어렵기만 했던 본과 수업에 기가 질렸던 학생 때의 경험을 살려 우리나라 의학교육의 방법론에 새 장을 열어보겠다는 포부를 품었습니다. 온화한 분위기의 사범대에서 2년의 시간을 행복하게 보낸 후, 갈림길에 섰습니다. 교육학 박사과정 유학을 갈 것인가, 전공의 수련을 받을 것인가.

결국 연건동 서울대병원으로 돌아와 핵의학과 전공의 수련을 하는 길을 택했습니다. 치열한 병원 생활이 그립기도 했거니와 다른 일을 하더라도 전문의는 따야겠다는 판단이었습니다. 운좋게도 전공의 1년 차 때 핵의학 박사과정에도 들어가서 전문의 취득과 거의 동시에 박사학위도 받았습니다. 그 후 닦여진 길로 갔습니다.

서울시내 한 사립병원에서 전임의 및 전임강사를 거쳐 조교수로 활발하게 일하던 중 변수가 생겼습니다. 이미 미국으로 철학 박사 과정을 떠난 남편과 함께 살고자 미국행을 택했습니다.

미국으로 가는 마음

사실 다른 나라에 가서 산다는 것은 큰 결정이고 변화입니다. 그런데 그때의 저는 선뜻 미국에 왔습니다.

한참 관심이 있었던 핵의학 뇌영상 연구 기법을 더 배울 수 있겠다는 전망 때문이었을까요? 아니면 이미 미국에 가 있는 선후배 동기들의 모습이 미국 병원에 대한 궁금증을 자아내서였을까요? 유학을 가지 않았던 아쉬움 때문이었을까요? 학창시절 AMSA(Asian Medical Students' Association) 활동으로 국제적인 무언가를 꿈꿔서였을까요?

혹은 신혼 초의 사랑 때문이었을까요? 한국 사회에 대한 회의 때문이었을까요? 어린 시절까지 더듬어 가자면, 미국으로 이민 간 친척들의 모습에 호기심이 생겨서였을까요? 텔레비전에서 보던 미국 드라마의 예쁜 집들과 여유로워 보이는 생활상이 환상을 심어주어서였을까요? 청소년기에 한참 빠져있던 뉴키즈온더블록(NKOTB)도 무의식을 자극했을까요?

결국 알겠고도 모를 조각조각의 이유가 모여 미국이란 나라에 끌렸습니다. 무엇보다 사회적 자아가 아닌 내 자신의 삶을 살고 싶었던 것 같습니다. 미국에서 펼쳐 갈, 뭔가 보다 저다운 인생을 기대했습니다.

Buffalo에서의 첫걸음

그렇게 Buffalo, NY에 첫발을 디뎠습니다.

놀라운 우연이었습니다. 남편이 유학 중인 University at Buffalo (UB)에 삼십여 년 위의 동문 선배님께서 핵의학과 교수로 근무하고 계셨습니다. 지도교수님께서 두꺼운 동문주소록 책자를 뒤져 작은 글씨로 써 있는 선배님 연락처를 찾아내 연결해주셨습니다. 감사하게도 첫 만남부터 저를 큰딸처럼 여겨주시는 그 선배님은 UB 핵의학과 과장님과 다리를 놓아주셨습니다.

이민 과정이 순조롭지만은 않았습니다. 근무하던 병원에도 죄송했고, 그때 미국에서 터진 서브프라임 모기지 사태의 여파로 그간의 논의가 무산될 뻔했습니다. 약간의 지연 후 J-1 research visa를 받아 exchange scholar 연구원 신분으로 미국 생활을 시작할 수 있었습니다.

연구를 전업으로 하고자 함은 아니었습니다. 남편이 F-2 visa는 권하지 않는다고 하여 J-1으로 입국했으며, 궁극적인 목표는 레지던시에 들어가는 것이었습니다. 이유는 '남들 하듯이 당연히' 레지던시 매칭이었습니다. 레지던시 이후에 대해서는 생각해보지 않았습니다. 남편의 박사 과정이 5년에서 7년 정도 걸린다고 하니 딱 거기까지만 계획을 세웠을 수도 있습니다. 하지만 솔직히 말하면 그저 바로 다음 단계만 생각할 줄 알았고, 지금 돌이켜보면 좀 더 장기적인 계획을 세웠다면 어땠을까 하는 아쉬움이 남습니다.

현실과 마주하기

딱 1년만 연구원 생활을 하고, 임상에서 너무 멀어지기 전에 바짝 USMLE 시험 준비를 해서 레지던시에 들어가려던 계획은, 미국 시스템도, 저 자신에 대해서도 제대로 알지 못하고 세운 것이었습니다. 뒤늦게 깨달은 사실이지만 레지던시든 학교든 직장이든 지원-인터뷰-결과-입학에 거의 1년 가까이 걸립니다.

당황스러웠습니다. 겨울에 모든 일들이 한꺼번에 이루어지고 3월에 바로 시작하며, 사실상 서류 전형이 전부이고 면접 비중이 낮은 게 세계 공통인 줄 알았던 한국인에게는 상상할 수 없는 긴 타임라인이었습니다. UK (http://usmlekorea.com/)를 통해 확실히 감을 잡았어야 했는데, 상황 파악을 제대로 못 했던 것입니다.

게다가 달콤한 유혹이라는 또 다른 문제가 있었습니다.

Buffalo의 하늘은 높고 푸르렀으며 대자연은 아름다웠고, 새로운 문화권에서 놀러 갈 곳도 많고 행사도 넘쳐났습니다. 의대생다운 계획성과 추진력은 쏙 들어가고, 서울 생활과 병원 생활 속도의 절반도 안 될 법한 이곳의 느린 리듬을 핑계 삼아 일단 좀 놀고 쉬어도 될 것 같다고 자신에게 속삭였습니다.

현실의 벽

UB는 고가의 소동물 연구용 최신 PET 스캐너(small animal positron emission tomography scanner)를 보유하고 있었습니다. 미국에서 흔치 않은 독립적인 핵의학과도 있었습니다. (참고: 미국에서는 핵의학과가 대개 독립된 과(Department)가 아니고 영상의학과 내의 분과(Division or Section)로 존재합니다.)

하지만 학계에서 이름을 날렸던 과의 실상은 달랐습니다. 별다른 연구 과제가 없었고 여러 사정으로 기울어져 가며 인력들도 하나둘 빠져나가고 있는 상태였습니다. 체류 신분 문제가 전부인 외국인으로서 과의 재정상 비자 연장이 되지 않을 수도 있다는 불안감이 밀려왔습니다.

그때부터였습니다. 아름답게만 보이던 제 미국 고향 Buffalo는 운하를 이용한 운송으로 번창했던 옛 영화를 머금은 채 쇠퇴해가는 회색의 도시로 느껴졌습니다. USMLE는 슬렁슬렁 공부하니 Step 2 CK와 지금은 폐지되고 OET로 대체된 2CS만 겨우 해냈습니다. UB에 2년 이상 있기에는 무료하고 무의미하다는 생각이 들자 조바심이 났습니다.

정체성에 의문도 생겼습니다. 사회생활 속 다양한 인간관계 안에서 정의되어 있던 제 역할과 계급장이 해제된 이곳에서 알몸이 된 것 같았습니다. 의학 공부와 병원 일에만 몰두하다 보니 인문학적 소양이나 사회 전반에 대한 관심이 부족했고, 의학 외의 분야에 대해서는 학창 시절 수준에 머물러 있었습니다. 최소한 인간미가 있고 겸손한 쪽이라고 생각했으나, 가운을 벗은 제 속에는 저만의 무엇이 아무것도 없었습니다.

문득 마음이 무거워졌습니다. 평화롭고 고요한 미국 생활 속에서 아파트 거실의 하얀 벽이 눈에 들어올 때면 하얗게 텅 빈 저는 도무지 누구인지 알 수가 없었습니다. 누군가를 만나 대화를 나눌 때면, 저만의 향기가 없는 것이 슬펐습니다.

Yale에서의 새로운 시작

그런데 기회가 왔습니다.

핵의학 뇌영상 연구로 유명한 PI(Principal Investigator)가 있는 몇 군데 대학병원에 영어를 짜내어 이메일을 보내봤으나 별 소득이 없던 참이었습니다. 모교 핵의학과 교수님이 Yale 대학교 PET Center를 소개해 주셨습니다. PET 영상으로 여러 신경전달물질과 수용체를 시각화하고 정량화하여 각종 뇌질환의 기전을 규명하고 약물 개발에도 기여하며 이 분야를 이끄는 큰 연구소였습니다.

다행히도 남편이 흔쾌히 동의해주었습니다. 마침 coursework가 끝나고 학위논문을 써야 하는 시기였는데, 철학과는 이과처럼 실험실에 붙어있어야 하는 것이 아니고 머리와 연필(노트북)만 있으면 어디서든 혼자 논문을 쓸 수 있다며 고맙게도 함께 옮겨주었습니다.

새로운 의욕이 생겼습니다. 용감하게 예일대가 있는 코네티컷으로 날아가 인생 첫 면접다운 면접을 하루 종일 치렀습니다. 대가와 연구실 사람들 앞에서 영혼을 다해 발표도 하고, 컴컴하고 소란한 고급 레스토랑에서 들리지도 않고 되지도 않는 영어로 인터뷰 디너를 했습니다. 그리고 난생처음 해보는 연봉 협상까지 해냈습니다.

더욱 기쁜 것은, UB에서처럼 포닥 레벨의 연구직일 거라 생각했는데, 오리엔테이션에 가보니 직급 분류가 예일대 교원(faculty)이었습니다. 세련된 남색 폴더에 금박으로 새겨진 Y라는 큼직한 로고가 인상적이었습니다. 고풍스러운 대학 건물들과 잘 정돈된 잔디가 어우러진 캠퍼스 위를 그림같이 생긴 프레피족(preppy)이 활보했습니다.

우아한 캠퍼스를 거니는 기분이 좋았습니다. 어디 사냐고 물으면 한국 사람들이 잘 모르는 Buffalo는 슬쩍 뒤로 밀고 뉴욕주까지만 대답하고 싶은 유혹을 느꼈던 제 어깨가 펴지는 순간이었습니다.

그런데 이상했습니다. 그 순간 엘러리 퀸의 'Y의 비극'이란 추리소설 제목이 떠올랐던 것은 우연일까요? 막연한 동경으로 시작한 자에게 길이 열렸습니다. 그런데 아쉽게도 꽃길이 아닌 고난의 배움길이었습니다.

연구의 세계에서 배운 것들

연구소는 완전히 다른 세상이었습니다. 의공학 혹은 물리학 전공 박사과정생들과 포닥들(post-doctoral), 방사성리간드를 만들고 연구하는 방사화학자 혹은 방사약학자들, 그리고 연구 보조 행정업무를 하는 직원들이 있었습니다. 의외로 의대 출신은 저 하나였습니다.

좀 난감했습니다. 고교 과정 과학 과목 중에 물리가 가장 약했던 저로서는 이 연구소의 핵심 주제인 추적자 동역학 모델링(tracer kinetic modeling)이 난해했습니다. Linux를 다루는 데도 무척 서툴렀습니다.

그러나 흥미로웠습니다. 한 데이터에 다양한 분석 기법을 시도하며 씨름하여 산출된 수치들이 영상으로 재구성되어 신경전달물질과 뇌수용체들의 상태를 보여주는 것이 신기하고 재미있었습니다. 복잡한 데이터를 분석하고, 꼼꼼하게 논문을 작성하고, 학회 발표를 하고, 대학원 수업도 청강하고, 심사가 들어온 논문을 리뷰하는 훈련도 강도 높게 받았습니다. 하나의 엄밀한 논문이 탄생하기까지 수십 명의 노력이 들어가는 진정한 연구의 세계였습니다.

　잊을 수 없는 순간이 있습니다. 매주 연구 진행 상황을 점검하는 회의에서 분석 결과가 담긴 엑셀 파일을 살펴보던 PI의 과학적 호기심 가득한 눈빛입니다. 분명 피곤한 얼굴이었는데, 영화 매트릭스처럼 화면에 가득한 숫자에 몰입하는 눈빛이 밤하늘의 별들을 바라보는 여섯 살 아이처럼 초롱초롱해졌고 안색이 환해졌습니다.

　아, 저게 내적 동기구나 싶었습니다. 일대일로 마주하는 그 눈빛은 고무적이었지만 동시에 좌절감도 안겨주었습니다. '연구는 아무나 하는 게 아니구나' 하는.

　PI와의 첫 만남이 떠올랐습니다. "안젤라(필자의 세례명이자 영어 이름), 너는 어떤 연구를 하고 싶니? 백지를 주면 어떤 그림을 그리고 싶니? 뭘 도와줄까?"

　당황스러웠습니다. 연구는 있는 프로젝트와 주어진 재료 안에서 가내수공업 하듯 하는 건데, 백지라니 무슨 말인지 이해할 수 없었습니다. PI의 연구를 보조하며 배우러 왔는데, 프로젝트만 주시면 달려들어 한국인의 힘을 보여 드릴 준비가 되어 있는데, 제가 스스로 주제를 정하면 멘토로서 저를 도와주겠다니요? 충격이었습니다.

　몰랐던 것들이 너무 많았습니다. 미국의 자유롭고 창의적인 연구 스타일도 몰랐고, 주변 자원을 어떻게 능동적으로 활용하는지, 모를 때 끙끙 앓지 말고 빨리 도움을 청해야 하는지도 몰랐습니다. 이런 럭셔리한 연구 환경은 벅찼습니다. 젖먹이 앞에 차려진 잔치상처럼 말입니다.

　결국 공대생과 이과생들이 모인 고요하고도 진지한 연구실 생활이 부담과 스트레스로 다가왔습니다. 레지던시 전에 정거장 삼아 온 저는, 뜨거운 벤치에서 일어나 정거장을 떠났습니다.

인생의 전환점

그런데 이런 상황에서 변화가 찾아왔습니다. 첫 임신과 출산이었습니다. 축복이자 어려움이었습니다. 아직 자리 잡지 않은 유학생 부부에게는 좋은 것들도 누릴 수 없는 스트레스로 다가오는 시기였습니다.

그래서 F-2가 되어 일을 쉬면서 아기를 데이케어에 보내고 남은 USMLE Step 1 공부를 재개했습니다. 영주권이 있으면 레지던시 매칭에 유리하다는 말에 변호사를 알아보고 NIW 영주권 수속에도 들어갔습니다. 한국에 돌아가더라도 여기서 레지던트까지는 해보고 싶었습니다.

그런데 현실은 빡빡했습니다. 월세, 어린이집, 영주권 수수료, USMLE 문제은행 및 응시료, 레지던시 지원료 등에 목돈이 들었고 지원 마감일은 다가오고 있었습니다.

다행히 또 한 해가 지나기 전에 ECFMG 증서를 손에 쥐었습니다. 귀인들 덕에 추천서도 3장 구했습니다. 동문 선배님 덕분에 이력서에 빈 기간을 조금이라도 메꿀 옵저버십도 했습니다.

하지만 가장 고역은 따로 있었습니다. 개념도 모르겠는 Personal Statement (PS, 우리 세대에는 없던 자기소개서)였습니다. 한 장 안에 진솔하고도 기억에 남을 스토리를 영어로 담아 저를 표현해야 한다니. 몇 주에 걸쳐 머리카락을 쥐어뜯으며 엉터리 방터리 모양을 면한 원고를 미국 의대 출신인 사촌동생 부부에게 보내어 겨우 완성했습니다.

첫 번째 도전과 좌절

전공과는 주어진 정보 내에서 전략적으로 선택했습니다. 고민 끝에 인턴(prelim year)을 따로 하지 않아도 되고 수련 기간이 짧으며 외국의대 졸업생이 들어가기가 상대적으로 수월하다는 내과로 정했습니다. 미국에서 핵의학은 영상의학과의 위세에 눌려 사양길로 접어드는 중이었기 때문입니다.

현실적인 판단을 했습니다. 보잘것없는 USMLE 점수에 영상의학과를 넘보기는 어렵겠고, 대학 졸업한 지도 오래되었는데 미국에 온 지 벌써 6년이 흘러 나이도 만만치 않다고 생각했습니다. PS를 쓰며 과거를 돌이켜보니 임상의가 더 적성에 맞는 것도 같았습니다. 게다가 눈이 시리도록 해온 핵의학 판독은 이제 그만 해도 미련이 없을 것 같았습니다.

그래서 가능한 한 많은 내과 프로그램에 원서를 넣었습니다. UK를 통해 알게 된 젊고 뛰어난 한국인 지원자 동기생들과 온라인으로 인터뷰 연습을 하고 서로 격려하며 인터뷰 연락이 오기를 기다렸습니다.

레지던시 매치 앞에 스펙으로 갖춘 것은 염원뿐이라 떨리는 마음으로 기다렸습니다. 그러나 설마했는데 진짜였습니다. 충격적으로 인터뷰 초청이 하나도 오지 않았습니다. 단 하나도 말입니다. 경력과 논문은 소용없었습니다. USMLE 점수가 낮으면 일단 필터링당한다는 말이 진짜였나 봅니다. 납득이 가면서도 서러운 마음에 차를 세워놓고 홀로

울었습니다.

예상치 못한 기회

그런데 희미한 빛이 보였습니다. 매치와 SOAP(Supplemental Offer and Acceptance Program) 후에도 남는 자리가 있다는 얘기를 우연히 들었습니다. 환자를 거의 직접 대면하지 않는 핵의학과, 영상의학과, 병리과 및 일부 타과도 일부 주에서는 외국 전문의면 바로 임상 펠로우를 할 수 있는 길이 있다는 말도 들었습니다.

얼른 AAMC(Association of American Medical Colleges) 웹사이트에 들어가보니 아이오와라는 곳의 대학병원에 핵의학과 펠로우 자리 공지가 있었습니다.

지푸라기 잡는 심정으로 구비 서류를 보냈습니다. 경력에 공백이 더 생기면 끝이라 내년 매치를 기대할 수가 없었습니다.

그런데 놀라운 일이 벌어졌습니다. 바로 답장이 왔고 전화 인터뷰가 잡혔습니다. 일을 쉬며 쪼글어든 영어 걱정에 두근거리는 마음으로 스피커폰 앞에 섰습니다.

예상을 뒤엎는 제안이었습니다. 인사를 나누자마자 Program Director와 Section Chief 교수님 두 분은 이력이 무척 마음에 든다며 대뜸 펠로우 말고 레지던트로 들어오라고 하셨습니다. 강등이 아니었습니다. 레지던시는 원래 3년인데 학회에 요청하여 2년 수련으로 경감해줄 테니, 마치고 나서도 아무 자격증이 없는 펠로우를 하지 말고 1년만 더 투자해서 정규과정을 밟고 미국 전문의 자격을 따라는 것이었습니다.

더욱 놀라운 것은 그다음이었습니다. 7월에 바로 시작할 수 있게 prelim year도 면제받도록 힘써주겠다는 것이었습니다. 이런 길이 있다니 어안이 벙벙하기도 했고, 두 분이 번갈아가며 열정적으로 말씀하시는 터에 저는 영어 한 마디 할 틈도 없이 그렇게 5월 어느 날의 통화가 기적적으로 끝났습니다.

미드웨스트에서의 새로운 시작

공항 셔틀에 몸을 싣고 구릉 지형이 펼쳐내는 정경을 지나니 Iowa City가 모습을 드러냈습니다. 대학 풋볼 경기장 옆으로 University of Iowa 병원이 보였습니다. 그렇게 궁금했던 미국 병원 생활이 드디어 시작되었습니다.

새로운 시작의 상징이었습니다. 병원 사진사가 찍어준 증명사진이 들어간 명찰을 받고 전체 신입 레지던트 오리엔테이션에 가니 일본에서 온 친구도 있어 반가웠습니다. 수련 프로그램은 훌륭했습니다. 서울대병원에서 받았던 튼실한 수련 덕분에, 그때는 고생이나 잡일이라 여겼던 사소한 것들마저 기다렸다는 듯 빛을 발했습니다.

하지만 쉽지만은 않았습니다. 새로운 병원 문화와 보험 제도를 이해하고 다양한 문화권에서 온 사람들과 소통하며 일하는 것은 생각보다 어려웠습니다. 내 자신이 글로벌 사회에 적합한 사람인 줄 알았는데 '다름'을 받아들이기 어려워하는 머리가 굳은 성인이 되었음을 깨달았습니다. 전문의 취득 후 미국에 온 장단점이라고 할까요.

버텨낸 시간들

시련도 있었습니다. 남편이 한국에 강사 자리를 잡아 집에 누가 없어 밤 11시건 새벽 2시건 응급 당직콜이 오면 세 살배기 아이를 둘러업고 병원으로 달려가야 했습니다. 인턴 때에도 전공의 시절 내과 병동 주치의 파견 때에도 내공이 상당히 나빴는데, 여기서도 여전했습니다. 내공 총량의 법칙은 거짓이었습니다.

그런데 위로가 있었습니다. 고맙게도 아이는 인기척이 난다 싶으면 겨울밤에 잠을 깨지 않은 상태에서도 잠바를 입히기 편하도록 손과 발을 뻗는 신공을 익혔습니다. 유모차에서 잠투정은커녕 "우리는 옹콜~ 침!(on-call team)!"을 외치며 재미있다고 해주었습니다.

미안함과 고마움이 교차했습니다. 늦게 결혼하고 늦게 낳은 만큼 더 성숙하고 준비된 엄마가 되어 안정적인 환경을 제공해주고 싶었던 소망과 정반대의 현실에서 헤매느라 미안하기만 한 저를, 성정이 곱고 눈웃음이 어여쁜 자그마한 아이가 오히려 보듬어주었습니다.

시간은 빨랐습니다. 눈을 떠보니 어느새 졸업을 했고, 펠로우를 건너뛰어 총 5년의 과정을 2년 속성으로 밟고 교수로 임용이 되었습니다. 꼼수의 길로 택했던 내과보다 더 짧은 기간 안에 말입니다.

돌아보며

언제쯤이면 이 단계들을 다 끝내고 저기까지 갈 수 있을까, 한숨 쉬며 부러운 눈길로 바라보던 UK의 'O.B. LIFE' 탭. 도미 9년 만에 도달한 그 지점부터는 과연 고생 끝, 행복 시작이었을까요?

천만에요. 그렇지만은 않았습니다. 알았더라면 오지 못했을 길, 어쩌면 피했을 길이지만, 한 고비를 넘기면 또 다른 문이 열리는 이 나라의 매력에 찔려도 아프지만은 않습니다.

무엇보다 낯선 땅은 제 안의 가장 깊은 저를 꺼내주고 있습니다. 외로울 법한 이곳에서 만난 고마운 선후배들, 친구들, 이웃들이 있어 삶은 사랑으로 풍성하게 다시 태어납니다.

돌이켜보면 단순했습니다. 그저 궁금했고, 조금은 틀을 벗어나고 싶었고, 무엇보다 '나'라는 사람을 더 알고 싶어 시작했지요. 일견 표류기처럼 여정이 펼쳐졌습니다만, 돌아보니 놀랍고 감사하게도 그 모든 순간마다 신의 가호가 함께했음을 고백합니다.

여전히 진행형입니다. 불안과 기대, 실망과 감사가 교차하는 시간을 보내고 있습니다. 그럼에도 저의 작은 웃픈 이야기가 낯설고 불투명한 미래 앞에 선 누군가에게 잠시 쬐고 갈 모닥불이 되기를 바랍니다.

제가 받은 응원을 이제 여러분께 건넵니다.

추신: 이민 선배들의 미국살이가 궁금하시다면, 서울의대 미주동창회지 〈시계탑〉의 동문 인터뷰 '10문10답' 코너 열람을 권합니다. https://snucmaaus.org/newsletter/

중년의 새로운 도전,
한국 전문의의 미국 의사 생활

이 섹션은 한국에서 소아마취과 전문의로 활동하던 중, 50세에 미국으로 이직한 선배 의사의 솔직한 경험담입니다. 전문의로서 미국 진출을 꿈꾸는 분들에게 현실적인 조언과 진솔한 감정을 전합니다.

이정림 | 소아마취

아직 한창 적응하고 좌절하며 시간이 이 고난을 해결해주길 기다리는 상황에서 누군가에게 안내의 글을 쓴다는 것이 스스로 부적절하지 않은가 하는 생각이 듭니다. 지금은 내가 도대체 왜 이 고생을 나이 50에 사서 하고 있는가에 대한 초반의 motivation이 기억조차 나지 않지만, 이 글을 계기로 스스로도 다시 마음을 정리하고 힘을 얻는 계기로 삼고자 합니다

2025년 3월 31일부터 미국 아이오와 대학병원 마취과에서 근무를 시작했습니다. 첫 2주는 온라인 교육과 관리직 및 과의 여러 인사들과의 미팅으로 채워졌고, 그 후 한 달 가까이 수술장 shadowing만 하며 지냈으며, 이제 겨우 여러 사람의 감시와 지도하에 마취를 시작한 지

이제 1주일이 되었습니다.

지금 분명히 말씀드릴 수 있는 것은, 적응 기간이 여러분이 상상하는 것보다 훨씬 힘들다는 것입니다. 저보다 1년 전에 온 튀르키예 의사는 "인생 통틀어 최악의 3개월이 될 것"이라고 경고(?)했고, 4개월 먼저 다른 병원에서 근무를 시작한 한국 마취과 지인 역시 첫 3개월은 '지옥'이라고 표현했습니다. 저는 아직 그 지옥의 초반을 지나는 중입니다.

미국 진출을 결심한 계기

한두 가지로 간단히 설명할 수 있으면 좋겠지만, 수많은 사소한 이유들이 복합적으로 작용했습니다. 제가 젊어서부터 미국마취과학회에 참석하는 것을 좋아했고, 2017년부터는 미국소아마취학회에 매년 참석하기 시작했습니다. 처음엔 '너무 나의 현실과는 먼 미국 중심의 강의들'이라고 생각했지만 어느 순간부터 '아, 나도 이 시스템에서 일하고 싶다'는 생각이 스며들기 시작했습니다.

2014년 9월부터 2016년 8월까지는 근무하던 대학에서의 교수 장기연수 프로그램으로 Cincinnati Children's Hospital의 한 실험실에서 연구를 할 기회가 있었습니다. Cincinnati는 오하이오주에 있는 도시로, 이곳 어린이병원은 미국 3대 어린이병원에 항상 들 정도로 명성이 있는 곳이지만, 실험실에만 있어서 병원 시스템은 잘 모르고 지냈습니다. 하지만 이때의 '미국 생활'이 저에게 깊은 인상을 남겼습니다. 미국도 동부해안, 서부해안, 남부 산간지방 다 분위기가 다르겠지만, 중서부(Midwest) 사람들의 분위기와 문화는 서울에서 나고 자라 평생을 경쟁과 비교 속에 지냈던 저에게는 참으로 인상적이었습니다. 경쟁과 비교가 없을 수는 없겠지만, 시기와 질투가 없었습니다. 당시 끊임없는 비교와 줄 세우기 속에서 많이 지쳐 있던 저는 그 문화가 너무 좋았지만, 또 시험을 보고 전공의부터 다시 시작할 만큼의 의지는 없었습니다. 당시 레지던트 끝나고 군 복무를 마친 뒤 미국에서 인턴 생활을 한 지인도 결국 마취과 전공의 지원에서 떨어지고 그냥 한국으로 돌아간다는 소식을 듣고는 더욱 하고 싶지 않았습니다.

그러다 2019년경 충동적으로(몇천만 원 들었지만, 그냥 버린다 생각하고) 영주권을 신청했고, COVID-19 팬데믹으로 절차가 지연되어 2024년 2월에야 그린 카드를 받았습니다.

COVID-19 팬데믹은 제 인생관에 큰 영향을 주었습니다. '다음에 하지'의 다음은 다시는 오지 않을 수도 있다는 것을 깨달았고 '하고 싶은 일이 기회가 생기면 준비가 덜 되었건 말건 일단 하자'를 삶의 모토로 삼기 시작했습니다.

기회의 문을 열어준 전문성과 인맥

저는 학회에서 다른 선배, 동료, 후배들에게 도움이 될 수 있는 일들을 꾸준히 했습니다. 소아마취학회의 학술이사로 6년간 활동했고, 2023년에는 아시아소아마취학회를 서울에서 개최하며 프로그램과 강연자 섭외를 책임졌습니다. 지속적으로 미국소아마취학회에 참석하고 국내 학회를 진행하면서 해외 강연자 섭외, 그리고 아시아소아마취학회 준비를 통해 많은 인맥을 쌓았습니다. 영어도 잘 못하고 내성적인 성격이었지만 책임감을 가지고 일을 완수하기 위해 열심히 관계를 만들었고, 그중에는 깊은 친분을 쌓게 된 영향력 있는 분들도 있었습니다.

2016년 미국에서 돌아왔을 때 전공의 펠로우 하는 동안 아끼던 제자가 미국으로 가겠다고 했을 때 많은 사람들이 "나이 30에 뭘 하냐"며 말렸지만, 저는 미국에서 느꼈던 좋은 분위기를 떠올리며 응원했습니다. 그 친구는 미국에 와서 다른 과 전공의를 마치고, 중환자실 펠로우 과정을 거쳐 결국 다시 수술장에 돌아와 마취과 일을 하고 있는데, 2022년부터 저에게 정보를 주기 시작했습니다. COVID-19 이후 많은 미국 대학에 자리가 나기 시작했다고, 은퇴도 많고, 전공의들은 수련을 마치면 로컬로 나가려고 한다고 했습니다. 그 분위기는 학회에서도 많이 느낄 수 있었습니다. 기업의 학회 부스 사이에 대학이나 병원 마취과 부스들이 아주 많아졌습니다. 하지만 이때만 해도 USMLE 신청도 어떻게 하는지 모르는 저에게도 기회가 올 줄은 몰랐습니다.

현실적인 기회 찾기

2023년 아시아소아마취학회에 초청되어 왔던 인사 중 한 분이 자신의 병원이 있는 주(State)에서는 미국 의사 면허 없이도 사람을 뽑는다며 CV를 한번 보여달라고 했습니다. 미국마취과학회 때 방문해서 1박 2일간 11명과 면접을 하고 강의도 했지만, 결과는 불발이었습니다.

이 경험을 통해 두 가지를 깨달았습니다 – 시험을 보지 않고 전공의를 다시 안 해도 길이 있다는 점과 제 CV가 미국에서도 경쟁력이 있다는 점입니다. 그러나 여러 곳을 알아봤지만, 외국인을 뽑지 않거나 미국 면허가 필요하다는 등의 이유로 계속 거절당했습니다.

2024년 봄 미국소아마취학회에서 University of Iowa 마취과의 지인이 "우리도 사람 뽑아. 미국 면허 없어도 올 수 있어"라고 말했습니다. 여기서 깨달은 중요한 사실은 미국인들에게도 인기가 있는 곳은 저 같은 외국 전문의를 뽑지 않는다는 것입니다. 상대적으로 인기가 적은 지역에 기회가 있었습니다. 저는 Cincinnati에 살았던 경험도 있고, 나름 Midwest의 분위기를 좋아하기 때문에 CV를 보냈습니다. 6개월에 걸쳐 Zoom으로 여러 사람들과 면접을 본 후, 10월 미국마취과학회 참석차 미국에 갔을 때 오퍼를 받았습니다. 수락 후, 11월부터 25년 2월까지 주 면허, 병원 허가 등에 시간이 걸렸고, 영주권이 있어 비자 발급 시간을 줄일 수 있었습니다. 2월 28일 전 직장을 사직하고 3월 31일부터 출근을 시작했습니다.

도움이 되는 팁과 현재의 소회

미국 진출을 계획하는 분들께 몇 가지 조언을 드리자면:

1. 한국에서의 경력은 무엇이든 도움이 됩니다. 학생 때 공부를 해두면 어느 과 레지던트든 지원해 볼 수 있는 것과 비슷합니다.
2. USMLE를 봐 두면 당연히 훨씬 유리합니다. 서울대 마취과 후배 중 USMLE가 있는 동문은 진행이 훨씬 빨랐습니다.
3. 학회에서 외국인/미국인 강연자를 만나면 적극적으로 자신을 소개하고 인연을 만들어 두세요. 대부분의 인연은 의미 없이 사라지

지만, 다 그렇진 않습니다.
4. 국제학회·강의 기회가 생기면 거절하지 말고 수락하세요. 영어 공부도 되고, 이력서에 한 줄 더 넣을 수 있고, 강의 준비 자체가 공부가 됩니다.

제 결정이 옳았는지, 과연 도전할 만한 곳인지, 한국에서의 모든 안정을 버리고 올 만한 곳인지는 아직 모르겠습니다. 그건 좀 더 일찍 와서 적응한 다른 분들의 경험을 참고하시길 바랍니다.

결국 제가 미국 진출을 결심한 계기는 '새로운 것을 더 늙기 전에 해보고 싶다'는 마음, 기회가 생겼다는 점, 'why not?'이라는 생각, 그리고 국내 정치적 상황과 의료계 상황 등이 복합적으로 작용했습니다. 비록 적응이 쉽지 않지만, 새로운 도전의 여정을 계속해나갈 것입니다.

어둠 속에서도 길을 찾아서

익명 | 내과 교수

Oh soul, are you weary and troubled? No light in the darkness you see? There's a light for a look at the Savior, And life more abundant and free!

미국에서 생활하며 좌절하고 지쳤을 때, 어떻게 해도 길이 보이지 않았을 때 먹먹한 가슴을 안고 혼자 흥얼거리던 찬송가입니다. 아무리 애쓰고 노력해도 여전히 어두운 현실을 보면서, 내가 너무나 허황된 꿈을 꾸고 있는 것인가 하는 생각이 마음 가운데 늘 있었던 것 같습니다.

한국에서 의대를 마치고 미국을 오기 원하는 의사분들을 종종 접하면서, 한결같이 내가 잘 할 수 있을까, 적응할 수 있을까, 성공할 수 있을까 걱정하는 모습들을 보게 됩니다. 그러면서 한국에서 남아 있을 때 누릴 수 있는 것들과 미국에 가서 이룰 수 있는 가능성들을 비교하는 모습들을 봅니다.

그런 분들에게 항상 가능하면 미국에 오지 말라고 조언합니다. 모국어와 익숙한 문화가 있는 한국에서 이미 이루어 놓은 것을 버리고, 모르는 언어와 모르는 사람들 가운데서 무시와 차별을 받으며 살아가는 것이 이민 생활이니까요. 그래도 미국에 도전해서 오고 싶다고 하시는 분들에게는 실패와 좌절을 준비하고 오라고 충고를 합니다. 현재의 제 모습을 보면서 부러워하시는 분들도 많이 있으리라고 생각하지만, 실제로 제 삶은 실패와 좌절에 익숙해지는 삶이었던 것 같습니다.

제가 미국으로 오게 된 이유는 군의관 시절의 여자친구, 현재의 아내 덕분입니다. 미국에 유학을 간 여자친구를 따라, 자연스럽게 저도 미국 의사 시험을 준비하게 되었습니다. 다행히 시험 점수는 괜찮게 나왔지만, 군대 3년차에 지원한 미국 레지던트 지원은 실패로 끝났습니다. 미국이라고는 미국 의사 시험을 보러 간 것이 처음이고, 영어는 초중고와 영어 듣기 학원을 몇 달 다닌 것이 전부인 저로서는, 미국 수련 프로그램에 가서 면접을 본다는 것이 말이 안 되는 일이었습니다. 다행히 하고 싶었던 Hepatology 분야의 연구실을 찾아 일 년 동안 연구원을 하면서 다시 지원했습니다. 일단 미국 내에서 연구원을 하고 있어서인지 첫해의 5곳보다는 많은 9곳에서 면접을 봤지만, 그중에서 별로 가고 싶지 않았던 후순위의 작은 시골 대학병원에서 J visa를 받고 레지던트를 시작하게 되었습니다. (J visa는 수련 후 2년 본국 복귀 조항이 있어서 많은 사람들이 꺼려하는 비자입니다).

영어 못하는 문젯거리 레지던트

막상 연구원으로 있을 때는 수업도 들으면서 어느 정도 의사소통도 할 수 있었고, 미국에 와 있는 다른 한국 유학생들의 정착을 도와줄 수 있을 정도였지만, 미국 병원은 완전히 다른 세상이었습니다. 병원에서 저는 아무도 모르는 동북아시아 의대 출신의 영어를 가장 못 하는 문젯거리 레지던트였습니다. 간호사들이 호출해서 전화를 하면 저는 알아듣지를 못해서 무조건 어딘지 물어보고 직접 찾아가서 해결해야 했고, 병원에서는 무슨 문제가 생기면 무조건 저부터 먼저 찾아서 제 실수인지 추궁하기도 했었습니다. 일하는 동안 항상 긴장해 있어야 했고, 동료들은 항상 저를 답답해했습니다. 언제든지 프로그램에서 해고될 수 있다는 긴장감으로 살아야 했고, 그나마 연구원 기간 동안 배운 연구 경험으로 남들이 하지 않는 연구들을 하면서 제가 바보는 아니라는 증명을 프로그램에 해야 했습니다.

Fellowship, 허황된 꿈

미국에 가면서 hepatology fellowship을 해야겠다고 생각하고 있었으나, 연구원으로 일하는 도중 미국 수련 프로그램을 관리하는 ACGME에서 소화기내과 fellowship을 먼저 하지 않으면 Hepatology fellowship을 할 수 없도록 제도를 바꾼다는 청천벽력 같은 소식을 듣게 되었습니다. 인기가 없어서 들어가기 쉬운 Hepatology와는 다르게, 소화기내과는 미국에서 인기가 좋아서 웬만한 외과 수련보다 들어가기 어려운 전공이었거든요. 내과에서 가장 들어가기 어렵다는 소화기내과 fellowship을 준비한다는 저를 보고 같이 근무하던 동기 레지던트들은 제가 현실 감각이 없다고 비웃었습니다. 친한 친구들조차도 저를 걱정해주면서 소화기내과는 포기하고 다른 진로를 찾으라고 이야기했습니다.

그렇게 고집을 부리면서 지원한 소화기내과 fellowship. 단 2곳에서 면접을 보자고 연락이 왔고, 결과는 당연히 실패였습니다. 결국 J vsia의 2년 본국 복귀 조항을 면제받기 위해 수련을 받던 대학의 VA hospital(보훈병원)에서 Primary Care Physician(일반내과 주치의)으로 3년 반을 일했고, 그 기간 동안 혼자 연구를 계속하며 경력을 더 쌓고 영주권 승인도 받아서 비자 문제를 해결하였습니다. 그리고 미국 전역에 다시 지원한 소화기내과 fellowship 다섯 프로그램에서 면접 요청을 받고, 그중에 가장 가고 싶었던 곳으로 가게 되었습니다.

귀한 만남들

미국에서 어눌한 영어와 저의 인종 때문에 많은 차별과 무시를 받은 게 사실이지만, 그럼에도 불구하고 허황된 꿈을 꾸는 어눌한 외국인 의사인 저를 도와준 것도 주변의 귀한 만남들이었습니다.

아무것도 모르는 철부지 후배를 기꺼이 연구원으로 받아주셔서 연구의 기초를 가르쳐주시고, 미국 최고의 기관에서 여러 사람들을 만나고 경험하게 해주신 서울대 선배님. 내 경력을 하나 더 쌓기 위해서가 아닌, 어떻게 환자들에게 도움이 될 수 있을까 고민하면서 연구하는 자세를 가르쳐주신 그분은 저에게 평생의 롤모델이 되시는 귀한 만남이었습니다.

영어를 너무나도 못해서 의사소통에 문제가 있는 저를 참고 기다려 주고 가르쳐준 레지던트 프로그램 디렉터와 내과 과장님. 그분들은 저한테 어떤 가능성을 봐서 그랬는지 모르겠습니다. 3년 수련 기간 동안 조금씩 성장해가는 저의 모습을 보면서 아마도 흐뭇해하신 것 같습니다. J visa waiver도 직접 도와주시고, fellowship application도 지원해 주시면서 이제는 미국에서 갈 곳 없으면 언제든지 돌아오라는 분들이십니다. 제가 그 시골 의대를 졸업하지는 않았지만, 이제는 서울대 의대 못지않은 저의 모교가 되어버린 곳입니다.

레지던트 그리고 J visa waiver로 7년의 기간 동안 살면서 만난 West Virginia 시골 동네 사람들, 20명 정도가 교인의 전부이던 작은 시골 교회의 어르신들. 병원에서 만난 환자분들, 직원들, 동료들… 이 모든 분들은 제게 미국의 고향 사람들이 되어버렸습니다.

소화기내과 fellowship 기간 동안 정말 수련이 무엇인지 가르쳐주신 교수님들. 귀찮아하지 않고 저한테 꾸준히 질문하고 지적하시면서 제가 더 배우기를 원하셨던 분들. 그분들 덕분에 어디에 가서도 제가 받은 소화기내과 fellowship 수련에 대해 자부심을 가지고, 그 토대로 다른 사람을 가르칠 수 있게 되었습니다.

꿈에 그리던 hepatology fellowship program. 그리고 그곳에서 만난 세계적 대가들은 참 겸손하신 분들이었습니다. 펠로우 한 명 한 명 사람으로서 관심 가져주셨고, 기꺼이 친구가 되어주신 분들.

영어 때문에 무시당하고, 인종 때문에 차별받는 상황에서 혼자 분노를 삭혀야 하는 날들이 너무도 많았고, 환자들한테 무시와 신체적 협박을 당하기도 하고, 병원 직원들에게 비웃음과 abuse를 당했지만, 그래도 저를 지지해주고 기다려주고 가르쳐주고 도와줬던 많은 사람들을 만난 곳도 이곳 미국 땅이었습니다.

가족과 함께했던 추억의 시간

비록 같은 미국 땅에 있었지만 아내와 저는 각자의 공부 때문에 많이 떨어져 살았습니다. 박사과정을 하던 아내도 영어 때문에 고생을 많이 해야 했습니다. 제가 J visa waiver하는 기간 동안 아내는 pre-doctoral and post-doctoral training을 다른 주에서 떨어져서 해야 했고, 결국 아이 둘을 각자 하나씩 맡아서 키우면서 주말부부로 살았습니다. 제가 매주 금요일 저녁 퇴근하고 아이를 어린이집에서 픽업해서 편도 4-6시간 거리에 있는 아내를 보러 운전해서 갔다가, 일요일 밤에 아이를 데리고 다시 4-6시간 운전해서 새벽에 돌아오는 일을 3년간 눈이 오나 토네이도가 오나 매주 했습니다. 다행히 소화기내과 fellowship이 아내의 직장 근처로 되어서 같이 살게 되었고, 그 이후로 제가 옮기게 될 때 아내도 직장을 포기하고 새로운 직장을 찾아서 계속 같이 살고 있습니다.

그렇게 아이를 하나씩 맡아 키우는 주말부부를 하면서, 항상 꿈꿔왔던 hepatologist가 되는 일이 불가능할 가능성이 높다는 것을 체감하면서 살아왔던 것 같습니다. 그래도 내가 미국에 와서 도전해보았다는 것, 그리고 그 도전을 저희 가족이 같이 해왔다는 것이면 충분하다고 위안을 삼고 있었습니다. Hepatologist가 되지 못해도, 제가 꿈을 가지고 아내와 아이들과 같이 살아왔다는 것 자체가 귀했던 것 같습니다. 돌아보면 미국 중동부 7개 주를 돌아다니며 가난하게 살아왔던 시간들이, 저희 부부뿐만이 아니라 아이들에게도 귀한 경험이었던 것 같습니다. 엄마를 보러 금요일마다 아빠랑 같이 차를 타고 가던 기억, 비바람과 눈보라를 헤치고 다니던 그 시간이 아이들에게는 즐거운 주말여행이었나 봅니다. 지금도 종종 그 시절 이야기를 하거든요.

얼마 전 고등학교 다니는 첫째 아이가 어떤 프로그램에 지원하면서 쓴 에세이를 읽은 적이 있습니다. 그 아이의 글에는 항상 꿈을 가지고 꾸준히 도전해온 엄마 아빠에 대한 추억이 가득 담겨 있었습니다. 많은 사람들이 회의적으로 생각하는 그 길을 꾸준히 실패하면서도 도전해온 엄마 아빠를 너무나도 자랑스러워하는 딸을 볼 수 있었습니다. 많은 실패를 했어도 같이 걸어온 가족이 있기에, 마음껏 꿈꾸고 도전해 볼 수 있었던 것 같습니다.

글을 마치며

많은 분들이 미국에 올까를 고민하면서 실패를 염려합니다. 네, 미국에 오면 많은 좌절과 실패가 여러분을 기다리고 있습니다. 아무리 발버둥을 쳐도 넘을 수 없는 도전과 한계가 여러분들을 괴롭힐 것입니다. 힘들 때마다 제가 흥얼거리던 찬송가의 가사처럼, 가슴속 깊은 영혼이 지쳐 힘들고, 눈앞이 너무 깜깜해서 아무런 빛이 보이지 않는 상황이 여러분을 기다리고 있습니다. 이런 상황에서 만약 어떤 자리가, 연봉

이, 논문의 개수가 중요하다면, 미국은 너무나도 위험한 선택입니다.

하지만 실패하면서도 도전하는 삶의 방식을 추구하고 싶다면, 비록 결과가 좋지 않아도 그렇게 살아왔던 길을 나중에 후회 없이 뒤돌아볼 수 있다면, 미국을 선택하는 것도 나쁘지 않을 것 같습니다.

이 지면을 빌려, 지금의 저를 있게 해준 친구들, 선배들, 후배들, 교수님들, 환자분들, 그리고 가족들에게 감사하다는 말을 전하고 싶습니다. 그리고 한국에서 멀리 떨어진 아들을 위한 어머니의 기도에 감사드립니다.

'자신에게 주어진 명이 있음을 알 때 가시밭길을 기꺼이 걸을 수 있는 것이며, 그럼에도 자신의 운명을 사랑할 수 있는 것이다.' ──『오십에 읽는 주역』

두려움을 넘어서

곽호중 | 유전학

운명을 바꾼 한순간

의과대학 생화학 수업에서 RNA의 구조를 배우던 그 순간을 아직도 생생히 기억합니다. 단순한 의학지식을 암기하는 것이 아니라, 생명의 원리 자체를 이해한다는 것에 전율을 느꼈습니다.

그러던 중 본과 시절 우연히 참여한 기초의학 연구실 인턴십이 결정적 전환점이 되었습니다. 실험과 데이터를 통해 생물학적 질문에 접근하는 과정에서 느낀 그 깊은 매력이 지금까지 저를 연구자로 살게 한 원동력입니다.

많은 의대생들이 정해진 길—인턴, 레지던트, 전문의—을 당연하게 여기지만, 저는 달랐습니다. 환자를 치료하는 것도 숭고한 일이지만, 생명현상의 본질을 탐구하는 일에 더 큰 울림을 느꼈으니까요.

서울대 의과대학 생화학 석사과정을 밟으며 본격적으로 RNA 연구에 발을 들여놓았습니다. 훌륭한 지도교수님을 만나 RNA의 세계를 체계적으로 접할 수 있었던 것은 제 인생에서 매우 큰 행운이었습니다.

두려움을 딛고 선택한 길

솔직히 말하면, 망설임이 없었던 것은 아닙니다. 안정된 길을 벗어난다는 두려움, 주변의 시선, 경제적 불안정 등 모든 것들이 저를 흔들었습니다. 하지만 결국 내면의 목소리를 따랐고, 그것이 옳은 선택이었음을 지금은 확신합니다.

공중보건의로 식품의약품안전청에서 연구직으로 근무했던 경험은 특히 소중했습니다. 실제 정책과 맞닿은 과학이 어떻게 작동하는지 보며, 연구가 단순한 호기심 해결을 넘어 사회에 기여할 수 있다는 확신을 얻었거든요.

미국 박사과정, 막막함에서 시작된 도전

처음엔 어디서부터 시작해야 할지 전혀 몰랐습니다. 당시 국내에는 미국 박사과정에 대한 정보가 턱없이 부족했죠. 관련 블로그를 뒤지고, 논문 저자들의 연구실 홈페이지를 하나하나 찾아보고, 이미 유학 중인 선배들에게 조언을 구했습니다.

GRE는 의대 공부와는 완전히 다른 세계였습니다. 특히 verbal 영역의 생소한 단어들 앞에서 한없이 작아졌죠. quantitative 영역은 의대 시절의 논리적 사고 훈련 덕분에 큰 무리가 없었지만, 정작 중요한 건 점수가 아니라 자기소개서와 추천서였습니다.

자기소개서 작성의 핵심은 단순한 실험 기술 나열이 아니었습니다. 연구 질문을 어떻게 설정하고 논리적으로 접근했는지를 중심으로 스토리를 구성했죠. 서울대 석사과정과 식약 연구직에서의 공공연구 프로젝트 경험이 실질적인 강점이 되었습니다.

지도교수 선택의 기준은 명확했습니다. 연구 주제보다 중요한 것은 사람이었거든요. 학생을 얼마나 존중하고 지지하는지, 랩 홈페이지와 논문의 acknowledgment, 제자들의 진로 등을 꼼꼼히 살펴봤습니다.

박사과정, 절망과 희열의 연속

실험실 생활은 예측 불가능했습니다. 오전 9시에 실험실에 들어가 이메일을 확인하고 하루 계획을 세우는 것으로 시작하지만, 실험 결과에 따라 밤 늦게까지 남는 날이 부지기수였죠. 그 외에 틈틈이 논문을 읽고 세미나에 참석하거나 주간 랩미팅을 준비하느라 바쁜 나날이었죠.

가장 힘들었던 건 반복되는 실험 실패였습니다. 무기력함이 엄습할 때마다 스스로에게 물었습니다. '정말 이 일을 사랑하는가?' 진정한 흥미와 집요함이 없다면 버틸 수 없는 여정이니까요.

다행히 좋은 지도교수님을 만났습니다. 제 질문을 진지하게 들어주시고, 실패했을 때 함께 원인을 분석해주셨죠. 연구 결과보다 제 성장 자체에 관심을 가져주신 분이었습니다. 좋은 멘토란 바로 그런 분입니다.

현재, 연구교수로서의 일상

지금은 미국 의과대학에서 연구교수로 일하고 있습니다. 실험실 미팅, 논문 작성, 학생 지도는 기본이고, 학내 업무와 세미나 준비, 더해서 연구비 신청부터 예산 운영, 윤리심의, 연구실 안전관리까지—순수 연구 외에도 해야 할 일이 산더미입니다.

하지만 가장 큰 보람은 제자들을 지도할 때 느낍니다. 단순한 실험 기술이 아닌, 과학적으로 사고하고 설계하는 역량을 키워나가는 그들의 모습을 보면 연구 이상의 감동을 받습니다.

연구비 확보는 여전히 치열한 전쟁입니다. 탁월한 과학적 질문, 명확한 논리, 실현 가능한 계획—이 모든 것이 완벽해야 겨우 기회를 잡을 수 있죠. 과제가 채택될 때의 그 기쁨은 말로 표현할 수 없습니다.

협업의 묘미도 큽니다. 의과대학 내 임상교수님들과의 협업, 다른 연구소와의 공동 프로젝트를 통해 translational 연구로 확장할 수 있는 기회들이 끊임없이 열리거든요.

미국 vs 한국, 서로 다른 매력

미국의 가장 큰 장점은 연구의 자유도입니다. 새로운 아이디어를 자유롭게 실험해볼 수 있는 환경, 다양한 국적의 연구자들과 함께 일하는 국제적 분위기가 매력적이죠.

한국은 체계적인 데이터 정리와 빠른 추진력이 인상적입니다. 다만 연구의 자유도나 수평적 토론 문화에서는 아직 개선의 여지가 있다고 느낍니다.

물론 가족과 친구들, 모국어로 마음을 나눌 수 있는 환경이 그리울 때도 있습니다. 하지만 연구자로서의 환경을 생각하면, 현재의 선택에 만족하고 있어요.

후배들에게 전하는 진심 어린 조언

이 길을 적극 추천하는 사람

- 끝없는 호기심을 가진 사람
- '왜 그런가?'라는 질문을 멈추지 않는 사람
- 기존 지식에 안주하지 않고 끈기 있게 탐구할 수 있는 사람
- 실패를 두려워하지 않고 과정 자체를 즐길 수 있는 사람

다시 한번 고민해볼 사람

- 빠른 성과와 확실한 커리어를 원하는 사람
- 예측 가능한 경로를 선호하는 사람
- 실패에 대한 두려움이 큰 사람

연구는 장기전입니다. 실패가 일상이고, 성과는 예측할 수 없어요. 하지만 자신만의 질문에 답을 찾아가는 그 과정에서 느끼는 짜릿함이 있다면, 그 어떤 길보다도 가치 있는 선택이 될 것입니다.

마지막으로 하고 싶은 말

의사가 되는 것도, 연구자가 되는 것도 모두 숭고한 길입니다. 중요한 건 남들의 기대가 아닌 자신의 내면의 목소리를 따르는 것이죠.

생화학 수업에서 RNA를 처음 만났던 그 순간의 떨림이 아직도 생생한 것처럼, 여러분도 자신만의 그런 순간을 찾아보세요. 그 순간이 여러분의 진정한 길을 알려줄 테니까요.

열정과 공감

채영광 | 종양내과 전문의

환자를 사랑하게 된 의사의 여정

저는 서울의대를 2002년에 졸업한 직후, 공중보건의로 대부도 보건지소에 발령받았습니다. 그곳에서 GRE와 USMLE를 치렀습니다. 이후 Johns Hopkins 대학교에서 MPH/MBA 듀얼 학위 과정을 밟으며, 의대 포닥 연구원으로도 일했습니다. 그 후 필라델피아의 Albert Einstein Medical Center에서 내과 레지던트 과정을 마쳤고, 휴스턴의 MD Anderson Cancer Center에서 혈액종양학 펠로우십을 수료했습니다. 이어 Northwestern 의대에서 교수 생활을 시작했고, 현재는 정교수로서 폐암 팀과 조기 임상시험 팀을 이끌고 있습니다.

미국 유학 이야기, 연구 이야기, 진료 이야기는 에세이 책 『당신을 위해 기도해도 될까요?』(도서출판 두란노)를 참고하시면 좋을 것입니다.

의대 시절 연구에는 큰 관심이 없었고, 환자를 사랑하고 응원하는 일에는 더욱 관심이 없던 제가 미국에서의 수련 과정을 통해 어떻게 변화되어 갔는지를 진솔하게 나누었습니다.

방송 '새롭게 하소서-채영광 교수 편'을 유튜브에서 검색해 보시면, 저희 클리닉 팀이 암 환자분들께 상장을 드리는 이야기를 확인할 수 있습니다. 저와 제 제자들이 만든 NGO, PACEMAKERS(pacemakerstogether.org)를 통해 의사, 간호사, 약사, 환자, 가족들이 서로를 격려하는 이야기들을 인터뷰 형식으로 나누기도 했습니다.

저는 의대 교수의 입장에서 레지던트, 펠로우, 신임 교수 인터뷰를 진행하고 있습니다. 그런 가운데, 환자의 입장에서 그들의 이야기에 귀 기울이고 공감하는 경험은 인터뷰에서 언제나 큰 장점으로 작용합니다.

열정, 스토리, 그리고 사람: 인터뷰에서 보는 세 가지 핵심

트레이닝 프로그램 인터뷰를 하면서 제가 지원자에게서 중요하게 보는 점 세 가지를 아래에 정리해 보았습니다. 일단 서류 심사를 통과했다는 것은 객관적인 지표들은 이미 충분히 갖추었다는 뜻입니다. 인터뷰의 핵심은 '우리 프로그램이 필요로 하는 사람인가?'에 대한 판단입니다. 대화가 잘 되고, 열정이 느껴지며, 팀 플레이어로서의 자질이 보이는지를 중점적으로 봅니다.

1. 자신의 열정을 최대한 보여주세요

자신감 있는 눈빛과 미소, 적절한 손 제스처는 열정을 보여주는 데 큰 도움이 됩니다. 시선 처리도 중요합니다. Zoom으로 인터뷰할 경우에도 상대를 응시하듯이 시선을 조정하는 연습이 필요합니다. 말을 빠르게 한다고 말 잘하는 것은 아닙니다. 되도록 천천히, 또박또박, 자신감 있는 톤으로 말하는 것이 좋습니다.

인터뷰 준비를 많이 한 사람들일수록 예상 질문에 대한 답을 적어보고 외운 경우가 많은데, 이를 억지로 떠올리거나 외운 문장을 읽는 듯한 대답은 지양해야 합니다. 금세 어색함이 드러납니다. 자연스럽게, 자신이 이 자리에 적임자라는 점을 스토리 속에 녹여 전달하는 것이 핵심입니다.

교수는 지원자의 분위기를 기억합니다. 함께 인터뷰를 준비하는 동료와 일대일 연습을 많이 해볼수록 좋습니다. 어색하거나 부자연스러운 부분이 있다면 서로 지적해주는 것이 큰 도움이 됩니다.

2. 스토리텔링이 있어야 합니다

단순한 추상적 단어 나열만으로는 인상에 남기 어렵습니다. 예를 들어, 아버지에게 자신의 간을 이식한 이야기는 잊을 수 없습니다. 꼭 그 정도의 극적인 이야기일 필요는 없습니다. 환자의 작은 미소에서 큰 의미를 느낀 경험, 사소한 봉사 속에서 발견한 가치를 담은 이야기 등, 자신만의 해석이 담긴 이야기들이 인터뷰에서 진가를 발휘합니다.

가능하면 구체적인 상황을 묘사하고, 직접화법을 통해 흥미롭고 감동적인 이야기를 준비해 두시면 좋습니다. 저는 실제로 그런 스토리를 가진 레지던트나 펠로우를 나중에도 그 이야기로 기억하게 됩니다.

3. 동료와 멘토-멘티 관계를 소중히 여기세요

팀워크에 대한 경험과, 멘토와 멘티 관계에서의 배움과 나눔을 어떻게 이어가고 있는지를 보여주는 것이 중요합니다.

예를 들면

언제, 어떻게 팀워크를 배웠는지

현재 나의 멘토는 누구이고 그에게서 무엇을 배우고 있는지

내가 멘토링하고 있는 학생(대학생, 고등학생)이 있다면 어떻게 시간을 내고 있는지

이런 이야기들은 모두 인터뷰에서 강력한 어필이 됩니다. 저는 교수로서 사람에 투자하고, 사람을 좋아하는 사람을 뽑고 싶습니다.

실제로 인터뷰 시즌이 되면, 프로그램 디렉터들에게서 전화를 받습니다. 서류와 인터뷰만 보면 괜찮은데, "당신이 오래 함께 일해본 사람으로서 이 지원자를 어떻게 평가하느냐"는 질문을 받습니다. 논문 하나 더 쓰고 덜 쓰는 것보다, 멘토와의 관계 속에서 얼마나 신뢰를 쌓아왔는지가 훨씬 중요합니다.

당신의 꿈에 의미를 부여하는 시간이 되기를

인터뷰 준비는 단순한 '공부'가 아닙니다. 준비하는 과정에서 자신의 삶의 목표를 다시 점검하게 되고, 현재 하고 있는 일의 의미를 새롭게

발견하게 됩니다. 저 역시 교수로서 인터뷰를 진행하면서 지원자들의 열정에서 힘을 얻고, 그들의 이야기에 감동을 받습니다.

　인터뷰 과정 내내 저도 제 젊은 날의 꿈들을 다시 떠올리고, 지나온 길을 되돌아보게 됩니다. 인터뷰 준비가 단지 기술에만 집중되지 않기를 바랍니다. 그보다는 내 꿈의 진정성을 발견하고, 그 꿈에 의미를 부여하는 시간이 되기를 진심으로 응원합니다.

다시 시작하는 용기, 두 번째 전공의

이주영 | 소아정신과

미국 이민과 전공의 생활

제가 미국 이민이라는 큰 결심을 한 것은 정신과 전공의 생활을 하던 2014년입니다. 벌써 10년이 넘는 시간이 지났다는 것이 믿기지가 않습니다. 당시 저와 콜로라도의 유일한 접점은 사우스파크(South Park)라는 애니메이션뿐이었습니다. 미국에서 평균 해발고도가 가장 높은 이 콜로라도라는 주에 정착해서 살게 될 것이라고는 상상도 못했습니다.

저는 2023년 여름부터 콜로라도대학 의과대학 정신과에서 선임 강사로 일하고 있습니다. 임상 업무는 덴버 메트로 지역의 콜로라도 어린이병원 외래 두 곳에서 하고 있습니다. 2018년에 미국에 오기 위해 정규 레지던트 매치 과정에 참여해야 했고, 한국에서 한 번 마쳤던 정신과 전공의 과정을 다시 밟아야 했습니다. 언어와 문화적인 차이를 극복하고 새로운 국가와 의료 시스템에 적응해야 했던 첫 2년은 저뿐만 아니라 제 아내에게도 힘든 시간이었습니다.

하지만 정신없던 수련 시간이 끝나고 전문의로 활동을 시작하고 보니, 미국으로 이민 온 것이 정말 잘한 결정이라고 체감합니다. 전공의 과정을 3년 밟아야 한다는 사실과 그에 따른 기회비용을 알면서도 미국 이민을 결심했었습니다. 제가 당시 어떤 경험들을 통해 왜 그런 결정을 내리게 되었는지 나누고자 합니다. 우선 맥락 이해를 위해 제 인생에서 미국행에 영향을 미친, 관련 사건들을 소개하겠습니다.

주요 사건들

1985년 대한민국 서울 출생

1994년 초등학교 2학년 캐나다 밴쿠버 1년 거주(아버지 연수)

1997년 아버지 학회 따라 하와이, 플로리다 방문

2001년 미국 고등학교 유학 시도 후 낙방

2004년 서울 동북고등학교 졸업

2009년 컬럼비아대학교 NYP병원 영상의학과 4주 클럭십

2010년 서울대학교 의과대학 졸업

2011년 서울대학교병원 인턴 수료

2014년 미국 샌프란시스코 American Psychosomatic Society 연례 회의 참석

2015년 서울대학교병원 정신과 전공의 수료

2015년 서울대학교 의과대학 임상의과학과 석사 수료(지도 교수: 함봉진)

2017년 9월 2018년 매치 원서 제출

2018년 4월 대한민국 육군 대위 군의관 만기 전역

2018년 7월 University of Maryland/Sheppard Pratt Psychiatry Residency 시작

미국 이민에 영향을 미친 요인들

저는 서울대학교병원에서 정신건강의학과 전공의 수련을 받았습니다. 전공의 3-4년차 때는 임상의과학과에서 함봉진 교수님 아래에서 석사 과정을 병행했습니다. 이 무렵 미국 이민에 대한 확신을 가졌습니다. 그 전에도 미국행에 대한 막연한 생각은 있었습니다. 어렸을 때 북미(캐나다)에 거주했던 경험과 방문했던 기억이 마음 한켠에 좋게 남아 있었습니다. 물론 2001년 보딩스쿨 유학 시도가 좌절되면서 북미 진출에 대한 두려움과 저항감도 있었습니다.

그러다가 2009년 전까지는 미국에서 의료 활동을 해야겠다는 생각은 전혀 없었습니다. 서울대와 자매결연이 되어 있던 컬럼비아 대학병원으로 클럭십을 가면서 다시 막연히 '미국에 가면 좋겠다'는 생각을 하기 시작했습니다. 당시 뉴욕에 거주하는 외삼촌 가족을 만나러 겸사겸사 다녀온 것이었기 때문에, 돌이켜 보면 클럭십을 잘 준비하지 못했습니다. 막상 다녀와 보니 제가 좋은 추천서를 받을 만큼 열심히 클럭십을 마치지 않았더군요. 그래서 미국행에 크게 도움이 될 뻔한 기

회를 놓쳤다는 생각에 상심이 컸습니다.

이후 미국행을 준비했던 주변 선배들이 하나둘 포기하는 모습을 보면서 생각보다 많이 어려운 길이라는 생각에 좌절했습니다. 게다가 당시 학교에서는 '미국에 가면 아무도 알지 못하는 시골 병원에서 일하게 된다'는 분위기가 팽배했습니다. 그런 분위기가 제 미국행 의지를 꺾었습니다. 그래서 별생각 없이 한국에서 동기들과 인턴 생활을 시작했습니다. 그러던 저의 마음을 바꿔서 미국행 결심을 하게 한 계기는 무엇이었는지 나열해보겠습니다.

1. 의료 시스템의 문제

전공의 고년차 때 여의도에서 의협 주도하에 열린 원격의료 저지 집회에 참가했었습니다. 전 의료 전달 체계가 확립되지 않은 상태에서 원격진료가 시작되면 3차 병원으로 쏠림이 더 심해질 것이라고 생각했습니다. 당시 언론에서 이 집회를 거의 다루지 않아서 의협 진행자들이 집회에서 참가자들에게 인터넷 검색 포털에 지속적으로 '의사 집회'를 검색해줄 것을 부탁했습니다. 당시 정부가 의사들을 전문가로서 의견을 제시하는 대상으로 인정하지 않는 걸 체감하면서 좌절감이 컸습니다.

이 집회 이후 한국 의료 제도에 관해 궁금증이 커져 관련 서적을 많이 읽었습니다. 전공의 때 체감한 전문의의 무리한 3분 외래 진료는 안전한 진료 환경이 아니었죠. 의학적으로 꼭 필요하지 않은 경우에도 병원은 MRI 등 영상검사를 과도하게 내도록 과에 압력을 넣었습니다.

교수님 외래 방에 들어와 3분 이상 시간을 보내는 환자들은 '교육 케이스'로 레이블링 되어 전공의 외래로 보내졌습니다. 이 모든 현상은 한국의 의료제도의 특수성 때문이었습니다.

전 국민 건강보험 강제지정제도 및 저수가 제도는 진료의 안전성을 위협하고, 제 전문성이나 투자하는 노력에 상응하는 보상을 제공하지 않았습니다. 의료의 질보다 양을 강조하는 한국 의료제도는 정부의 당시 대응 과정을 보았을 때 미래에 의사를 더 위하는 방향으로 바뀔 가능성은 없다고 판단했습니다. 잘못된 시스템 안에서 고통받으며 변화를 갈구하는 것보단 빨리 그 시스템을 벗어나는 것을 선택했습니다.

2. 합리적인 직장 생활

학생 때 짧은 클럭십을 통해 바라본 미국 의사들은 여유가 있고 즐거워 보였습니다. 전문의들은 시간에 쫓기기보다는 학생들을 여유롭게 가르치고 함께 토의하려고 했습니다. 지도 전문의-학생-전공의-전임의 관계는 한국보다 수평적이었으며 서로 비교적 자유롭게 의견을 개진할 수 있는 환경이었습니다. 수련의로서 경험한 한국 병원은 톱다운 방식의 일방적인 의사전달이 이루어지는 체계였고, 저는 이러한 환경에 숨이 막혔습니다. 출근도 전혀 즐겁지 않았습니다.

당시 뉴욕에 있으면서 한국 출신 선생님들 댁에 초대받아 미국에서 의사로서의 삶에 대해 들을 수 있었습니다. 집으로 초대받았기 때문에 미국에서 살게 될 경우 대충 어떤 모습의 가정을 꾸릴 수 있는지 머릿속에 그릴 수 있을 정도의 구체적인 경험을 한 것입니다. 가족과 충분히 시간을 보낼 수 있도록 합리적인 양의 학술 및 임상 업무를 요구받는 미국 의사는 참 매력적으로 보였습니다. 무엇보다 오후 3-4시면 퇴근을 준비하는 점이 인상적이었습니다.

전공의 4년차 때 미국 샌프란시스코에서 열린 정신과 학회에 포스터 발표를 위해 참가할 기회가 있었습니다. 전공의로 직접 한국 의사로서의 업무를 경험한 후 미국에 가니 학생 때보다 더 크게 차이가 느껴졌습니다. 비슷한 분야의 임상 및 연구 활동을 하고 있는 미국 의사와 대화를 해보니 한국 의사에게 요구되는 업무량이 진정 살인적인 수준이었음을 체감했습니다. 미국은 대학병원이 가장 꼼꼼히 환자를 보기 때문에 하루에 정신과 환자를 10명 이상 보는 것이 아주 힘들다고 들었습니다. 전공의 생활의 경험을 미루어 볼 때 저는 하루에 20-30명 이상의 외래 환자를 수십 년 동안 볼 수 있을 것 같지 않았습니다.

3. 수련의 질

서울대학교에서 전공의 수련을 받는 동안, 저는 좋은 정신과 의사가 무엇인지 혼란스러웠습니다. 수련이 끝나도 제가 좋은 정신과 의사가 될 것이라는 확신이 없었습니다. 꼼꼼하게 환자를 보는 것을 제대로 관찰할 시간이 없었고, 제 면담 기술에 대한 자신감도 부족했습니다. 제대로 배우고 있는지 자괴감이 많이 들었죠. 고년차 때 석사 과정을 병행한 이유는 대학원에서 정신과학에 대해 좀 더 배울 수 있을 것이라는 생각 때문이었습니다. 하지만 대학원 과정은 연구 중심의 과정이었기에, 임상가로서의 능력을 키울 수는 없었습니다.

그러던 중, 우연히 미국 코넬 대학교에서 안식년을 지내고 돌아오신 정도언 교수님을 만나게 되었습니다. 당시 전공의 4년차였던 저와 동기들은 정 교수님과 함께 정신치료 북리딩 및 토의를 진행했습니다. 정 교수님의 교육 방법은 미국에서의 경험에 많은 영향을 받은 것이었습니다. 처음으로 제대로 뭔가를 배우고 있다는 느낌을 받았고, 자신감도 많이 늘었습니다. 수업 도중에 자주 미국 의학 교육 환경에 대해 말씀해주셨고, 저는 그런 환경에서 더 배우고 싶다는 마음이 생겼습니다. 미국으로 진출한다는 것은 다시 전공의 과정을 밟아야 했기에, 이 기회에 제대로 더 배울 수 있을 것이라는 생각을 했습니다.

저는 한국에서 전문의가 되는 과정에서 정신치료 분야에 특히 관심이 많았기에, 미국에서 이 분야의 질 높은 임상 수련을 받는 것에 대한 기대가 컸습니다. 제가 미국에서 거쳐간 성인 정신과 레지던시(메릴랜드 대학/셰퍼드 프랫 병원), 소아정신과 펠로우십(Cambridge Health Alliance/하버드 의과대학), 그리고 보스턴 정신분석 연구소(BPSI)에서 기대 이상의 질 좋은 수련을 받을 수 있었습니다.

4. 자녀 교육

한국에서 초등 교육부터 대학 교육까지를 직접 경험하면서 저는 자녀를 한국에서 절대 교육시키지 않기로 결심했습니다. 한국 교육은 하향 평준화의 길을 걷고 있고, 수능은 누가 더 실수를 적게 하는지를 평가하는 시험으로 전락했습니다. 자유도가 낮은 교육 커리큘럼은 학생들에게 일률적인 과목들을 요구하며, 일방적인 주입식 교육에 머물고 있습니다.

저는 이러한 교육 제도가 새로운 세대에 전혀 걸맞지 않다고 생각했고, 이러한 12년의 공교육이 아이들을 우민화시킨다고 믿었습니다. 저는 고등학교 교육이 대학에서 제대로 공부할 수 있는 기술을 안전하고 자유로운 환경에서 연마하는 것이어야 한다고 믿었지만, 한국의 필요 이상의 경쟁적인 분위기는 이를 불가능하게 만들었습니다. 전 국민이 청소년기에 교육 시스템에 의해 심리적 트라우마를 경험하는 것이죠. 그래서(아직 태어나지 않았던) 자녀의 교육을 위해 이민을 해야겠다고 다짐했습니다.

5. 기후 및 환경

한국의 미세 먼지로 인해 밖에서 청명한 하늘을 보지 못하면서 지낸다는 것은 저를 우울하게 했습니다. 그리고 갈수록 습해지는 여름 날씨는 저를 2~3개월간 힘들게 만들었습니다. 저는 덥고 습하면 개인적으로 기분이 굉장히 다운되는 체질입니다. 미국은 다양한 지역에서 다양한 기후의 지역 중 거주지를 선택할 수 있기에, 저는 그 자유도를 매우 매력적이라고 생각했습니다.

철원에서의 복무 경험은 제가 자연과 가까이 사는 것을 추구한다는 것을 깨닫게 했습니다. 그래서 자연 친화적인 작은 도시에도 인프라가 잘 갖추어져 있는 미국이 저에게 더 나은 선택이었습니다.

6. 타이밍과 운

저는 2018년 기준으로 레지던트 매칭이 비교적 쉬웠던 정신과를 지원했습니다. 그리고 한국에서 정신과 전문의를 했다는 점도 좋은 이력으로 작용했습니다. 실제로 저와 비슷한 길을 몇 년 앞서 걸어가신 삼성서울병원 정신과 의국 출신 이유진 선생님께서 한국 전문의 이력이 매칭에 큰 강점으로 작용했다고 자신감을 심어주셨습니다. 타이밍과 운이 좋았던 것이지요.

또한, 한국에서 정신과 전공의 수련을 하면서 국제 진료소에 의뢰되어 왔던 북미 환자 3명의 정신치료를 담당했던 것도 좋은 이력으로 작용했습니다. 당시 영어 공부를 할 겸 호기심으로 맡았던 환자들이었는데, 이것이 막상 미국에 갈 때가 되니 자기소개서 1문단에 쓸 만큼 귀중한 경험이 되었습니다. 외국인들은 이미 모국에서 정신치료 경험이 많았기에, 치료를 하면서 저는 정신치료 자체뿐 아니라 영어와 문화에 대해 많이 배울 수 있었습니다. 우연처럼 시작된 경험이 매칭에 큰 강점으로 작용했던 것 같습니다. 이런 이력들 덕분에 미국행에 더 자신감을 갖고 임할 수 있었습니다.

수련 그 후—봉직의로 살기(대학병원 편)

미국에서 봉직의로 살아가는 옵션은 무궁무진합니다. 그중 대학병원에서 풀타임 임상의로 일하게 되는 경우 어떤 모습인지에 대해서 기술해보려고 합니다. 2023년 6월 말 J1 비자로 임했던 소아정신과 펠로우십을 졸업하고 1개월 쉬고 2023년 8월부터 콜로라도 의과대학 교육병원인 콜로라도 어린이병원에서 임상의로 일한 경험에 기반한 글입니다. 수련 종료 후 구한 첫 직장으로, 이 병원은 Conrad-30 프로그램 기준을 갖춘 곳으로 H1B 비자를 스폰서 해주었습니다.

1. 구직 과정

J1 비자로 2021년 7월 펠로우십을 시작하고 2022년 1월부터 본격적으로 구직 과정을 시작했습니다. J1 Waiver 자리를 구하지 않는 경우라면 이렇게 일찍 구직을 시작하지 않습니다. AMG인 펠로우 동기들은 졸업 5-6개월 전부터 보통 잡 인터뷰를 보기 시작했습니다.

J1 Waiver를 Conrad-30으로 하는 경우는 풀타임 임상의사로 3년을 채워서 일해야 합니다. 이 기간에 고용주에게 착취당한 MG의 케이스를 들어서 우선 근무시간 및 노동 강도가 보호되는 직장을 가장 우선적으로 찾았습니다. 저는 입원 업무가 있는 잡은 배제했고, 하루에 10명을 넘은 환자를 보게 하는 잡 또한 배제했습니다. 급여는 적어도 일하는 시간이 적고 가족과 보낼 수 있는 시간이 보호되면 괜찮다고 생각했습니다. 두 아이가 아직 어렸기 때문입니다. 또한, Conrad-30 프로그램 참여 경험이 있는 고용주여야 했습니다. 메사추세츠 겨울 날씨가 견디기 어려웠던 저는 좀더 따뜻한 지역으로 옮기기로 결심합니다.

검색은 미국 전국구로 진행했습니다. 3가지 정도 구직 포털에 제 CV를 업로드했습니다. 약 10곳의 고용주와 전화 인터뷰를 했으며, 최종 후보 2곳(콜로라도, 북캘리포니아)은 직접 여행을 가서 가족이 그곳에 살게 되면 어떨지를 느껴봤습니다. 이 모든 과정 중 USMLEKOREA를 통해 이미 J1 waiver를 거쳐간 선배들에게 직접 경험을 들으려고 노력했습니다. 사실, 콜로라도 어린이병원 잡도 J1 waiver 구직 과정에서 인터뷰를 봤던 선배의 경험을 들으면서 알게 되었습니다.

보통 대학병원은 Private Practice와는 다르게 계약서에 근무 내용 자체를 아주 자세히 기재하지 않습니다. Salary, Sign-on Bonus, 대략적 근무 내용, 휴가, Benefit 정도가 Draft로 제시됩니다. 그리고 대학에 소속된 봉직의는 생각보다 Salary를 조정할 수 있는 여지가 없습니다.

제가 펠로우 수련을 했던 CHA 병원에는 교육수련부에 첫 직장을 구할 때 계약서를 검토해주는 컨설턴트가 있었습니다. 그래서 담당자와 Contract Draft를 점검하고 나중에 서면 계약서를 한 번 더 점검받았습니다. Private Pratice와의 계약서는 더욱 더 서명하기 전에 변호사와의 검토가 필요합니다. 변호사 수임료에 나가는 비용보다 훨씬 더 큰 이득을 수정된 계약서로 얻어낼 수 있기 때문입니다. 그리고 독소조항을 피해갈 수 있습니다.

2. 근무 내용

저는 풀타임 외래 진료의로 덴버 메트로 지역 2곳의 외래(Anschutz, Highlands Ranch)에서 2일씩 일을 하고 하루는 집에서 원격진료를 합니다. 일주일에 30분씩 최대 45번의 재진을 소화해야 합니다. 환자들은 앱이나 스케줄러에게 전화해서 진료를 예약합니다. 초진은 재진 2개로 인정됩니다. 하루 평균 재진 최대 9명 꼴입니다. 오전 8시까지 출근하고 오후 2시 반에 퇴근하고 있습니다. 오후에 아이들을 유치원에서 픽업할 수 있게 일찍 일을 시작하고 일찍 끝내는 스케줄을 택했습니다.

일하는 중간중간에 의무기록 시스템인 Epic으로 환자가 보내오는 메시지에 회신을 합니다. 일차로 간호사가 Screening을 하고 본인들이 처리할 수 있는 일은 처리합니다. 특히 Prior Authorization(보험사에게 보험 커버 여부를 미리 확인받는 작업)은 간호사가 전담해서 처리합니다. 외래 간호사가 일차적으로 각종 양식의 draft를 작성해서 보내주면 제가 검토 후 사인을 하게 됩니다.

저는 일 년에 4주가량 외래를 닫고 낮 병동 의료진이 휴가를 간 동안 해당 업무를 돕고 있습니다. 일 년에 두 번의 주말(토요일, 일요일 양일) 오전에 출근해서 당직 전임의와 함께 입원 병동 및 컨설트 분야의 신환들을 봅니다(하루 신환 4명까지는 전임의가 차팅을 전담합니다. 저는 그걸 초과하는 환자만 차팅). 그리고 한 달에 하루는 오후 5시~11시 동안 집에서 전화를 통해 입원 환자의 필요한 오더를 내고, 응급실 환자의 plan을 컨펌해주는 call 당직을 섭니다.

J1 Waiver 기간 동안 교육이 필수는 아니지만, 저는 월요일, 금요일 하루 3시간씩 콜로라도 의과대학 본과 2학년 학생들과 외래를 함께 봅니다. 배정된 두 명의 의대생과 1년간 함께 일합니다. 의대생에게 환자 인터뷰 방법과 환자 상태에 대해 발표하는 법을 교육합니다.

매년 22일의 Paid Time Off를 받으며 14일의 병가를 추가로 받습니다(병가 쓸 때 이유를 묻지 않습니다). 학회에서 구연/포스터 발표를 하면 과장 재량으로 학회 휴가를 5일까지 추가로 받을 수 있습니다. 또한, 대학교 총장 재량으로 매년 3-4일 추가 휴일을 받습니다.

매주 성인 정신과 Grand Round 1시간 및 소아정신과 Grand Round 1시간에 원격으로 참석해서 CME 2 credit을 받을 수 있습니다. 한 달에 2-3번 행정 미팅(원격)이 있습니다.

3. 기타 베네핏(Benefit)

학회 참석, CME, 도서 구매 비용으로 매년 2,800달러 정도 크레딧을 받습니다. 건강보험을 비롯, 안경, 치과 치료를 아우르며 가족 전체를 커버하는 비교적 좋은 보장을 제공하며, 고용주가 많은 금액을 매달 보조해줍니다.

대학 도서관 서비스 이용 권한이 주어집니다. 의료진 라운지에서 간단한 먹거리, 음료, 그리고 커피를 무료로 제공받습니다.

Long-term disability insurance, Life insurance 등은 원할 경우 더 보장율이 높은 옵션을 택할 수 있습니다.

자녀나 배우자가 콜로라도 대학에서 수업을 들으면 한 학기에 최대 9학점의 등록금을 병원에서 지불해 줍니다.

4. 총평

대학병원 봉직의는 salary가 높은 것은 아니지만 괜찮은 휴가와 베네핏을 위해 선택할 수 있는 옵션입니다. 특히 졸업 직후 타과 support가 많은 환경에서 환자를 안정적으로 보면서 배움의 기회를 연장할 수 있는 기회를 제공합니다. Conrad-30 J1 waiver로 임상 업무로 대부분의 시간을 보내야 하는 것이 아니라면, 대학병원은 teaching 및

research 기회를 찾는 이들에게 좋은 환경이 될 것입니다.

저는 외래에서 간호사들이 paperwork 업무를 많이 지원해주는 점, 일찍 퇴근해서 가족과 시간을 많이 보낼 수 있는 점, 의대생 교육 기회가 있는 점, 부분적으로나마 원격 진료 선택지를 준다는 점에서 만족하면서 지내고 있습니다. 하지만 아이들이 더 크고 Conrad-30 프로그램이 끝나고 EAD(work permit)를 받게 되면 자유도가 높고 제가 원하는 서비스를 제공할 수 있는 개업으로 방향을 틀 계획입니다.

콜로라도 및 현 직장에서의 삶에 만족한 저는 첫 attending 잡을 시작하고 6개월이 된 시점에 대출을 받아 첫 집을 살 수 있었습니다. 미국 동서부의 주요 도시를 제외하면, 외벌이 봉직의여도 근무 첫해에 도움 없이 주택을 마련하는 것이 가능합니다(빚이 있는 경우는 제외).

마지막으로, 봉직의로 계약서에 사인을 할 때는 non-compete clause를 꼭 변호사와 검토하시기 바랍니다. 이는 봉직의로 근무를 하는 도중 다른 잡이나 개업을 병행하는 것에 대한 제약뿐 아니라, 사직 후 이직을 할 때 적용되는 제약을 포함합니다. 또한, 현재 그 병원에서 일하고 있는 봉직의와 연결해 달라고 인터뷰어에게 요청하시기 바랍니다. 현재 해당 고용주 아래에서 일하는 사람의 경험이 가장 생생하고 믿을 만합니다. 보통 봉직의들끼리는 동병상련이라는 인식 때문에 솔직한 이야기를 많이 합니다.

캐나다에서 의사로 살아보니

김태경 | 영상의학과

아내와 함께 캐나다에서 영상의학과 전문의로 일한 지 22년이 되었습니다. 캐나다 의료 진출 경험에 관한 글을 요청받고 이 글을 씁니다.

1년 넘게 이어지고 있는 한국 의료 위기를 보며 많은 후배들이 여전히 혼란 속에 방황하는 모습을 보게 됩니다. 그 상황을 초래한 어른 세대의 한 사람으로서 미안한 마음을 감출 수 없습니다.

캐나다에 진출한 한국 출신 의사의 수는 미국에 비해 매우 적습니다. 한국에서 의대를 졸업한 후 곧바로 캐나다 전공의 과정에 지원해 합격하는 것은 현실적으로 거의 불가능합니다. 그러나 한국에서 전공의를 마친 후 캐나다 전임의(fellow) 과정에 지원하는 것은 가능하며 가장 권장할 만한 진로입니다.

다만 일본과 함께 한국은 전임의로 진출하는 숫자가 선진국 중 가장 적은 편이며, 국제화 측면에서도 제한적이라 생각됩니다. 본 글에서는 저와 아내의 경험을 포함하여 캐나다 전공의 및 전임의 시스템을 설명하고자 합니다. 제가 알고 있는 내용은 온타리오주를 중심으로 하므로, 다른 주와는 일부 차이가 있을 수 있습니다.

캐나다는 미국과 달리 각 주에서 단일 무상 공보험 시스템으로 의료 서비스를 제공합니다. 개인적으로는 캐나다 의료 시스템이 한국보다 더 우수하다고 생각하지는 않습니다. 그러나 지금까지 한국 의료에서 반드시 필요했음에도 불구하고 체계적으로 정립되지 못했던 부분들이 캐나다에서는 오랜 시간 동안 논의를 거쳐 제도화되어 있습니다.

한국 의료의 미래를 이끌어갈 후배들이 다양한 해외 의료제도를 면밀히 살펴보고, 한국에 적합한 방향을 모색해 나가는 데 본 글이 하나의 참고자료가 되기를 바랍니다. 또한 세계 무대를 향해 도전하고자 하는 젊은 의사들이 자신의 길을 탐색하는 데 조금이나마 도움이 되기를 희망합니다.

한국에서의 삶과 캐나다 진출

어지러운 민주화 항쟁 시기에 두 차례 강제 방학을 겪으며 의과대학 생활은 결코 순탄하지 않았습니다. 이후 사회가 안정되고 경제가 빠르게 성장하던 1991년, 서울대학교 의과대학을 졸업하며 의사가 되었고, 1996년 서울대병원에서 영상의학과 전공의 과정을 마쳐 전문의 자격을 취득했습니다.

당시에는 모교에 남아 교수가 되는 것이 가장 성공적인 진로로 여겨졌고, 저 역시 그러한 길을 꿈꾸고 있었습니다. 그러나 갑작스러운 IMF 경제위기 속에서 신규 일자리는 거의 사라졌고, 모교에 남는 것도 현실적으로 어려워졌습니다. 다행히 2000년 초 서울아산병원에 전임강사로 임용되어 교수 생활을 시작할 수 있었습니다.

서울대병원을 벗어난 첫 경험은 시야를 넓히는 계기가 되었습니다. 자신이 익숙한 울타리를 조금만 벗어나도 훨씬 넓은 세계가 있다는 사실을 깨달았습니다. 다양한 대학 출신의 의사들과 수평적인 관계에서 협력하며 진료와 연구를 할 수 있었고, 3년이 조금 넘는 시간 동안 이상적인 팀워크 속에서 활발한 진료와 연구를 자유롭게 수행했습니다.

이 시기 서울대병원과 서울아산병원에서 근무하며 100편이 넘는 SCI 논문을 발표했으며, 연수 강좌 및 초청 강의도 많아 하루하루가 무척 바쁘고 역동적이었습니다. 제 인생에서 가장 생산적이고 활발했던 시기였다고 생각합니다.

캐나다 진출 결심과 준비 과정

2003년, 36세가 되던 해에 해외 연수 기회가 주어졌습니다. 당시 국립암센터에 근무하던 서울의대 2년 후배이자 영상의학과 전문의인 아내와 함께 북미의 clinical fellow 과정에 지원하기로 했습니다.

과거 미국 Stanford 대학병원에서 1주일간 observer로 있었던 경험이 있었는데, 단 4일도 지루하게 느껴질 정도로 역할이 제한적이었기에 observer나 역할이 제한적인 research fellow는 원하지 않았습니다. 편한 환경에서 1년간 재충전하는 연수도 생각해볼 수 있었지만, 당시 젊고 도전을 좋아하던 저희 부부는 영어 능력도 향상시키고 북미 영상의학을 직접 체득할 수 있는 clinical fellowship을 원했습니다.

아내는 이미 ECFMG(미국 수련 자격)를 보유하고 있었지만, 학창 시절 시험을 미뤘던 저는 ECFMG를 취득하지 않아 미국에는 지원할 수 없었고, 대신 캐나다에 눈을 돌렸습니다.

제가 관심을 두고 연구하던 조영증강 초음파가 활발히 시작되고 있던 토론토의대 병원에 지원하기로 결정하고, 세심하게 지원서를 준비해 제출했습니다. 토론토 Sick Children's Hospital에서 심장 영상을 전공하며 교수로 재직 중이던 유시준 선생님께 연락해 도움을 요청했고, Toronto Western Hospital에서 신경중재영상의학 faculty로 재직 중이던 이선규 선생님, Sick Children's Hospital의 소아흉부외과 clinical fellow였던 윤태진 선생님 등 여러분의 조언과 실질적인 도움을 받았습니다.

이분들은 필요한 서류와 지원 절차에 대해 상세히 안내해주셨고, 유시준 선생님과 당시 Cornell 의대에 재직 중이시던 오용호 교수님께서 추천서를 작성해주셨습니다. 또한, 초음파 분야의 권위자인 토론토의대 Stephanie Wilson 교수님과 학회에서 만나 인사를 나누고 저희를 소개하는 기회도 있었습니다. 지금 돌이켜보면, 이러한 과정 없이 캐나다에서 해외 경험 없는 한국 의사 두 명이 clinical fellow로 선발되는 것은 사실상 불가능했을 것입니다.

인터뷰와 합격

2002년 여름, 인터뷰를 위해 토론토를 방문해 세 곳의 병원을 돌며 약 10명의 영상의학과 교수들과 면담했습니다. 당시 두 명 중 한 명만 clinical fellow로, 나머지는 research fellow로 근무하는 방안을 제안받았지만, 저희 부부는 둘 다 clinical fellow로 선발되지 않는다면 다른 기관을 알아보겠다고 단호하게 입장을 밝혔습니다.

다행히 두 사람 모두 clinical fellow로 합격 통보를 받았고, 캐나다 대사관에 offer letter를 제출해 work permit을 신청했습니다. 이후 신체검사와 서류 준비 과정은 간단하지 않았습니다. 당시에는 TOEFL과 TSE(Test for Spoken English) 시험에서 일정 점수 이상을 획득해야 의사 면허를 받을 수 있었기 때문에 바쁜 병원 업무와 병행하여 영어 공부도 지속해야 했습니다. 특히 TSE는 60점 만점에 50점 이상을 받아야 했는데, 이를 위해 상당한 노력이 필요했습니다.

현재는 영어시험 대신, 인터뷰를 통해 지원자의 영어 능력을 평가하고 있습니다. 영어 능력이 부족해 환자 진료에 위험이 있다고 판단되면 선발되지 않습니다.

캐나다 정착과 초기 적응

북미의 전공의 및 전임의 과정은 매년 7월에 시작됩니다. 저희는 2003년 6월 말, 당시 7세와 1세였던 두 자녀와 함께 토론토에 도착했고, 며칠 안에 집과 자동차를 구입하고 운전면허, 의사 면허, 의료배상 보험, 병원 등록 절차를 빠르게 마치고 7월 2일 첫 출근을 할 수 있었습니다.

영어도 어려웠지만, 한국과는 전혀 다른 의료 시스템에 적응하는 것이 더 힘들었습니다. 그러나 다른 전임의들보다 업무 속도가 빠르고 초음파 및 조직검사 등 시술에 능숙했기 때문에 비교적 빠르게 실력을 인정받았습니다. 간담도 질환에 대한 임상 경험이 많아 fellow임에도 불구하고 특강을 요청받기도 했습니다.

같은 해 10월경, 영상의학과 과장으로부터 faculty로 남을 의향이 있는지를 묻는 제안을 받았습니다. 처음에는 갑작스러운 제안에 선뜻 답하지 못했지만, 점차 채용 조건이 좋아졌고, 저희 부부 모두 처음부터 정규 faculty로 인정받으며 저는 바로 부교수로 승진한다는 제안을 받았습니다. 이는 곧 전문의 자격도 자동으로 부여된다는 의미였기에 매우 파격적인 조건이었습니다.

결국 몇 년간의 경험을 쌓고 한국으로 돌아가자는 계획을 세우고 토론토에 남기로 결정했습니다. 급히 한국에 다녀와 사직을 하는 과정은 쉽지 않았고, 당시 한국의 병원 동료들과 집행부에 폐를 끼쳐 안타까운 마음이 있었습니다.

장기 정착

몇 년만 거주할 계획이었던 캐나다 생활은 자녀들이 성장하면서 한국으로 돌아가기를 극렬히 반대하게 되었고, 그렇게 머무르다 보니 어느덧 22년이 흘렀습니다.

2011년, 저는 토론토의대 정교수로 승진했으며, 이는 영상의학과에서는 최연소 승진이었습니다. 캐나다에서는 승진에 대한 개념이 한국과 달라 60대나 70대가 되어도 조교수로 남아 있는 경우가 많습니다. 그동안 의사 면허나 전문의 시험은 볼 필요가 없었습니다. 대학병원이 아닌 지역에서 개업을 하려면 unrestricted licence를 취득해야 하기에 시험을 봐야 하지만, 제게는 해당되지 않는 일입니다. 장기간 문제없이 근무한 덕분에 최근에는 시험 없이도 면허기관에 신청하면 unrestricted licence를 받을 수 있는 길이 열렸지만, 아직 필요성을 느끼지 못하고 있습니다.

저희 부부가 토론토에 정착한 이후, 병리과와 혈액종양내과에서 한국 의대를 졸업한 두 전문의가 저희 병원에 faculty로 채용되어 함께 일하고 있습니다. 이들 역시 clinical fellow 과정을 거쳐 faculty로 선발된 경우입니다. 영상의학과에도 세 명의 clinical fellow가 추가로 근무했으며, 그중 한 명은 영어 능력 부족으로 중도 귀국했고, 나머지 두 분은 과정을 성공적으로 마치고 한국으로 돌아가 교수로 재직 중입니다. 이외에도 여러 지원자가 있었지만, 전임의로 선발되지 못하였습니다.

캐나다의 의과대학과 전공의

캐나다에는 현재 총 17개의 의과대학이 있습니다. 인구가 약 4천만 명으로 한국보다 적지만, 의과대학의 수는 상대적으로 훨씬 적기 때문에 의대 입학 경쟁이 매우 치열합니다. 실제로 미국보다 의대 입학이 더 어렵다고 알려져 있어, 우수한 학생들이 아일랜드, 남아공, 유럽, 또는 카리브해 국가의 의대로 진학하는 경우도 적지 않습니다.

그러나 이들이 해외에서 의대를 마친 뒤 캐나다로 돌아와 전공의 과정을 지원할 경우, 캐나다 시민임에도 불구하고 IMG(international medical graduates)로 분류되어 외국 의대 출신 이민자들과 동일한 조건에서 경쟁해야 합니다. 이러한 구조는 외국 의대 출신들의 전공의 진출을 더욱 어렵게 만드는 요인입니다.

전공의 지원 자격과 선발 구조

캐나다에서 전공의 과정에 지원하려면 캐나다 시민권자 또는 영주권자여야 하며, 따라서 한국에서 의대를 졸업한 한국 국적자는 기본적으로 지원 자격이 없습니다. 전공의 선발은 약 80% 이상이 캐나다 내 의대 졸업자에게 배정되며, 약 10%는 IMG에게, 나머지 10% 미만은 고액의 수련비용을 전액 자비로 부담하는 중동 국가(예: 사우디아라비아, 쿠웨이트 등) 출신 지원자에게 주어집니다.

유럽이나 중동에서 의대를 마친 후 캐나다로 이민해 다른 직업에 종사하며 영주권을 취득한 후 IMG 자격으로 지원하는 사례도 많지만, 이들 역시 경쟁이 매우 치열해 전공의로 선발되기란 쉽지 않습니다. 결국 한국에서 의대를 졸업한 한국인이 캐나다의 수련병원 전공의로 진출하는 것은 매우 어렵거나 사실상 불가능에 가깝습니다.

CaRMS 매칭 시스템

캐나다의 전공의 선발은 CaRMS(Canadian Resident Matching Service)라는 전국 단위 매칭(matching) 시스템을 통해 이루어집니다. 의과대학 4

학년 학생들은 CaRMS 웹사이트를 통해 전국의 수련병원 중 보통 4개까지의 전문과를 선택해 우선순위를 정하고 지원합니다. 각 수련기관은 서류심사 및 인터뷰를 거쳐 지원자별 순위를 정해 CaRMS에 제출하고, CaRMS는 병원의 평가 순위와 지원자의 희망 순위를 바탕으로 알고리듬에 따라 공정하게 매칭 결과를 도출합니다.

수련병원이 특정 지원자를 강하게 선호하더라도 단독으로 합격 여부를 결정할 수는 없습니다. CaRMS 시스템의 장점은 원하는 전문과에 매칭될 가능성을 높이면서도, 전공의 선발 실패로 1년을 쉬어야 하는 위험을 최소화한다는 점입니다.

제가 직접 참여했던 토론토의대 영상의학과 전공의 선발 과정은 매우 엄격했습니다. 약 10명의 교수가 3일간 임상 업무에서 제외되어, 약 40명의 지원자를 개별 인터뷰하고 종합적으로 평가한 후 토의하는 과정을 거쳤습니다. 이는 전공의 선발이 얼마나 진지하고 공정하게 이루어지는지를 보여주는 사례입니다.

전공의 수련 제도의 특징

캐나다에서는 의과대학을 졸업한다고 바로 제한이 없는 의사 면허가 주어지지 않습니다. 최소 2년의 가정의학과 또는 4~5년의 전문과 전공의 수련을 마쳐야 비로소 의사 면허를 받을 수 있습니다. 의료전달체계의 안정적 유지와 1차 진료 강화를 위해 전체 의사의 절반 가까이가 가정의학과 의사로 구성되어 있지만, 여전히 가정의 숫자는 부족한 실정입니다.

전공의의 급여는 전액 주 정부가 부담하므로, 전공의는 병원에 경제적으로 종속되지 않습니다. 또한, 모든 전공의는 의료사고 배상보험에 의무 가입되어 있으며, 이는 캐나다 모든 의사에게 공통적으로 적용됩니다. 전공의는 병원의 필수 인력으로 간주되지 않기 때문에 COVID-19 팬데믹 시기에는 병원 출입이 제한되기도 했습니다. 일반적으로 전공의는 병원에서 야간 당직을 맡고, 다음 날에는 근무를 면제받습니다.

전공의와 교수는 상호 평가를 통해 점수를 부여받으며, 이러한 평가는 교수와 전공의 모두에게 중요한 자료로 활용됩니다. 거의 모든 전공의는 수련을 마친 뒤 전임(fellowship) 과정을 거치게 됩니다. 제가 근무한 지난 22년 동안, 영상의학과 전공의를 수료하고 전임의 과정을 밟지 않은 경우는 단 한 명도 보지 못했습니다.

캐나다의 전임의

캐나다의 전임의(fellow)는 전공의(resident)와 여러 면에서 큰 차이를 보입니다. 우선, 캐나다 시민권이나 영주권이 없어도 전임의 과정에 지원할 수 있으며, 합격 시 해당 기간에 맞춰 work permit(취업 허가)과 제한적 의사 면허가 발급됩니다.

전임의 구성과 선발

예를 들어, 영상의학과의 경우 매년 선발되는 전임의의 70~80%는 해외에서 전공의 과정을 마친 IMG입니다. 2024~2025년 복부 영상의학 전임의 18명 중 14명이 외국에서 수련을 마친 의사였으며, 국적별로는 아일랜드 6명, 영국과 호주 각 2명, 아르헨티나, 쿠웨이트, 남아프리카공화국, 사우디아라비아에서 각 1명이었습니다.

두 개 전공 분야의 전임의를 연속으로 수행하는 사례도 많습니다. 예를 들어 복부 영상과 흉부/심혈관 영상 분야를 연이어 지원해 합격하면 2년간 연속해서 work permit과 의사 면허가 주어집니다. 1년 계획의 전임의 근무 중 다음 해 연장 희망자가 많으며, 기존 합격자가 취소되면 해당 자리에 연장 채용되기도 합니다.

지원 과정과 전략

전임의 지원은 온라인 플랫폼을 통해 이뤄지며, 토론토의대를 비롯한 주요 대학들은 전임의 정원보다 훨씬 많은 지원서를 받습니다. 영어권 국가 출신이 상대적으로 유리한 것은 사실이나, 다양성을 중시하는 캐나다의 문화적 특성을 고려하면 한국 출신 전공의들도 충분한 경쟁력을 갖추고 있습니다. 다만, 매년 7월 초 전임의 근무가 시작되는데 지원 마감은 보통 2년 전입니다. 그러므로 한국 전공의라면 3년차 초반에 지원해야 하며, 전공의 과정 중반까지 본인의 진로 방향을 정하고 계획하는 것이 필요합니다.

전임의 모집은 서류 심사를 통해 일정 인원을 선별하고, 인터뷰를 거쳐 합격자를 결정합니다. Offer letter를 수령하면 서울의 캐나다 대사관을 통해 work permit을 신청하고, 신체검사 등 행정 절차를 밟아야 합니다. 가능하다면 근무 시작 몇 주 전 캐나다에 도착해 주거지,

차량, 의료보험, 자녀 교육, 면허 등록, 배상보험 가입 등의 과정을 미리 준비하는 것이 좋습니다.

전임의 과정의 가치와 실무

캐나다의 전임의 과정은 한국에서 전공의를 마친 새 전문의에게 매우 유익한 경험이 될 수 있습니다. 영어 소통 능력만 충분하다면, 한국 전공의들은 비교적 풍부한 임상 경험, 학회 발표, 논문 실적을 보유하고 있어 국제적으로도 경쟁력이 높습니다. 영상의학과의 경우, 캐나다 전역 13개 대학의 부속병원에서 다양한 세부 전공의 전임의를 운영하고 있으며, 토론토의대는 세 개의 전임의 프로그램을 보유하고 있습니다.

꼼꼼한 서류 준비와 온라인 접수 외에도 담당 교수에게 이메일을 통해 지원 사실을 알리고 조언을 구하는 것도 효과적인 전략입니다.

다만, 한국에서 강조하는 얌전함과 겸손함은 북미 사회에서는 소극성이나 언어적 불확실성으로 오해받을 수 있습니다. 질문에 즉답하지 않거나 응답이 느린 경우, 영어를 제대로 이해하지 못한다고 판단될 수 있으므로, 이메일이나 인터뷰 시에는 신속하고 적극적인 자세가 필요합니다. 물론 과도한 자기주장은 지양해야 합니다.

전임의의 역할과 업무

전임의는 전공의보다 병원에서 훨씬 더 중요한 역할을 수행합니다. 교수와 매칭되어 하루 종일 실제 진료 업무에 투입되며, 예컨대 복부 영상 전임의는 당직일에 밤 10~11시까지 응급실과 병실 영상을 당직

교수와 함께 판독하고, 이후 밤에는 전공의의 전화를 받아 업무를 지원합니다. 다음날 오전 근무는 면제됩니다. 일주일 중 하루는 연구일로 지정되어 비교적 자유로운 연구활동이 가능하며, 매일 1시간의 증례 기반 교육이 진행됩니다. 전임의 기간 중 최소 한 편의 논문을 작성해야 하며, 복부 영상 분야에만 매주 20개 이상의 multidisciplinary tumor board가 있어 상당한 추가 업무가 발생합니다. 복잡한 tumor board는 faculty가, 비교적 쉬운 tumor board는 전임의가 진행합니다.

전임의 혜택과 처우

전임의는 연간 4주(20일)의 유급 휴가 외에 연말에 추가 1주를 쉴 수 있어 총 5주의 휴가가 주어지며, 초록이 채택된 경우 학회 발표는 연 2회까지 가능하며 비용 일부가 지원됩니다. 학회 참석은 휴가에 포함되지 않습니다. 또한 전임의의 work permit 기간 동안 자녀들은 자동으로 study permit을 받아 고등학교까지 무상교육이 가능하며, 배우자는 정식 취업도 할 수 있습니다.

영상의학과 전임의의 급여는 교수들로 구성된 파트너십(partnership)에서 지급하며, 고년차 전공의보다 약간 높은 수준입니다. 주말이나 야간에 추가 근무 시 별도의 수당이 지급되며, 모국에서 허용된다면 출신 국가의 응급실 영상 등을 원격으로 판독하여 추가 수입을 얻는 경우도 있습니다.

제가 근무 중인 병원의 영상의학과 faculty 중 절반 이상은 IMG 출신 전임의들 중에서 선발하였으며, 저와 아내도 그중 한 사례입니다.

캐나다 의대 출신 전임의들은 일부만 수련병원에 남아 faculty로 임용되며, 상당수는 community hospital로 진출하는 경향을 보입니다.

영어

이 부분은 어린 시절 영어권 국가에서 생활한 경험이 없는 저희 부부와 같은 경우에 해당합니다. 저에게 영어는 지금도 쉽지 않은 과제입니다. 단순히 말하고 듣는 것을 넘어서, 어릴 때부터 일상 속에서 자연스럽게 흡수되는 영어권 문화와 상식을 체득하지 못했기 때문입니다.

반면, 영어 유치원을 다닌 세대의 젊은 한국 의사들은 저희보다 훨씬 유리한 출발선을 가지고 있습니다. 하지만 북미에서 의사로 일하기 위해 요구되는 영어 수준은 매우 높습니다.

영어 능력의 중요성

특히 일본인 의사들은 거의 예외 없이 영어 장벽으로 인해 어려움을 겪는 모습을 보았고, 저희 병원에서 clinical fellow 과정을 수료한 일본 출신 의사는 아직 보지 못했습니다. 한국 출신 의사들 역시 영어 능력 부족으로 인터뷰에서 탈락하는 경우가 적지 않았습니다.

여전히 한국 출신 clinical fellow가 선발되지 못하는 가장 큰 이유는 언어 능력 부족입니다. 인터뷰에 참여한 동료 교수들은 '응급 상황이나 당직 근무 중 신속히 대응하지 못할 것 같다'고 완곡하게 표현하지만, 결국 그 의미는 영어 실력이 기준에 미치지 못한다는 것입니다. 실제로 캐나다는 미국보다 clinical fellow의 영어 능력에 대해 더 엄격하게 평가하는 경향이 있는 것 같습니다.

효과적인 영어 학습 방법

저희 부부의 경험을 되돌아보면, 의사로서 요구되는 고급 수준의 영어를 익히기 위해서는 영어 독서가 필수적이었습니다. 마치 한국어 책을 읽지 않고는 제대로 된 한국어를 구사할 수 없듯이, 영어책을 편하게 읽을 수 있는 수준이 되어야 진료와 연구 활동에서 영어를 자연스럽게 사용할 수 있습니다.

영어로 된 뉴스, 사설, 저널 등을 자주 읽으며 시대적 이슈에 대한 이해와 상식도 함께 확장시켜야 합니다.

또한 한국인들이 어려워하는 영어 발음은 의사소통의 중요한 장애 요인이 될 수 있으므로, 상대방이 편하게 알아들을 수 있도록 의식적으로 발음을 연습해야 합니다. 이때 발음이 좋아야 한다는 것이 북미식 억양을 따라야 한다는 의미는 아닙니다. 인도나 파키스탄 출신의 의사들은 고유의 억양을 유지하면서도 명료한 발음으로 훌륭히 의사소통하는 경우가 많습니다.

결국 다른 직업에서는 문제가 되지 않을 수준의 일반적인 영어 능력으로는 캐나다에서 의사로서 충분히 기능하기 어렵습니다. 영어는 단기간에 습득할 수 있는 기술이 아니므로, 시간이 날 때마다 꾸준히 영어책을 읽는 습관을 들이는 것이 필요합니다. 흥미로운 추리 소설이나 법정 소설은 지루하지 않게 꾸준히 읽기 좋고, 신앙이 있다면 관련 도서를 통해 고급 어휘와 표현을 자연스럽게 익히는 것도 좋은 방법입니다.

미국과 다른 캐나다 의료 시스템

많은 사람들이 캐나다와 미국의 의료 시스템이 유사할 것이라고 생각하지만, 실제로는 근본적으로 매우 큰 차이가 있습니다. 캐나다는 단일 무상 공보험 시스템을 기반으로 한 사회주의적 의료체계를 갖추고 있어, 모든 병원 진료는 국민이 납부하는 세금으로 운영됩니다. 의료비에 대한 개인 부담금이나 매월 납부하는 의료보험료가 존재하지 않으며, 진찰, 검사, 입원, 수술 등 고비용의 의료 서비스도 무상으로 제공됩니다. 병원 내에는 수납 창구가 없고 진료비 청구서도 발행되지 않으며, 환자는 자신의 치료에 얼마의 비용이 들었는지 알 필요도 없습니다. 또한 공보험이 적용되는 의료 행위에 대해서는 사보험이 금지되어 있어, 경제적 지위에 관계없이 누구나 동일한 의료 서비스를 받을 수 있습니다. 간 이식과 같은 고가의 수술도 재정 형편과 무관하게 동일하게 제공되며, 의료비 때문에 파산하는 일은 캐나다에서는 존재하지 않습니다.

가정의 중심의 의료 전달 체계

캐나다는 가정의 제도가 잘 정착되어 있어 전체 의사의 약 45%가 가정의학과 의사입니다. 응급실을 제외한 모든 전문의 진료는 반드시 가정의의 의뢰서를 통해서만 받을 수 있도록 체계화되어 있습니다.

흥미로운 점은, 이처럼 공공 의료 시스템을 유지하면서도 캐나다 의사들은 미국과 유사하게 행위별 수가제로 소득을 얻는다는 것입니다. 또 하나의 특징은 정년 개념이 뚜렷하지 않아, 고령의 의사들도 계속

해서 진료 현장에서 활동하는 경우가 많습니다. 예컨대 제가 근무하는 병원의 영상의학과에서는 65세 이후에도 계약 조건만 변경될 뿐, 실제로 은퇴하는 경우는 매우 드뭅니다.

시스템의 한계와 과제

그러나 캐나다 의료에도 해결이 필요한 몇 가지 과제가 존재합니다.

첫째, 외래 처방약과 치과 진료는 공보험 적용 범위에 포함되지 않기 때문에 환자가 직접 비용을 부담해야 합니다. 이는 전체 의료비의 약 30%를 차지하며, 이에 대응해 캐나다에서는 사보험이 활성화되어 있습니다. 대부분의 국민들이 사보험에 가입해 있으며, 최근 온타리오주에서는 24세 이하 청년층을 대상으로 처방약 비용을 공보험으로 지원하는 제도가 시행되고 있습니다.

둘째, 비응급 진료 및 검사, 치료를 받기까지 대기 시간이 매우 길다는 점입니다. 예를 들어, 긴급하지 않은 MRI 검사의 경우 검사 의뢰 후 약 6개월을 기다려야 하며, 백내장 수술도 가정의의 의뢰서 발급부터 안과 전문의 진료, 수술까지 평균 6개월 정도 소요됩니다. 이로 인해 더 신속한 진단이나 치료를 받기 위해 외국으로 원정 진료를 떠나는 사례도 적지 않습니다.

최근에는 가정의의 수가 부족해지면서 가정의를 갖지 못한 주민이 증가하고 있으며, 특히 새로 이민 온 사람들에게는 가정의를 찾는 일이 매우 어렵습니다. 온타리오주의 경우, 현재 약 250만 명이 등록된 가정의를 확보하지 못한 상태입니다. 이로 인해 가정의 진료 예약 대기 기간도 점점 길어지고 있으며, 예약 없이 방문 가능한 Walk-in Clinic이 많이 생기긴 했지만, 환자를 지속적으로 관리하기에는 한계가 있습니다. 이에 따라 일부 주에서는 외국 의사 면허를 보유한 이민자들에게 가정의학과 전문의 자격을 부여하고, 영주권 취득을 용이하게 하는 프로그램도 운영하고 있습니다.

의료과실 배상 시스템

의료과실 배상 책임에 있어 캐나다의 시스템도 미국과는 큰 차이를 보입니다. 미국은 여러 보험회사가 경쟁하는 구조이지만, 캐나다에서는 대부분의 의사들이 CMPA(Canadian Medical Protective Association)라는 하나의 거대 단체를 통해 배상보험에 가입합니다. 전공의와 전임의는 연간 약 30만 원 수준의 보험료를 내며, 산부인과처럼 고위험 분야는 최대 6천만 원에 이르기도 합니다. 그러나 이 보험료의 약 80%는 주 정부가 환급해줍니다. 예컨대 영상의학과의 경우, 연간 약 760만 원의 보험료 중 630만 원 정도를 환급받았습니다.

과거 몇 차례 의료과실 신고를 받은 적이 있었지만 모두 과실 없음으로 판정받았습니다. 문제가 발생하면 CMPA에 연락해 의료 전문 변호사를 소개받고, 이후 모든 법적 대응을 해당 변호사가 처리해 줍니다. 일부 사건은 수년이 걸리기도 했지만, 변호사의 주도하에 모든 절차가 원활히 진행되어 의료진이 불필요한 스트레스를 받지 않도록 하는 시스템이 정착되어 있습니다. 이 같은 경험은 거의 모든 의사들에게 공통적으로 일어나지만, 주변 동료들조차 알지 못할 정도로 비공개적으로 관리됩니다.

맺는말

캐나다는 세계에서 가장 국제화된 국가 중 하나입니다. 이로 인해 다양한 국가 출신의 의사들이 캐나다 의료 시스템의 중요한 축을 담당하고 있습니다. 최근 통계에 따르면, 캐나다 내 의사의 약 37%, 치과의사의 약 45%가 이민자 출신입니다.

그러나 이러한 국제적 다양성에도 불구하고, 한국 출신 의사의 비율은 여전히 매우 낮습니다. 예를 들어, 2022년 기준으로 work permit을 기반으로 근무 중인 비영어권 외국 의대 출신 의사의 예를 들면 브라질 94명, 이집트 47명, 이스라엘 97명, 사우디아라비아 798명인 반면, 한국은 고작 3명에 불과했습니다.

한국 의료계의 국제화 필요성

한국 의사들은 국내에 머무는 경향이 강하고, 국내에서도 본인의 출신 대학병원에 계속 소속되어 근무하는 경우가 많습니다. 반대로, 외국 의사들이 한국으로 이민해 활동하는 사례는 극히 드뭅니다. 이러한 폐쇄적 구조는 선후배 간의 단결력이라는 장점도 있지만, 정보와 경험의 다양성 측면에서는 한계를 지니며, 결국 발전과 개혁의 기회를 제한하는 결과로 이어집니다. 현재 한국 의료계가 직면한 위기 역시 외국 사례에 대한 벤치마킹이 부족하고, 다양한 구성원들이 자유롭게 의견을 나누며 합리적인 결정을 도출하는 문화가 아직 자리 잡지 못한

데에 그 원인이 있다고 생각합니다.

세계화 시대의 도전

오늘날은 명백한 세계화의 시대입니다. 영어로 논문을 작성하고 국제 학회에 참여해 발표하는 것도 중요한 활동이지만, 해외 유수 병원에서 실제로 근무하며 쌓는 경험은 또 다른 차원의 세계화입니다. 최근 들어 전공의 과정을 마치고도 전임의 과정을 거치지 않는 한국 의사들이 증가하고 있다는 소식을 접하게 됩니다. 그러나 이러한 흐름은 국제 경쟁력에서 점점 뒤처질 수밖에 없습니다. 전임의 과정을 생략한다면 글로벌 수준의 의사로 성장하기는 어렵습니다.

물론 캐나다의 전임의 과정은 결코 쉬운 길은 아닙니다. 하지만 이 과정을 통해 국제 의료계와의 간극을 좁히고, 진정한 글로벌 경쟁력을 갖춘 의사로 나아갈 수 있는 중요한 디딤돌이 될 수 있습니다. 가까운 미래에, 각자의 자리에서 묵묵히 최선을 다하는 의사들의 노력이 모여, 한국 의료가 다시금 세계 의료계를 선도하는 글로벌 리더로 우뚝 서기를 소망합니다.

제 2 부

미국 의사 시험 및 ECFMG Certificate

1 개요

전체 흐름도

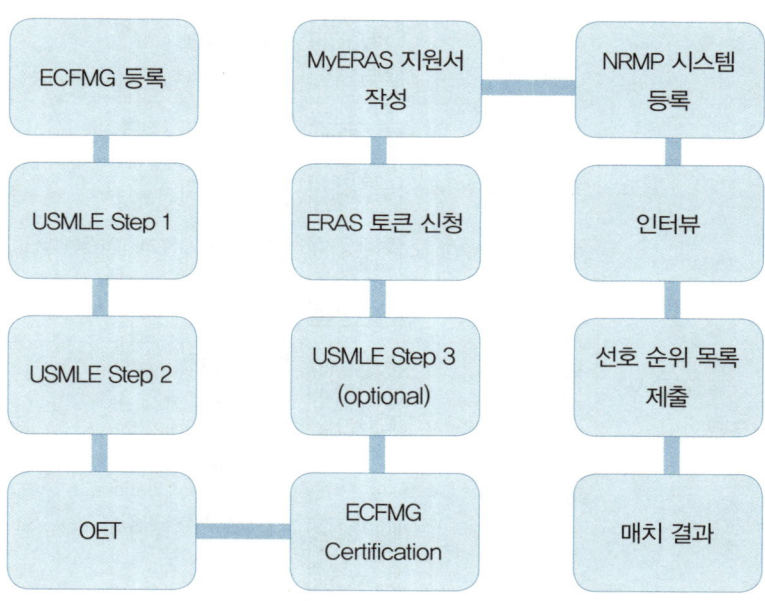

단계별 요약표

주요 단계	관련 웹사이트	비고
ECFMG 등록	ECFMG certification overview [QR코드]	• ECFMG ID 발급 • 이 ID가 있어야 시험 신청 가능 • 온라인 신청(IWA, Form 186) • 신분, 학력 증명 서류 준비

주요 단계	관련 웹사이트	비고
USMLE Step 1 접수·응시	usmle Step 1	• 본2 수료 후 • 기초의학 시험 • Prometric 예약 • 한국에서 컴퓨터로 시험 가능
USMLE Step 2 CK 접수·응시	usmle Step 2 ck	• Clinical Clerkship 마친 후 • 임상의학 시험 • Prometric 접수 • 한국에서 컴퓨터로 시험 가능
OET	OET	• 의료인 영어 능력 시험 • 한국에서 컴퓨터로 시험 가능 • 자택 시험 옵션
ECFMG Certification	ecfmg pathways	• 전공의 지원 자격증(면허 아님) • Step 1·2 CS, OET 합격 • 의대 졸업
ERAS 토큰 신청	ecfmg eras	• ECFMG가 지정한 Dean's Office 통해 • 매년 6월 초 발급 시작
MyERAS 지원서 작성·제출	MyERAS user guide(2017년 버전) ECFMG ERAS info 웹사이트는 시즌 열려야 열람 가능	• Personal Statement, LoR, MSPE, USMLE Transcript 업로드 • 프로그램 선정 및 지원
NRMP Match 시스템 등록	nrmp	• 9월말 Match 시스템에 계정 생성, 등록 • 매치 참여 의사 표시

주요 단계	관련 웹사이트	비고
면접	NRMP 결과 사이트, 프로그램 안내 메일	• 10~1월 면접 시즌 • 서류 통과 시 인터뷰 초대 • 인터뷰 이후 커뮤니케이션
NRMP 매치		• 2월 초~ 3월에 지원자 및 프로그램 선호 순위 목록 제출 • 3월 중순 매치

비용

단계	금액(USD)
ECFMG 등록	$160
USMLE Step 1	$1,225
USMLE Step 2 CK	$1,250
ECFMG Pathways	$925(Pathway 신청비) + $455(OET)
ERAS 지원	$99~170/프로그램
NRMP 등록비	$79

2 시험 지원

1. ECFMG (Educational Commission for Foreign Medical Graduates)의 이해

    A. ECFMG의 역할

    미국 외 의과대학 졸업생이 미국에서 의료진으로 활동하기 위한 필수 인증 기관

    B. 주요 기능

    i. USMLE 응시 자격 부여

    ii. 미국 외 의과대학 학력 검증

    iii. 미국 전공의 수련 자격 인증

    iv. 주 의사 면허 취득을 위한 Step 3 응시 자격 부여

2. 온라인 시스템

    A. IWA (Interactive Web Applications)

    i. 신청 및 서류 제출 플랫폼

    ii. 주소: iwa2.ecfmg.org

    B. OASIS (Online Applicant Status and Information System)

    i. 진행 상황 및 결과 확인 플랫폼

    ii. 주소: oasis2.ecfmg.org

3. 지원 자격 요건

   A. 학력 기준

      i. 재학생: 본2 수료 전: 계정은 만들 수 있음; 본2 수료 후 Step 1 접수 가능

      ii. 졸업생: 학위기 필요

      iii. 소속 의과대학이 World Directory에 ECFMG 인증 표시가 있는 대학이어야 함

4. ECFMG 신청 과정

   A. 필수 준비 서류

      i. 여권: 영문명 졸업장과 일치, 만료일 여유

      ii. 졸업생은 영문 졸업장 혹은 번역본

      iii. 재학생은 실습 스케줄 목록

   B. IWA 계정 생성 및 신청

      i. 1단계: 온라인 신청

         1. IWA 웹사이트 접속(iwa2.ecfmg.org)

         2. 여권 정보와 정확히 일치하는 영문명 입력

         3. 개인정보 및 학력 정보 입력

         4. 며칠 내 이메일로 ID와 임시 비밀번호 수신

      ii. 2단계: Form 186 공증

         1. 온라인 신청 완료 후 Certification of Identification Form (Form 186) 다운로드

2. NotaryCam 온라인 공증 서비스 이용

3. 여권 사본(JPEG 형태) 준비

4. Form 186 PDF 업로드

5. 화상 공증 진행(신분 확인 및 사진 촬영)

6. 처리 기간: 공증 후 ECFMG 처리까지 약 10 영업일

iii. 3단계: 인증 상태 확인

1. OASIS에서 'Certification of Identification Form' 상태 확인

2. Date Accepted 및 Validity = Valid 확인 시 완료

5. USMLE Step 1 신청

A. Step 1 응시료 납부 및 정보 입력

i. 응시료: US$1,195 + 국제시험추가료(US 외 지역, 한국에서도 시험볼 수 있음) (iwa2.ecfmg.org).

ii. 학위명(예: 'Eui-haksa') 등 정확히 입력(번역본과 일치) (USMLE).

B. Eligibility Period 설정

i. 3개월 기간 설정 → Prometric 웹사이트에서 시험 날짜 예약

ii. 변경: 기간 내 무료(46일 전까지), 이후 수수료 부과

iii. Tip: Prometric 잔여 좌석 확인 후 기간 확정 권장

C. Scheduling Permit 수신 및 시험 예약

i. 이메일로 받은 Scheduling Permit(중요 문서) 확인

ii. 링크 접속하여 시험장 · 날짜 선택 → 메일로 최종 확정 통지

6. 전체 절차 흐름도

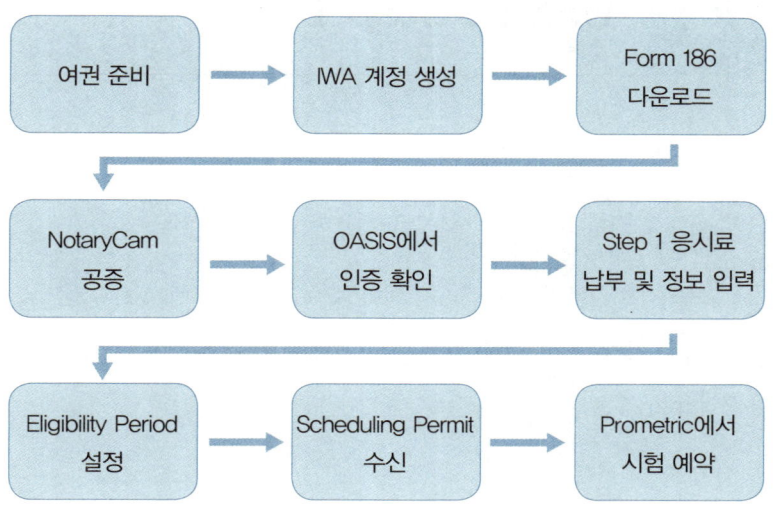

7. 참고 및 추가 안내

- 처리 기간

    온라인 신청부터 서류 도착·검토 완료까지 최대 4주 소요 (iwa2.ecfmg.org).

- 문제 발생 시

    학교 인증 지연 → EMSWP 또는 Form 183 활용

3 USMLE Step 1

1. 개요

목적

의과대학 2학년 수준의 기초의학 지식을 임상 사례에 적용하는 능력을 평가. 미국 의사 면허 취득 과정의 첫 단계로 통과가 필수입니다.

시험 형식

- 총 문항 수: 280문항
- 블록 구성: 7개 블록, 각 블록당 40문항 이하
- 시험 시간: 8시간(7블록 합산)

휴식 및 튜토리얼

- 튜토리얼: 15분(선택적)
- 휴식 시간: 최소 45분(블록 간 휴식) + 미사용 튜토리얼 시간(최대 15분) = 최대 60분 휴식 가능

채점 방식

2022년 1월 26일 이후 응시자는 Pass/Fail 결과만 제공(USMLE bulletin of information)

- 미국 의대생 1차 시도 합격률: 약 90%(Pass/Fail 전환 후 소폭 감소)
- 합격 기준: 대략 60% 정답률 필요

재응시 제한

- 최대 응시 횟수: 4회(2024년부터 6회에서 변경)
- 재응시 대기 기간: 실패 후 60일
- 연간 제한: 12개월 내 최대 3회 응시

질문 유형

정보가 제공되는 순서는 모든 문항에 동일(모든 문항이 모든 정보를 포함하지는 않음): Intro, Patient History, Vital Signs, Physical examination, Laboratory studies, Diagnostic tests, 질문, 보기

문제 풀이 전략

- 보기의 개수가 문항마다 다르며 모든 보기를 검토해야 함
- 실제 환자처럼 상관없는 정보가 많이 포함됨(Step 2는 더 많음)
- 권장 접근법: 질문과 보기를 먼저 빠르게 확인 후 지문 읽기

임상 경험자를 위한 중요한 인사이트

구두 vs 문서: 정보 처리의 차이

실제 임상 현장에서는 경험이 쌓일수록 환자와의 대화 중 흘려듣다가 중요한 정보가 나오면 자동으로 포착되어 정리됩니다. 하지만 시험에서 글로 쓰여진 증례를 읽는 것은 완전히 다른 스킬입니다.

왜 다른가?

- 청각적 처리: 말의 톤, 강조, 리듬으로 중요도 파악
- 시각적 처리: 텍스트에서 핵심 정보를 의식적으로 필터링해야 함

- 시간 압박: 시험은 1.5분/문제

필요한 훈련

귀로 들으면서 중요한 정보만 골라내는 임상 능력을 → 글로 쓰여진 시험 증례에서 중요한 정보를 걸러내는 능력으로 전환하는 연습이 필수적입니다.

구체적 연습 방법

1. 문제 다량 풀이: 텍스트 패턴 인식 능력 개발
2. 핵심 정보 마킹: 읽으면서 중요 부분 표시하는 습관
3. 시간제한 연습: 빠른 스캐닝 능력 향상

2. Step 1과 Step 2의 순서 유연성

- 순차 응시 불필요: Step 1과 Step 2 CK는 어떤 순서로든 응시 가능
- Step 3 응시 조건: 두 시험을 모두 'Pass'한 후에만 Step 3 응시 가능
- 임상의 관점: 임상 경험이 풍부한 수험생은 Step 2 CK를 먼저 치러 임상 지식과 연계된 기초의학을 시험 준비 과정에서 접하고 두 번째로 Step 1을 준비하는 전략이 유리할 수도 있습니다.

3. 효과적인 준비 전략

3.1 기초 개념 정리

First Aid for the USMLE Step 1

- High-Yield 요약 교과서로, 전 범위 개념을 한눈에 파악
- 미국 의대생들은 단독 수험서보다는 중요 내용을 되짚는 데 활용

Pathoma
- 병리학 핵심 정리(영상+교재)

Boards & Beyond
- 기초의학부터 임상 적용까지 통합 강의

3.2 문제 풀이 연습 (Q-Bank & 모의고사)

UWorld Q-Bank(약 3600개의 문제. 문제 수는 수시로 변동)
- 실제 시험 스타일의 문제·상세 해설 제공
- UWorld Step 1
- 합격 기준: UWorld에서 45–50% 이상 정답률 권장(Pass/Fail 전환 후 기준)

NBME CBSSA(200문제×여러 Form)
- 출제기관 공식 모의고사
- NBME 모의고사를 65% 이상으로 2개 이상 pass하면 USMLE를 2주 이내 응시 시 합격 확률 96%
- NBME Self-Assessments

Free 120
- NBME 무료 모의고사, 시간 관리 연습 최적
- Free 120 Practice

Blueprint
- Blueprint USMLE Prep

3.3 암기 및 복습 도구

Anki(The AnKing Deck)

- Spaced repetition 기반 플래시 카드
- Anki Web
- Android/Mac 무료, iOS $25
- 주요 카드 세트:

    Zanki: Step 1 전용

    AnkiHub: $5/월 구독, Sketchy, Pathoma, B&B 등과 연동

    AnKing deck: 기초의학에서 가장 널리 사용

Sketchy
- 시각적 연상 기법으로 미생물 · 약리학 암기 지원

Mehlman HY
- 무료 자료 및 개인 과외 제공
- Mehlman Medical
- 'HY Arrows'는 미국 의대생 후기에서 많이 언급되는 유용한 자료
- 과외 옵션:

    Senior tutor: $561/시간

    Team tutor: $185/시간

    시간 증가에 따른 할인율 적용

Dirty Medicine
- 시험 직전 High-Yield 최종 정리용
- 무료 YouTube 채널

4. 온라인 강의 플랫폼

강의명	특징
Kaplan Step 1	• 270+시간 Live Online 강의 • Q-Bank, Lecture Notes, On Demand 영상 제공 • Kaplan Test Prep
Lecturio	• 7,000개 이상 영상 강의 • 통합 Q-Bank (First Aid 연계) 및 학습 스케줄 제공 • Lecturio Medical

다양한 온라인 과외 플랫폼도 이용 가능(시간당 $200–600)

5. 실전 팁

5.1 시험장 준비

Prometric 연습 시험

- Prometric 센터에서 실제 시험 환경과 유사한 연습 시험 경험 가능(유료)
- 시험장 분위기, 컴퓨터 사용, 휴식 시간 활용 등 미리 체험
- 현장 소음이 거슬릴 경우에 대비, 귀마개 준비

시험 당일 준비물

- 물: 라벨이 없는 투명한 병만 허용
- 의약품: 투명 비닐봉지에 담아야 함(목캔디, 기침약 등)
- 복장: 주머니가 적은 바지 권장(재입장 시 보안 검색 시간 단축)

5.2 시간 관리 전략

휴식 시간 전략적 활용

- 집중력이 높은 아침: 휴식 시간 최소화
- 지쳐가는 오후: 잠시 산책, 기분전환으로 에너지 보충
- 화장실 사용, 집중력 유지를 위한 시간 배분을 전략적으로 계획

휴식 시간 중 공부
- 공부 자료를 열람할 수 있지만 장시간 시험으로 인한 피로를 고려하여 충분한 휴식 권장

6. 중년 의사 도전 가이드

USMLE Step 1의 실제 특성

중년 의사들이 우려하는 '기초의학 암기 시험'과 달리, 모든 문제가 임상 환자 상황 속에서 제시됩니다. 임상 경험은 오히려 큰 장점이 됩니다.

실제 예시로 보는 임상 경험의 강점

-약리학

고령 환자가 ciprofloxacin, rifampin 치료 후 warfarin 용량을 두 배로 증량했음에도 INR이 1에서 1.1로 거의 변화 없음. 그 외 환자의 병력, 복용 약물 목록, 바뀐 식단, 음주 패턴 등 생활 습관 정보, 검사 결과 목록을 비롯 다양한 교란 정보가 나열됨.

임상 경험의 장점: 와파린 증량에도 불구하고 INR 변화가 없다는 핵심을 즉시 포착 → 약물 상호작용(CYP450 효소 유도) 추론 가능.

임상경험이 없으면 약물 목록과 검사치 목록에서 의미 있는 정보를 빠르게 찾아내기 힘들고 교란 정보와 연관된 보기에 끌릴 수도 있음.

- 신경해부학

류마티스성 승모판막질환 + 심방세동 환자가 편측 근력 약화, 언어장애로 내원. 이 외에 다양한 교란 정보 제공.

임상 경험의 장점: 전형적인 MCA 뇌경색 패턴을 즉시 인식 가능. 개별 증상을 따로 분석하지 않고 통합적 진단 가능

- 호흡기

흡연력 + 만성 가래 동반 기침 + PFT에서 FEV1: FVC 감소, DLCO 감소 + 흉부 엑스선 양측 아래쪽 폐 hyperinflation. 기타 증상, 청진을 비롯한 기타 이학적 검사 등 장황한 정보.

임상 경험의 장점: PFT 해석을 못해도 흡연력과 만성기침만으로 COPD로 좁혀지고 엑스레이 소견으로 emphysema /폐기종 진단 가능

중년 의사를 위한 실용적 조언

학습 전략의 차이

- 학생의 경우: 교과서 읽고 이해했던 사람들이 USMLE 잘 통과. 족보 암기로만 학교 성적을 유지했던 경우 실패하는 경우가 많음.
- 임상 경험의 장점: 임상을 통해 지식이 통합이 한 번 됐고 현장에서 접한 패턴 인식 능력

효율적 학습 방법

- 정확한 내용을 기억하지 못해도 대략적 개념이 있다면 문제 풀이 중심 학습이 효과적

- 새로운 교재를 1페이지부터 학습하기보다는 문제은행을 활용하여 참고용으로 사용

실제 성공 사례
- Step 1 교재 별도 구입 없이 문제은행만 활용하여 합격
- 기존 국시 공부 자료로 모르는 내용 보충
- 주의: 교재만 구입하고 1페이지도 못 넘긴 실패 사례 다수(학생처럼 학습을 다시 하는 것은 거의 불가능)

경쟁력 관점
- 중년 의사들의 의사로서 쌓아온 경력과 경험이 이미 충분한 경쟁력
- USMLE에서 고득점 불필요, 통과만 하면 됨
- 높은 강도의 전공의 노동을 견딜 수 있다는 증명(예: 마라톤 완주)이 선발에 더 도움될 수 있음

결론
중년의 나이에 USMLE Step 1 도전은 생각보다 훨씬 도전해볼 만합니다. 임상 경험과 지식은 이미 큰 자산이며, 기초의학을 임상적 맥락에서 접근하는 USMLE의 특성상 젊은 의대생들보다 유리한 점도 많습니다.

마지막 업데이트: 2025년 6월 기준

주의사항: 가격 정보 및 외부 링크는 정기적 확인이 필요하며, 최신 정보는 각 공식 사이트에서 확인하시기 바랍니다.

USMLE Step 1 실전 가이드

실전 가이드 섹션은 최근 응시자들의 후기를 모아 정리한 내용입니다.

시험장 환경 및 준비사항

일반적으로 적용되는 사항들

- 시험 소요 시간: 실제 7블록 연속 응시로 상당한 체력 소모
- 재입장 절차: 블록 간 휴식 후 보안 검색 반복으로 시간 소요
- 복장 권장 사항: 주머니 적은 복장으로 검색 시간 단축 가능
- 교통편: 시험 당일 교통상황 미리 확인 권장

학습 자료 현실적 한계점

많은 응시자들이 경험하는 공통 사항들

- First Aid 완독의 어려움: 1000페이지 분량 시험 전 재독 현실적 제약
- 강의 완주의 시간 부담: 모든 강의 수강보다 선택적 활용이 효율적
- Ethics 과목의 특수성: 문화적/언어적 차이로 인한 추가 학습 필요

Step 2 연관성 고려사항

교육과정 연계 관점에서 중요한 영역들

1. 한국 의과대학 과정에서 다루지 않는 질환들

  a. Cystic fibrosis, Multiple sclerosis 등

  b. 향후 임상에서 필요한 지식

 2. 약물 기전 이해

  a. 단순 암기보다 원리 이해 중심

  b. Step 2 약리학 기초 제공

 3. Microbiology

  a. Step 1과 Step 2 범위 중복

  b. 체계적 정리 시 장기적 효율성

개별 경험 참고사항

다음은 개인적 경험으로, 모든 응시자에게 적용되지 않을 수 있습니다

 학습량 관련 경험담

- 일부 응시자는 하루 60문제를 선택(해설 학습 시간 고려)
- 2회독보다 1회독 + 오답 복습을 선호하는 경우 있음
- 정답률 80-90% 달성 시 추가 회독 생략한 사례 있음

 모의고사 활용 경험

- 공부 초기(1주일 후) 실력 진단용 모의고사 응시 사례
- 시험 일정 결정을 위한 중간 점검용 활용
- 최종 점검용으로 여러 모의고사 집중 응시

 Anki 활용 패턴

- 문제 풀이와 병행하여 하루 40분-1시간 투자
- 오답 문제 복습용으로 filtered deck 활용

- 주말 집중 복습 루틴 활용

중년 의사 관련 경험담

- 문제은행 중심 학습으로 성공한 사례

  full-time 진료 외 시간에 하루 20문제로 시작하기도

- 기존 국시 자료 활용으로 익숙한 교재 사용
- 교재만 구입 후 전혀 활용하지 못한 사례들

개인 성향/상황에 따른 고려사항

응시자마다 개인차가 있어 각자의 성향과 상황에 맞게 고려해야 하는 사항들입니다.

학습 배경에 따른 전략 조정

- 졸업 시기: 최근 졸업 vs 졸업 후 시간 경과에 따른 기초 지식 상태
- 임상 경험: 임상 패턴 인식 능력과 기초의학 연결 정도
- 기초 지식 수준: 개인별 강점/약점 과목에 따른 학습 시간 배분

개인별 학습 방식 선택

- 학습량 결정: 하루 20-120문제까지 다양(해설 학습 시간 고려)
- 회독 전략: 완벽한 1회독 vs 빠른 2회독 vs 오답 중심 복습
- 자료 선택: 강의 중심 vs 문제 중심 vs 교재 중심 학습
- 암기 도구: Anki 활용 vs 전통적 노트 정리 vs 반복 읽기

시간 및 환경 고려사항

- 준비 기간: 1.5개월부터 6개월 이상까지 개인 상황에 따라 조정

- 집중 가능 시간: Full-time vs Part-time 학습 환경
- 정신적 지원: 혼자 학습 vs Study mate 활용
- 일정 관리: 엄격한 스케줄 vs 유연한 진도 조절

개인별 확인이 필요한 사항

다음은 개인차가 큰 영역으로, 본인에게 맞는 방법을 찾기 위해 확인이 필요합니다:

1. 적정 학습량: 본인의 집중력과 이해 속도에 맞는 하루 문제 수
2. 효과적 회독법: 본인의 암기 스타일과 시간 여유에 따른 복습 방법
3. 취약 과목 대응: 개인별 강약점에 맞는 추가 자료 및 시간 투자
4. 스트레스 관리: 장기간 준비 과정에서의 동기 유지 및 컨디션 관리

중요: 타인의 성공 사례를 맹목적으로 따르기보다는, 본인의 학습 스타일과 상황에 맞는 전략을 수립하는 것이 중요합니다.

본 가이드는 실제 응시 경험을 바탕으로 작성되었으나, 개인차가 클 수 있으므로 참고용으로만 활용하시기 바랍니다. 공식 USMLE 정보와 함께 종합적으로 판단하시기 바랍니다.

4　USMLE Step 2 CK (Clinical Knowledge)

1. 시험 개요 및 구조

목적

임상 지식과 기술, 환자 진료에 필요한 임상의학의 이해를 평가하여, 감독하에 안전하고 유능하게 진료할 수 있는 능력을 확인합니다. 질병 예방과 건강 증진에 관한 내용도 포함됩니다.

시험 형식

- 총 문항 수: 최대 318문항(각 블록당 최대 40문항)
- 블록 구성: 8개 블록, 각 블록 60분
- 시험 시간: 9시간(8블록 + 휴식 및 튜토리얼 포함)

휴식 및 튜토리얼

- 튜토리얼: 15분(선택적)
- 휴식 시간: 최소 45분 + 미사용 튜토리얼 시간(최대 15분) = 최대 60분 휴식 가능

채점 방식

- 점수 체계: 3자리 숫자 점수(1~300점) 및 Pass/Fail 결과 제공
- 합격 기준: 209점(2024~2025년 기준)
- 평균 점수: 약 245점
- 경쟁력 있는 점수: 230~240점 이상(전공별 상이)

재응시 제한

- 연간 제한: 12개월 내 최대 3회 응시
- 재응시 대기 기간: 실패 후 60일

시험 장소

- Prometric 시험장에서 컴퓨터 기반으로 시행

2. 시험 내용

주요 평가 영역

- 진단, 환자 관리, 질병 예방, 건강 증진
- 임상적 의사결정, 의료 윤리, 사회적 요인 등

문제 유형

- 단일 환자 사례 기반 객관식 문제
- 표 · 그래프 · 영상 등 자료 해석 문제 포함
- 논문 초록(abstract) 기반 문제
- 오디오/비디오 자료 포함 문제

내용 분포(16개 시스템)

주요 임상 과목:

- 내과, 소아과, 외과는 organ system으로 통합되어 출제
- 내과가 전체의 50% 이상 차지

전문 분야:

- 산부인과(2개 시스템):

    Pregnancy, childbirth, puerperium: 4–6%

Female reproductive system & breast: 4-6%
- 정신과(Behavioral system): 6-8%
- 신경과(Nervous system & special senses): 6-8%

특별 영역:
- 의학통계, 역학, 예방의학, 논문 해석: 3-5%
- 의료 윤리, 의료법, 의료 시스템, 환자 안전: 10-15%

3. 핵심 준비 전략

3.1 개념 정리

- First Aid for the USMLE Step 2 CK: 임상 과목별 핵심 요약 및 빠른 복습에 적합
- Kaplan, Lecturio 온라인 강의

3.2 문제 풀이 연습

자원	사이트	요점
UWorld	UWorld Step 2 CK	실제 시험 스타일 문제 · 상세 해설 제공 → 오답 노트 필수
NBME CBSSA	NBME Self-Assessments	공식 모의고사(출제기관 제작) → 약점 진단 · 점수 예측
Free 120	Free 120 Step 2	NBME 무료 모의고사 · 시간 관리 연습 최적
USMLE-Rx	USMLE-Rx	First Aid 저자들이 제작
AMBOSS	AMBOSS	상세한 해설과 라이브러리 제공
Kaplan	Kaplan USMLE	종합적 강의 및 문제은행

3.3 암기 · 복습 도구

- Anki (AnKing Deck): Spaced-repetition 기반 플래시 카드
- Sketchy: 시각적 연상법으로 미생물 · 약리학 암기 지원
  - Step 1 준비에 주로 활용되지만 Step 2에서 감염병의 원인균, 항생제 선택, 약물 부작용, 상호작용 등은 임상적 의사결정에 필요
- Mehlman HY / Dirty Medicine: 시험 직전 High-Yield 최종 정리

4. 온라인 강의 플랫폼

플랫폼		특징
Kaplan	KAPTEST	1,100+ 비디오 강의(230시간 이상) · Q-Bank · Lecture Notes 제공
Lecturio	Lecturio	7,000+ 강의 영상 · 2,200+ Step 1 Q-Bank 문항 · First Aid 연동 설명
Boards and Beyond	B&B	260개 영상, 슬라이드 PDF 제공, 1300개 문제은행
Divine Intervention	Divine Ix	무료 podcast, 유료 개인 과외
Emma Holiday Videos	EmmaHolidays	무료 비디오. 전체적인 큰 그림을 잡기에 좋음. 미국 의대생들 사이에서 인기
Dr. High Yield	Dr HighYield	내외산소와 정신과를 다루는 유튜브 비디오. 시험 1주 전 집중 학습용

마지막 업데이트: 2025년 6월 기준

주의사항: 가격 정보 및 외부 링크는 정기적 확인이 필요하며, 최신 정보는 각 공식 사이트에서 확인하시기 바랍니다.

USMLE Step 2 CK 실전 경험 가이드

실제 응시자 경험을 정리한 정보

시험 준비 현실

- 공부 기간을 고려한 Eligibility period 설정이 첫 난관
- 고려사항: Full-time vs Part-time, Step 1 후 경과 시간, 임상 경험 정도
- UWorld 분량: 약 4,000문제로 상당한 시간 소요

모의고사 활용 전략

- 타이밍: UWorld 절반 완료 시점에서 실력 중간점검용으로 1개 권장
- 예측력 변화: 전통적으로 NBME 10, 11, UWSA1이 예측력 좋다고 알려졌으나 계속 변경됨
- 응시 기준: 모의고사에서 안정적으로 2회 이상 목표점수 달성 시 응시

점수 상승 현황

- 현재 평균: 약 250점으로 지속적 상승 추세

개별 경험 참고사항

효과적인 학습 방법

Organ System별 접근의 장점:

- Random 문제보다 시스템별로 묶어서 푸는 것이 더 효과적
- 같은 내용을 다른 방향으로 제시하는 문제들을 통합 정리 가능
- 해설이 중복되는 부분을 하나로 통합하여 완성된 정리본 작성

구체적 정리 사례:

- HIV: pregnancy management + opportunistic infections + prophylaxis를 하나의 주제로 통합
- Sickle cell: acute pain crisis, acute chest syndrome, aplastic crisis 등을 complication으로 묶어서 이해

정리 방법의 현실

개인 정리의 필요성:

- Step 1과 달리 잘 정리된 하나의 자료가 부족
- 기존 참고 자료들이 UWorld 해설만큼 자세하지 않음
- 해결책: 장기별로 나누어 질환별 해설을 워드에 수집

정리 작업의 효과:

- 1회독 시 정리 작업을 해두면 2회독이 비교적 편함
- 여러 문제의 해설을 모으면 하나의 완성된 정리본이 됨

한국과 미국의 차이점

진료 가이드라인 차이:

- 영상검사 순서: CT부터 시행하면 오답인 경우
- 고혈압 기준: 미국은 130/80(1기), 한국은 여전히 전 단계 유지
- 적응: 대원칙은 동일하므로 금방 적응 가능

생소한 질환들:

- Celiac disease, Hereditary Hemochromatosis 등 한국에서 드문 질환
- Endemic fungus (histoplasmosis 등)
- 대응법: 교과서보다는 문제를 통해 다양한 임상 표현 익히기

최근 출제 경향 변화

- Buzzword 감소: 특정 단서를 주는 경우가 줄어듦
- 정보 간소화: 제시문이 간단해져서 정보 부족함을 느낄 수 있음
- 복합적 사고 요구: 단순 암기보다는 실제 상황 적용 능력 중요

Alternative 치료의 중요성

실제 임상 상황 반영:

- First-line만으로 부족, 다양한 상황에서의 대안 필요
- 약물 알레르기가 있을 경우의 대체 방안
- 환자별 특수 상황 고려한 치료 선택

참고 자료 활용의 한계

시간 vs 깊이의 딜레마:

- CDC guideline, UpToDate 등 상세 자료 이용 가능
- 권장: 시간 부족 시 NBME 오답 위주로 집중 학습

특별 영역 대비 전략

Risk Factor & Screening 대비

어려운 이유:

- 대비 자료 부족으로 어려움 경험
- USPSTF 권장 사항의 지속적 변화

효과적 대비법:

- USPSTF recommendation을 일찍부터 암기
- 위험군별 세분화된 screening 기준 숙지
- 가이드라인 변경사항 정기 확인

Ethics 영역의 특수성

높은 비중: Social sciences (Ethics)가 상당한 비중 차지

핵심 원칙: '환자가 더 많이 말하게 하는' 선지를 선택하는 것이 기본

필수 주제들:

- Quality Improvement models
- 동료 의사의 부적절한 행동 대처법
- 미국 의료보험제도 이해

시험 당일 대비

체력 관리
- 9시간 시험: 상당한 체력 소모와 집중력 저하 예상
- 시뮬레이션: 4블록짜리 모의고사 2개를 하루에 풀어서 연습
- 수능 모의고사와 유사: 비슷한 시간대로 여러 차례 연습 권장

정신적 준비

현실적 기대치:
- 완벽하게 준비하고 볼 수 있는 시험이 아님
- 점수가 낮아도 다른 부분(연구, 미국 connection 등)으로 보완 가능

동기 유지:
- 스터디 그룹의 중요성: 익명 오픈 카톡방 활용 추천
- 질의응답 및 상호 동기부여 효과

일정 관리의 유연성

USMLE만의 특징:
- 의대 시험과 달리 본인이 날짜 변경 가능
- 준비가 부족하면 연기하는 것이 현명
- Fee를 내더라도 후회 없는 선택 권장

개인 성향에 따른 고려사항

정리 방식 선택
- 개인 정리본을 사용한 사례
- 국시 수험서에 문제 풀면서 정리한 내용 메모

- 기존 자료 활용: Amboss Library, Step 2 CK 교재 필기
- 본인 학습 스타일에 맞는 선택이 중요

문제 풀이 순서

- 시스템별 vs Random: 개인차 존재
- 시스템별 장점: 통합적 이해, 반복 학습 효과
- 본인의 집중력과 이해 패턴 고려하여 결정

중요: 이 가이드는 개인 경험을 바탕으로 한 것으로, 모든 응시자에게 동일하게 적용되지 않을 수 있습니다. 본인의 학습 스타일과 상황에 맞게 선택적으로 활용하시기 바랍니다.

5 OET Medicine

1. 개요

1.1 목적 및 중요성

OET Medicine은 의료 전문가의 영어 의사소통 능력을 평가하는 전문 시험으로, ECFMG 인증 과정에서 USMLE Step 2 CS를 대체합니다.

ECFMG 요구사항(2025년 기준):

- 2025 Match 참여자: 2023년 1월 1일 이후 시험 성적 필요
- 2026 Match 참여자: 2024년 1월 1일 이후 시험 성적 필요
- 영어 원어민 포함 모든 IMG 의무 응시

1.2 시험 구조 OET test overview

영역	시간	형태	평가 내용
Listening	40분	객관식 42문항	의료 환경 대화, 강의 이해
Reading	60분	객관식 42문항	의료 문서, 논문 독해
Writing	45분	서술형	의뢰서, 퇴원 요약서 작성
Speaking	20분	면담형	환자 상담 역할극(2회)

2. 점수 체계 및 합격 기준

2.1 점수 산정

- 점수 범위: 0-500점(10점 단위)
- 등급 체계: A(최고) - E(최저)
- 각 영역별 독립 평가: 영역별로 별도 점수 및 등급 부여

2.2 ECFMG 합격 기준

최소 요구사항:

- Writing은 300점 이상, 나머지 3개 영역은 350점 이상
- 단일 시험에서 모든 영역 합격 필요
- 불합격 시 전 영역 재응시 필요

점수별 등급:

점수 범위	등급	의미
450-500	A	탁월
350-440	B	우수(ECFMG 요구 수준)
300-340	C+	양호
200-290	C	보통
100-190	D	미흡
0-90	E	불충분

3. 시험 형태 및 예약

3.1 시험 형태 선택

Computer-Based Test(추천):

- 장점: 빠른 결과(10일), 유연한 일정, 수정 용이
- 가능 일정: 월-토요일

- 결과 발표: 시험 후 10일

Paper-Based Test:

- 장점: 전통적 형태, 대면 Speaking 시험
- 가능 일정: 토요일만
- 결과 발표: 시험 후 16일

OET@Home:

- 원격 감독하에 자택 응시
- 별도 자격 요건 확인 필요

3.2 예약 및 비용

- 예약 사이트: booking.oet-global.com
- 시험 비용: 586 AUD(약 $455 USD)
- 예약 마감: 시험일 7일 전
- 재시험: 횟수 제한 없음

4. 영역별 안내

4.1 Listening(40분, 42문제)

구성:

- Part A: 5분의 환자-의사 대화 내용 듣고 빈칸 채우기
- Part B: 현장 대화-팀 브리핑, 인계 등(단답형 질문)
- Part C: 5분의 프레젠테이션 혹은 인터뷰를 듣고 다지선다형 질문

평가 기준:

- 의료 현장에서의 청취 이해
- 주요 정보 및 세부 사항 파악
- 화자의 태도 및 의견 인식

준비 전략:

- 호주, 영국 영어 음성에 익숙해지기
- 의료 전문 용어 청취 연습
- 공식 샘플 테스트 활용

4.2 Reading(60분)

구성:

- Part A(15분): 속독 – 하나의 주제에 관한 4개의 짧은 텍스트에 관한 20개의 문제
- Part B(Part C와 합쳐서 45분): 6개의 정책, 매뉴얼, 내부 문서, 이메일, 메모 등에 관한 각각 1개의 객관식 문제
- Part C: 긴 글 독해(8-10문제)

준비 전략:

- 질문을 먼저 읽고 본문 스캔
- 의학 논문 읽기 연습
- 함정 선택지 구별 능력 향상

4.3 Writing(45분)

과제 유형:

- 의뢰서(Referral Letter): 가장 일반적

- transfer, discharge, complaint, inform(patient, carer)의 문서 작성이 나올 수도

평가 기준(6개 영역):

1. Purpose(목적성):
    - a. 문서 목적의 명확한 제시
    - b. 두괄식 구성
2. Content(내용):
    - a. 필수 정보 포함
    - b. 정확성 및 관련성
3. Conciseness & Clarity(간결성):
    - a. 적절한 길이
    - b. 명확한 표현
4. Genre & Style(문체):
    - a. 전문적 의료 문서 형식
    - b. 적절한 어조
5. Organization & Layout(구성):
    - a. 논리적 문단 구성
    - b. 명확한 구조
6. Language(언어):
    - a. 문법, 어휘, 철자 정확성

작성 전략:

- 5분 정보 검토 후 40분 작성

- 필요한 정보만 선별적 포함
- 불필요한 정보 제외
- 전문 의료 용어 적절히 사용

4.4 Speaking(20분)

구성:
- 2개 역할극(각 5분)
- 3분 준비 시간 제공
- 의사–환자/보호자 상황

평가 기준:

1. Linguistic Criteria(언어적 기준, 각 0–6점):
    - Intelligibility: 발음 명확성
    - Fluency: 유창성 및 자연스러운 속도
    - Appropriateness: 상황에 맞는 언어 사용
    - Resources: 문법 및 어휘 다양성

2. Clinical Communication Criteria(임상 의사소통, 각 0–3점):
    - Relationship Building: 신뢰 관계 형성
    - Understanding Patient Perspective: 환자 관점 이해
    - Providing Structure: 면담 구조화
    - Information Gathering: 효과적 정보 수집
    - Information Giving: 적절한 정보 제공

5. 시험 준비 전략

5.1 준비 기간

- 일반적 준비 기간: 2-3개월
- 영어 실력에 따라 조정
- 재시험 가능하므로 과도한 부담 불필요

5.2 공식 자료 활용

- OET 공식 웹사이트: oet.com
- 무료 샘플 테스트: 5개 제공
- Official Guide Book: 정독 필수
- Grading Criteria: 채점 기준 숙지

5.3 추천 학습 자료

- 공식 OET Store: 영역별 강의 구매 가능
- 온라인 강의: Specialist Language Courses, Kaplan, E2 Language

  https://specialistlanguagecourses.com/what-is-the-occupational-english-test-oet/

  https://www.kaplaninternational.com

  https://www.e2language.com/ko
- 의료 영어 어휘: 전문 용어집 활용

5.4 모의시험 전략

- 전체 난이도 편차가 크므로 모든 샘플 테스트 응시
- 시간제한하에 실전 연습
- 약점 영역 집중 보완

6. 시험 후 절차

6.1 결과 확인

- Computer-Based: 시험 후 10일
- Paper-Based: 시험 후 16일
- 온라인 프로필에서 확인 가능

6.2 ECFMG 성적 전송

필수 절차:

1. OET 계정에서 'Manage Verifier Access' 클릭
2. ECFMG를 Organization으로 추가
3. USMLE/ECFMG ID 정보 제공
4. 성적 공개 승인

주의사항:

- 자동 전송되지 않음
- 직접 승인 절차 필요
- 전송 후 ECFMG 처리까지 추가 시간 소요

6.3 재시험

- 재시험 신청: 72시간 내 remarking 신청 가능
- 전 영역 재응시: 한 영역이라도 불합격 시
- 횟수 제한 없음

7. 성공을 위한 핵심 포인트

7.1 Speaking 시험

- 임상 의사소통 기준이 언어적 기준보다 중요
- 환자 중심 의사소통 연습
- 적절한 의료 용어를 일반 용어로 설명하는 능력
- 공감과 구조화된 면담 기법

7.2 Writing 시험

- 목적 명확화가 최우선
- 관련 정보만 선별적 포함
- 전문적이면서도 명확한 문체
- 논리적 문단 구성

7.3 공통 전략

- 의료 맥락에서의 영어 사용 연습
- 실제 임상 상황 시뮬레이션
- 지속적인 모의시험을 통한 시간 관리
- 약점 영역 집중 보완

8. 한국 응시자 특별 고려사항

8.1 시험장 정보

- 한국 시험장: Lexis Korea(강남역)
- 제한된 시험 일정: Computer-Based 우선 고려
- Paper-Based 선택 시 Speaking 대면 진행

8.2 문화적 차이점

- 직접적 의사소통 방식 적응

- 환자 중심 접근법 연습
- 적극적 공감 표현 필요

8.3 준비 시 주의사항

- 토플/아이엘츠와 다른 의료 특화 시험임을 인지
- 임상 경험과 연계한 학습
- 실제 진료 상황 시뮬레이션 중요

참고: 이 안내서는 OET 공식 웹사이트와 ECFMG 요구사항을 기반으로 작성되었습니다. 최신 정보는 반드시 공식 웹사이트에서 확인하시기 바랍니다.

6. Pathway 1 & ECFMG Certification

개요

중요 공지: 2025 Pathways 온라인 신청은 현재 마감되었으며, 2026 Pathways에 대한 정보는 향후 몇 달 내에 공개될 예정입니다.

ECFMG(Educational Commission for Foreign Medical Graduates) 인증서는 미국에서 레지던시 프로그램에 참여하고자 하는 국제 의료진에게 필수적인 자격증입니다.

Pathway 1 vs ECFMG Certificate 구분

- Pathway 1 승인: 임상 및 의사소통 기술 요구사항 충족
- ECFMG Certificate: Pathway 승인 + 의과대학 학위 검증 완료

Pathway 1 기본 요구사항

1. 시험 통과 필요 항목
   - USMLE Step 1(합격)
   - USMLE Step 2 CK(합격)
   - OET Medicine(ECFMG 기준)

2. 면허 요구사항
   - 한국 의사 면허: 2020년 1월 1일 이후 발급받은 무감독 진료 면허

- Step 2 CS 실패 이력 없음: Step 2 CS를 한 번이라도 실패한 경우 Pathway 6만 신청 가능

중요 날짜 및 마감일

2025 Match 기준(참고용)
- 신청 마감: 2025년 1월 31일 동부 표준시
- Certificate of Good Standing 제출 마감: 2025년 1월 31일
- 권장 완료 시기: 인터뷰 시즌 시작 전(보통 9월 이전)

유효기간
- OET 점수: 2023년 1월 1일 이후 응시 결과만 유효
- Certificate of Good Standing: 발급일로부터 90일 이내

Certificate of Good Standing(한국 면허 증명서)

신청 방법

1. 보건복지부 면허민원 사이트에서 증명서 발급 신청
2. 용도: 'Certificate of Good Standing' 또는 'ECFMG Certification'으로 기재
3. 수령 방법:

   선호 방법: 발급 기관이 직접 licensure@ecfmg.org로 발송

   우편 발송 후 직접 이메일 전달 요청 가능

필요 정보
- 영문 성명

- ECFMG ID
- 면허 번호
- 발급 요청 사유

ECFMG Certificate 발급 과정

1단계: Pathway 1 신청

1. OASIS 로그인(USMLE/ECFMG ID 사용)
2. 신청서 작성(5일 내 완료 필수)
3. OET 점수 확인(자동 입력)
4. 면허 정보 입력 및 증명서 제출

2단계: 의과대학 학위 검증

1. 졸업 증명서 제출

    영문 학위기 스캔(공증 필요할 수 있음)

    한글 학위기만 있는 경우 반드시 공증 필요

2. 학교 검증 요청

    ECFMG에서 학교에 직접 검증 요청 발송

    학사과/국제협력실에 협조 요청

    ECFMG ID와 영문 성적증명서 제공 권장

3단계: Certificate 발급

- 소요 기간: 3-4주(여유 있게 계산)
- 배송 방법: FedEx 국제우편
- 주소 기재 시 주의사항:

아파트 동/호수 명확히 기재

우편번호 필수

'South Korea' 국가명 포함

중요 주의사항

Certificate 만료

- Pathway 기반 ECFMG Certificate는 만료일이 있음(2025 Pathways 는 2027년 12월 31일 만료)
- 영구 유효화 조건:

  미국 ACGME 인증 GME 프로그램에서 12개월 이상 임상 교육 완료

  미국 주 또는 워싱턴 DC에서 무제한 의료 면허 취득

7년 규칙

첫 USMLE 시험 합격 후 7년 내에 모든 요구사항을 완료해야 함

비용

- Pathway 신청비: 별도 안내 확인 필요
- Certificate of Good Standing 발급비: 한국 기준
- 배송비: FedEx 국제우편비

자주 묻는 질문 FAQ

Q1: 졸업 후 Step 시험 접수 시 이미 학교 검증을 받았는데 다시 해

야 하나요?

A: 네, ECFMG Certificate 신청 시에는 별도의 학교 검증이 필요합니다.

Q2: 학위가 '의학사'인데 학위기에 'Doctor of Medicine'이라고 되어 있습니다.

A: 문제없이 처리됩니다.

Q3: Certificate가 발급되었다고 나오는데 받지 못했어요.

A: ECFMG에 직접 전화하여 추적번호를 확인하고 재발송을 요청하세요.

연락처

- ECFMG 이메일: info@ecfmg.org
- 면허 관련: licensure@ecfmg.org
- 웹사이트: https://www.ecfmg.org

2026 준비사항

2026 Pathways부터는 새로운 요구사항이 적용될 예정이므로, ECFMG 뉴스 페이지를 정기적으로 확인하여 최신 정보를 받아보세요.

참고사항: 이 가이드는 2025년 6월 기준으로 작성되었으며, ECFMG 정책은 변경될 수 있습니다. 항상 공식 ECFMG 웹사이트에서 최신 정보를 확인하시기 바랍니다.

7. USMLE Step 3

1. 개요

목적

Step 3는 미국에서 의사로서 독립적으로 진료할 수 있는 능력을 평가하는 마지막 시험입니다. 임상 지식과 기술, 환자 관리, 의사결정, 예방, 윤리 등 실제 의료 현장에서 필요한 역량을 종합적으로 평가합니다.

평가 범위

- Supervised 환경(레지던트)이 아닌, 독립적 진료 환경(개원의, 일반의 역할)을 가정
- 실제 일반의가 마주할 수 있는 임상 상황들을 평가
- 미국 각 분야의 전문가와 주 의료위원회 위원이 시험 출제에 참여

2. 시험 형식 및 구조

2일간 시행

Day 1: Foundations of Independent Practice (FIP)
- 문항 수: 232문항
- 구성: 6블록, 각 블록 38–39문항, 60분/블록
- 형식: 컴퓨터 기반 MCQ(다지선다형)

- 소요 시간: 약 7시간(휴식 포함)

Day 2: Advanced Clinical Medicine (ACM)
- 문항 수: 180문항 + 13개 CCS (Computer-based Case Simulations)
- 구성: 6블록, 각 블록 30문항, 45분/블록
- 형식: 컴퓨터 기반 MCQ + 환자 관리 시뮬레이션
- 소요 시간: 약 9시간(휴식 포함)

휴식/튜토리얼
- 튜토리얼: 각 날짜별로 5분(선택적)
- 휴식 시간: Day 1은 45분, Day 2는 45분 + CCS 7분 튜토리얼
- 시간 활용: 미사용 튜토리얼 시간은 휴식에 추가 가능

채점 방식
- 점수 체계: 3자리 숫자 점수(1-300점) 및 Pass/Fail 결과 제공
- 합격 기준: 200점(2024년 1월 1일부터 198점에서 2점 상승)
- CCS 영향: Computer-based Case Simulations 점수도 전체 점수에 반영
- 합격률: 미국 의대 졸업생 약 97%, IMG 약 91%

재응시 제한
- 최대 응시 횟수: 4회(모든 USMLE Step 공통)
- 재응시 대기 기간: 실패 후 60일

시험 장소
- 미국 내에서만 시행(한국에서는 불가능)
- 미국령 포함: 괌, 하와이 등에서도 응시 가능

- Prometric 시험장에서 시행

3. 시험 내용

Day 1 (FIP) 주요 영역

- 진단 및 관리: 병력 청취, 신체검사, 진단 검사 활용
- 기초 의학의 임상 응용
- 의학통계 및 역학: 논문 해석, 연구 설계
- 의료 윤리, 의사소통, 환자 안전

Day 2 (ACM) 주요 영역

- 환자 관리: 예후 판정, 치료 계획, 의료적 의사결정
- 건강 유지 및 스크리닝: 예방의학, 건강 증진
- 치료: 약물 치료, 수술적 치료 결정
- CCS (Case Simulations): 실제 환자 관리 전 과정 시뮬레이션

평가 과목

내과, 외과, 소아과, 산부인과, 정신과, 응급의학 등 다양한 임상 과목의 일반의 수준에서 필요한 지식

4. 시험 신청 및 실무 정보

신청 절차

1. 신청 기관: FSMB (Federation of State Medical Boards) 웹사이트에서 온라인 신청
2. 자격 요건: Step 1, Step 2 CK 합격 + ECFMG Certificate 필요

3. CID 서류: Certificate of Identity Form 공증 및 제출 필요

4. 스케줄링: 승인 후 Prometric에서 시험 날짜 예약

비용(2025년 기준)

- 등록비: $935(FSMB 수수료)
- 3개월 응시 기간: 등록비에 포함
- 추가 비용: 재스케줄링 시 추가 수수료 발생

결과 발표

- 소요 시간: 시험 후 2-4주 후 결과 발표
- 지연 가능성: 최대 8주까지 소요될 수 있음

5. 핵심 준비 자료

필수 문제 은행

UWorld Step 3 QBank

- 실제 시험과 유사한 문제 유형, 상세 해설 제공
- 가장 널리 사용되는 주요 자료
- Day 1, Day 2 모두 대비 가능

AMBOSS

- UWorld에 지친 경우 대안으로 활용
- 일부에서는 UWorld보다 선호하기도 함

CCS (Case Simulations) 대비

CCScases.com

- Step 3 CCS 대비 필수 사이트

- 다양한 케이스와 상세한 설명 제공
- 실제 시험 인터페이스와 유사한 연습 환경

USMLE 공식 CCS 연습

- 공식 사이트에서 제공하는 6개 CCS 케이스
- 실제 시험과 동일한 문제가 출제되는 경우도 있음
- 연습 케이스는 꼭 풀어보기를 권함

모의고사

- UWSA (UWorld Self-Assessment)
- NBME 모의고사(형태가 다를 수 있음)

6. Step 3의 특수성

다른 Step과의 차이점

- 포괄적 관리: 진단뿐만 아니라 장기적 관리 계획 수립
- 실제 진료 시뮬레이션: CCS를 통한 실제 환자 관리 경험

완벽한 대비의 어려움

- 광범위한 출제 범위: 모든 임상 과목을 일반의 수준에서 다뤄야 함
- 제한된 대비 자료: Step 1, 2에 비해 상대적으로 자료 부족
- 실전 경험 필요: 실제 임상 경험이 있으면 유리

7. 실전 준비 사항

체력 관리

- 2일 연속 시험: 총 16시간의 장시간 시험

- 시차 적응: 미국 현지 시험으로 인한 시차 고려
- 컨디션 관리: 충분한 휴식과 체력 준비 필요

일정 계획
- 미국 방문 계획과 연계하여 효율적 일정 수립
- 시험장 선택: 일부 시험장은 주말에도 운영

점수 목표
- 합격 중심: Pass만 목표로 하는 경우가 많음
- 점수 중요도: Step 2에 비해 상대적으로 낮은 중요도
- 만회 기회: Step 2 점수가 낮았다면 Step 3에서 만회 가능

마지막 업데이트: 2025년 6월 기준

USMLE Step 3 실전 경험 가이드

실제 응시자 경험에서 추출한 고유 정보

접수 과정의 현실

FSMB 접수의 특수성:

- ECFMG OASIS가 아닌 FSMB에서 접수(Step 1, 2와 다름)
- 미국 전화번호, 주소 기재 필요하지만 실제 연락은 이메일로만
- USMLE ID 외의 SSN, AOA는 해당사항 없음이 정상

CID (Certificate of Identity) 공증:

- 온라인 접수 후 반드시 공증받아 제출해야 하는 서류
- 미국 대사관(indefinite 처리) vs 한국 공증사무실 vs NotaryCam 선택 가능
- 중요: 접수 시 다운로드 받은 정확한 CID form 사용 필수

시험장 및 일정의 현실

미국 내에서만 응시 가능:

- 비행기, 숙소 등 추가 비용과 계획 필요
- 시차 문제로 인한 컨디션 난조 주의
- 장기간 미국 방문(옵저버십 등)과 연계 시 유리

시험장별 차이점:

- 한국 Prometric과 달리 일부 미국 시험장은 토요일 운영
- 월-금 옵저버십 + 토요일 시험 같은 효율적 일정 가능

개별 경험 참고사항

준비 기간의 현실

개인차에 따른 유연성:
- Step 2 직후라면 1–2개월 정도로 충분할 수 있음
- 패스만 목표라면 모의고사 1회 후 점수에 따라 결정
- 경험 법칙: Step 2 점수에서 −20점 정도가 Step 3 예상 점수

완벽한 대비의 어려움:
- 출제 범위 특정이 어렵고 대비 자료도 상대적으로 부족
- 미국 레지던트 1년차들이 모두 보는 시험이라는 현실
- Step 1, 2 충실히 했다면 새로운 유형(CCS)만 적응하면 무난

자료 선택의 실제

문제 은행 선택:
- UWorld vs AMBOSS 중 개인 취향에 따라 선택
- UWorld를 Step 1–2에서 계속 써서 지겨워 AMBOSS로 변경하는 경우도 있음
- 각자의 학습 패턴에 맞는 선택이 중요

CCS 대비의 필수성:
- UWorld에도 약 40문제 있지만 CCScases.com이 더 상세하고 케이스 많음
- USMLE 공식 사이트 6개 연습문제는 실제 시험과 동일 문제 출제 가능

CCS 대비의 핵심 포인트

인터페이스 이해

탭 구성과 기능:

- Interval Hx or PE: 처치 후 경과 확인
- Write orders or review chart: 새 오더 입력 및 기존 결과 확인
- Change locations: 입원/퇴원/외래/응급실 등 위치 설정

시간 개념의 이해:

- Real time: 실제 시험 시간(제한된 자원)
- Simulated time: 케이스 내 시간(7일 후 follow-up 등)

실전과 유사한 진료 원칙

응급 상황 대응:

- Lab 검사에 매몰되지 말고 응급처치 우선
- 예: Tension pneumothorax → oximetry, needle thoracostomy 먼저
- PE 먼저 하고 admit 버튼 클릭

표준 진료 수칙:

- 영상검사 전 b-hCG 검사 필수 확인
- Discharge 시 IV medication을 PO로 변경
- 외래 follow-up을 여러 차례 해야 호전되는 경우 많음

효율적인 학습 전략

오더 세트 개발:

- 나중에 케이스가 쌓이면 주 증상별 오더 세트 만들기 권장

- Fever, altered mental status 등에 따른 필수 감별 검사 목록
- V drug user 등 특수 상황별 추가 검사 항목

환자 교육의 중요성:

- 마지막 2분에 counseling 항목들 몰아서 입력
- 'counsel, instruct' 검색으로 다양한 옵션 확인 가능
- 예방접종, 스크리닝 가이드라인 등도 점수 반영

구체적 CCS 전략

고위험군별 필수 검사 세트

- STD 고위험 환자: Chlamydia, Neisseria, HIV, HepC, HepB, RPR
- IV drug user: 위 검사 + ECG, EchoCG(심내막염 배제)
- 중독 의심: Urine + Serum toxicology screen 모두 필요
- 수술 전: Blood Type & Screen, PT, aPTT, antibiotics

특정 질환별 포괄적 접근

Celiac disease 예시:

- 진단: endomysial antibody(tissue transglutaminase 대신)
- 합병증 검사: 영양결핍 관련 다양한 비타민, 미네랄 검사
- 동반 관리: DEXA scan, 폐렴구균 백신 등
- 치료: gluten-free diet, vitamin D, nutrition 상담

주의해야 할 감점 요소

- 부적절한 침습적 검사: 초음파 먼저 해야 하는데 CT부터 시행

- 과도한 영상검사: 단계적 접근 무시
- 동반 증상 무시: 주 진단과 별개로 nausea 등에 대한 대증치료 필요

학습 자료 활용의 현실

CCScases.com의 특징
- 약물 부작용 모니터링까지 상세하게 요구
- 예: Statin → LFT, Heparin → FOBT, Gentamicin → audiometry + BUN/Cr
- 실제 시험에서 어떻게 채점되는지 불분명하지만 연습용으로 유용

YouTube 참고 자료
- 'The ULTIMATE GUIDE to CCS Cases' (Khalemedic) 등 활용
- 처음 인터페이스 익히는 데 도움
- 개인만의 오더 세트와 순서 개발에 참고

실전 준비의 현실

임상 경험의 중요성

임상 경험자의 장점:
- 응급실 세팅에 대한 이해도 높음
- 실제 진료 흐름에 대한 직관적 이해

임상 경험 부족자의 대비:
- 당연한 것들이 헷갈릴 수 있음에 주의

- 응급실 기본 세팅을 충분히 이해하고 연습

시간 관리의 중요성

연습 단계별 접근:

- 초기: 모든 검사를 다 입력해보는 연습
- 후기: 10분 케이스에서 선택적으로 중요한 것부터 입력
- 실제 시험에서는 time lag도 고려해야 함

개인 성향에 따른 고려사항

자료 선택

- UWorld 연속 사용 vs AMBOSS로 변경: 개인의 학습 패턴과 피로도 고려
- 공식 자료 중심 vs 서드파티 자료 병행: 시간과 목표에 따라 선택

준비 기간

- Step 2 직후: 짧은 준비 기간도 가능
- 시간 간격 있음: 복습 시간 추가 필요
- 목표 점수: 'Pass vs 고득점'에 따른 전략 차이

중요: Step 3는 독립적 진료 능력을 평가하는 시험으로, 실제 임상 상황에 대한 이해가 핵심입니다. 개인의 임상 경험과 학습 스타일에 맞게 준비 전략을 조정하시기 바랍니다.

제3부

미국 전공의 지원 가이드

감수: 오무연

미국 전공의 지원 시스템 안내

염선영, 천효림

1. 지원 전 필수 조건

1.1 ECFMG 인증 요구사항

필수 시험 요건:

- USMLE Step 1(Pass/Fail 시스템)
- USMLE Step 2 CK(3-digit 점수)
- OET Medicine(2021년부터 Step 2 CS 대체)
- 의대 졸업증명서 제출

OET Medicine 요구사항(2025년 기준):

- 2025 Match 참여자는 2023년 1월 1일 이후 OET Medicine 성적 필요
- 3개 영역 모두 최소 350점 또는 B등급 이상 취득 필요

Listening, Reading, Speaking
- Writing 최소 300점 이상 필요
- 일부 자료에서는 writing도 350점 이상을 요구하는 것으로 나오나 ECFMG 공식 기준은 writing 300 ECFMG passing requirement
- 모든 IMG 지원자(영어 원어민 포함) 의무 응시

1.2 비자 자격 확인

J-1 비자(Training 비자):
- 대학병원 전공의 프로그램의 표준 비자
- ECFMG 스폰서십 필요
- 전공의 후 fellowship 연장 가능
- 수련 후 2년 귀국 조항
- 미국 연방 정부 공무원이 되거나 underserved area에서 일정 기간 일하면 귀국 조항 면제

H-1B 비자(취업 비자):
- 일부 병원에서 지원
- 미국인을 고용할 수 없음을 입증하는 절차 필요
- 전공의 후 미국 정착에 상대적으로 유리

2. Electronic Residency Application Service (ERAS) 시스템 개요

2.1 ERAS 타임라인(2025년 기준)

시기	활동
6월 25일	ERAS Token 발급 시작
9월 3일 오전 9시(ET)	지원서 제출 시작 가능
9월 24일 오전 9시(ET)	프로그램에서 지원서 검토 시작
10월-1월	인터뷰 시즌
2월	NRMP 순위 목록 작성 시작
3월 중순	Match Day

2.2 ERAS Signal 시스템(과별 상이)

Signal 시스템은 2023년부터 일부 과에서 도입된 지원자와 프로그램 간의 선호도 표시 방법입니다. 지원자는 자신이 가장 관심 있는 프로그램에 Signal(신호)을 할당할 수 있습니다. 프로그램은 Signal을 받은 지원자에 대해 추가적인 관심을 표시하거나, 지원서 검토 시 우선적으로 고려할 수 있습니다.

2024-2025년 내과 Signal 예시

- Gold Signal(최우선 관심 프로그램):

  개수: 3개

  설명: 지원자가 가장 선호하는 프로그램에 할당. 프로그램에 강한 관심을 보내는 신호.

- Silver Signal(관심 프로그램):

개수: 12개

설명: 관심이 있는 프로그램에 할당. Gold Signal보다는 약하지만, 관심을 표시하는 신호.

- Signal 할당 필요성:

  일부 과에서는 Signal 할당이 필수이지만, 전체 ERAS 시스템에서 모든 과가 Signal을 요구하는 것은 아닙니다.

  내과(Internal Medicine)의 경우, Signal 할당이 필수는 아니지만, Signal을 활용하지 않으면 프로그램에 관심을 표시하지 못하게 되어 불리할 수 있습니다.

  Signal을 할당하지 않고 지원할 수는 있지만, Signal을 활용하는 것이 일반적입니다.

2024-2025년 과별 Signal 정보

- 소아과, 가정의학과, 산부인과, 외과: 5개(single tier)
- 재활의학과: 8개(single tier)
- 정신과, 정형외과: 10개(single tier)

Geographic Signal: 신중한 전략적 접근 필요

기본 구조

- 최대 3개 지역 선택 가능
- 미국 전역을 9개 지역으로 구분
- 'No preference' 선택도 가능

전략적 주의사항(매우 중요!)

특정 지역 선호 시

- 합당하고 납득할 만한 구체적 이유 필수
- 양날의 검: 해당 지역 프로그램은 더 유심히 보지만, 다른 지역은 쓰레기통으로 넘길 가능성
- 위험성: 선택 범위를 크게 제한하는 결과 초래
- 권장: 정말 그 지역이 아니면 안 되는지 확신한 후에만 선택

'어디든 상관없음' 선택 시
- 특정 지역 무관 선택 시에도 보충 설명 추가 권장

설명해야 할 적응력:
- 대도시 vs 시골 환경 적응 능력
- 동부 vs 서부 문화 차이 수용
- 더운 곳 vs 추운 곳 기후 적응
- 이전 경험을 통한 구체적 근거 제시

예시 설명:
- '다양한 지역에서의 거주/학업/업무 경험'
- '문화적 다양성에 대한 개방적 태도'
- '새로운 환경에 대한 적극적 적응 사례'

3. 필수 지원 서류

3.1 공통 필수 서류

서류명	설명	준비 주체	비고
Personal Statement	지원 동기 및 목표	지원자	1페이지 내외
Letters of Recommendation	추천서 3-4통	추천인	EPIC 시스템 통해 업로드
CV	이력서	지원자	ERAS 시스템에서 작성
MSPE	의대 성적증명서	의대	학교에서 직접 제출
USMLE Transcript	시험 성적표	NBME	자동 전송
ECFMG Certificate	인증서	ECFMG	자동 업로드
Photograph	증명사진	지원자	Headshot 스타일 권장

3.2 Medical Student Performance Evaluation (MSPE)

항목	내용
Identifying Information	학생 기본 정보 포함
Noteworthy Characteristics	특기사항 3가지(각 2문장 이내, 실제로는 3단락/주제가 일반적)
Academic History	입학, 졸업, 휴학, 재수강 등 학업 이력
Academic Progress	성적 분포 그래프 포함(학교마다 다름, 공식 가이드에는 명시 없음)
Clinical Rotation 평가	각 과목별 평가 기준 및 요약 코멘트 포함
준비 시 주의사항	최소 2개월 이상 소요, 학장 서명 및 공식 문서, 미국식 평가 용어 사용('excellent' 등)

샘플: UCSF MSPE

3.3 Letters of Recommendation (LoR)

구분	내용
일반 추천서	− 임상 경험이 있는 의사가 작성 − CV/PS와 연계된 내용 − 직접 업로드('waive' 권장)
Internal Medicine Standard Evaluation Letter (IM SEL)	− 내과 과장 추천서는 IM SEL 양식 사용 − ACGME 내과 Milestone 기반 평가 − 표준화된 다지선다 형태 − 내과의 경우 많은 프로그램에서 요구하거나 권장

4. 프로그램 조사 및 선정 전략

4.1 일반적 접근법

리서치 도구:

- FREIDA Database: AMA에서 제공하는 12,000개 이상 프로그램 정보
- Match A Resident: IMG 친화적 프로그램 추천 서비스
- NRMP Charting Outcomes: IMG 매치 통계 분석

중요 확인 사항:

- IMG 매치 비율
- 비자 스폰서십 여부
- USMLE 점수 요구사항
- 연구 업적 기대치

4.2 인생 주제가 뚜렷한 지원자

IMG가 들어간 적 없는 프로그램도 얼마든지 가능함. 지원서 패키

지를 관통하는 테마가 확실하다면 그 테마의 대가와의 네트워크를 통해 추천을 받으면 높은 확률로 그 테마 관련 진행 중인 프로젝트가 많거나 전문가가 많은 프로그램에 갈 수 있음. 전 세계에서 비슷 비슷한 스펙의 지원자와 IMG도 뽑는다고 소문난 프로그램에서 경쟁하는 것보다 이게 오히려 성공 확률이 더 높음

- NIH 특정 질환/분야의 연구비 수혜 기관 확인 https://reporter.nih.gov
- 병원/대학 웹사이트에서 해당 분야 센터 탐색
- NRMP의 Charting Outcomes for IMGs의 데이터를 분석해보면 전략을 세우는 데 도움이 될 수 있음 NRMP report NRMP Report 2024

속설: 마취과는 IMG는 거의 불가능 – 과거에는 이런 인식이 있었으나 최근 마취과 매치 사례 늘고 있음

2024년 마취과 전공의 자리 2135개, 지원자 총 2933명, 미국인 IMG 183명 지원자 중 90명 매치(49.2% 매치), 외국인 IMG 지원자 210명 중 91명 매치(43.3% 매치)

매치 성공자 USMLE Step 2 CK 점수 분포는 정규곡선 폭넓게 그려짐

미국인 IMG 매치 성공자 평균 초록, 논문 개수 5.9개, 외국인 IMG 지원자 12개(매치 안 된 지원자 평균 연구 업적 개수 6.9개)

정량적인 요소만 중요한 것은 아님. 20개의 공저자 논문보다 혼자 질문을 정제하고 연구를 설계하고 수행하고 보고까지 마친 1

개의 논문이 훨씬 더 높이 평가될 수 있음
- 추천서는 짧게 만난 미국인이 아니라 해당 테마에서의 지원자의 경험과 열정을 오랜 기간 옆에서 본 사람의 추천서. 이 중 한국 교수가 미국 연수 경험 등이 있다면 자신의 미국 경험에 비추어 지원자가 미국 시스템에 잘 적응할 수 있을 것이라는 내용 추가
- 관련 분야에서의 장기 봉사활동 사례가 있다면 CV, LoR, PS에 잘 나타나도록
- Match 후기에는 USMLE 210-220점대도 연구 업적으로 충분히 보완(혹은 peer에서 돋보이는 업적이 시험 점수를 의미 없게 하기도)
- 미국 경험을 하고 싶다면 단기 observership보다는 관련 테마 연구소 경력 등이 지원 패키지를 강화

핵심 정리
- IMG가 들어간 적 없는 프로그램도 가능
- 뚜렷한 주제와 관련 네트워크, 추천 중요
- IMG 친화적 프로그램보다 테마 중심 접근이 성공 확률 높음
- NRMP Charting Outcomes 분석
- 합격자의 USMLE Step 2 CK 점수 분포는 폭넓게 분포
- 연구 업적은 연구 경험의 질이 중요

5. 지원 과정

5.1 지원 비용(ERAS 2024-2025 시즌 기준)
- 1 - 10개 프로그램: $99(1~10번째까지 각 $99)

- 11 – 20개: $19/프로그램 추가
- 21 – 30개: $23/프로그램 추가
- 31개 이상: $27/프로그램 추가
- 매치 성공자: $990에서 17,000까지 사용

  인생 주제가 뚜렷한 사람은 소수 프로그램 지원, 일반 지원자는 100개 정도 지원하는 패턴

5.2 지원 전략

- 광범위한 지원보다 자신의 강점과 프로그램의 특성에 맞는 타겟팅된 지원 권장
- Personal Statement와 CV의 완성도가 원서 평가에서 매우 중요
- 직접 정보 수집 및 분석 필요

6. 인터뷰 및 매치 과정

6.1 인터뷰 시즌

- 시기: 10월–1월(일부 프로그램은 9월 말이나 2월 초까지 인터뷰 진행하기도)
- 형태: 대부분 가상 인터뷰, 일부 프로그램은 현장 인터뷰 병행
- 스케줄링: 프로그램에 따라 Interview Broker, ERAS Scheduling, 직접 이메일 등 다른 시스템을 사용하는 경우도 있으나, Thalamus가 많이 사용되는 시스템
- 즉시 응답: 인터뷰 초청 시 신속한 일정 조율 필요

주요 도전 과제

- 인터뷰 일정 조율의 복잡성

  인터뷰 초청이 중첩되거나, 원하는 날짜가 빠르게 마감될 수 있음

  신속하고 효율적으로 일정을 조율해야 하며, 이 과정에서 스트레스와 혼란 발생 가능

- 가상(온라인) 인터뷰 환경 적응

  대부분의 인터뷰가 온라인으로 진행되며, 기술적 문제(네트워크, 소프트웨어 오류 등)나 가상 환경에서의 비언어적 의사소통(표정, 제스처 등) 관리에 어려움을 겪을 수 있음

- 다수의 인터뷰와 피로 누적

  여러 프로그램과의 인터뷰가 연속적으로 진행되면서 피로가 누적되고, 집중력이 저하될 수 있음

- 프로그램별 특성 파악 및 맞춤형 준비

  각 프로그램의 문화, 강점, 질문 스타일 등에 맞춰 인터뷰 준비를 해야 하므로, 사전 정보 수집과 분석이 필요

- 면접 스트레스와 심리적 부담

  인터뷰 결과가 매치 성공에 직접적인 영향을 미치기 때문에 심리적 부담이 큼

  실수나 예상치 못한 질문에 대한 대처가 중요한 도전 과제

- 효과적인 자기표현과 경험 연결

  자신의 강점, 경험, 열정을 명확하게 전달해야 하며, 프로그램이

원하는 역량과 연결하여 설명하는 것이 중요

6.2 NRMP Match 과정

순위 목록 제출:

- 2월 초 – 3월 초 마감
- 지원자 선호도 순으로 프로그램 순위 결정
- 매치 결과는 구속력 있는 계약

매치 결과:

- Match Week: 3월 중순
- 월요일: 매치 여부 발표
- 금요일: 배정 프로그램 발표

6.3 SOAP (Supplemental Offer and Acceptance Program)

- 미매치 지원자를 위한 2차 매치 시스템
- Match Week 중 4일간 진행
- 잔여 프로그램 지원 기회

7. 최근 통계 및 동향(2024년 기준)

7.1 전체 매치 현황

- 모집 정원: 6,395개 프로그램, 41,503명(역대 최고; 2023년 대비 1,128명 증가)
- 총 지원자: 52,498명(역대 최고)
- 활성 지원자(rank order list 제출): 47,208명
- 전체 매치율: 79.8%

- 배치율(SOAP 포함): 84.2%
- 비교: 2000년대 중반 모집 정원 약 22,000-23,000명, 2015년 약 29,000명에 비해 대폭 확대

7.2 IMG 매치 현황

- 미국 시민 IMG:

  매치율: 67.8%

  배치율: 73.5%

  상위 3순위 매치: 78.8%

- 외국인 IMG:

  매치율: 58.0%

  배치율: 60.3%

  상위 3순위 매치: 76.6%

9. 비자 및 입국 준비

9.1 비자 신청 프로세스

- J-1 비자: ECFMG DS-2019 발급 후 대사관 신청
- 필수 서류: DS-2019, 여권, 매치 결과 증명서
- 처리 기간: 2-4주(대사관별 상이)

9.2 도착 후 준비사항

- 주거지 확보
- 차량 구매/리스
- 은행 계좌 개설

- 핸드폰 개통
- 생활필수품 준비
- 한인 유학생 커뮤니티, 한인 교회 등에 많은 정보

참고: 이 안내서는 공식 ERAS, NRMP, ECFMG 웹사이트 정보를 기반으로 작성되었으며, 구체적인 요구사항은 지원 시기와 전공 분야에 따라 변경될 수 있습니다. 최신 정보는 반드시 공식 웹사이트에서 확인하시기 바랍니다.

ERAS 서류의 유기적 연결: 완벽한 마케팅 전략

염선영

ERAS 서류를 개별 문서로 생각하는 순간, 승부는 기울어집니다. 성공하는 지원자들은 이력서, Personal Statement, 추천서를 하나의 통합된 마케팅 전략으로 설계합니다.

당신은 제품이고, 프로그램은 고객입니다

- 이력서: 제품 스펙시트

정해진 틀과 글자 수라는 동등한 조건에서 누구는 핵심을 놓치고, 누구는 완벽하게 정리해냅니다. 연구 경험, 봉사활동, 임상 경험 등의 업적을 전략적 사고와 정리 능력에 따라 완전히 다른 인상으로 만들어내죠.

환자를 볼 때 핵심 증상을 파악하고, 동료 의료진과 소통할 때 중요한 정보를 우선순위에 따라 간결하면서도 완전하게 전달하는 능력을 미리 보는 셈입니다.

하지만 아무리 좋은 제품이라도 스펙만 보고 사는 사람은 거의 없습니다.

스펙은 기본 조건을 충족시키는 역할일 뿐, 진짜 구매 결정은 다른 곳에서 일어납니다.

한편, 우리가 매일 하는 구매 결정 중에 원산지를 기본 조건으로 여기는 경우는 매우 흔합니다. 독일 차, 이탈리아 신발처럼 나름의 원산지에 대한 가치 편견이 존재하죠.

그렇다면 IMG는 어떻게 '원산지 핸디캡'을 극복할까요?

다행히 20년 전과 비교했을 때 모집 정원은 두 배로 증가했고, 미국 의대 졸업생들이 컨설팅, 바이오테크, 의료IT 등 비임상 분야로 진출하는 비율이 늘면서 수요대비 양질의 공급이 부족해졌습니다. 더불어 삼성, 현대, K-pop, 그리고 코로나 방역 성과로 한국은 더 이상 '전쟁국가, 제3세계'로 치부당하지 않습니다.

하지만 여전히 많은 미국인들 마음속에는 '미국보다는 못함'이라는 인식이 남아 있죠.

전공의 선발에서 원산지의 편견을 뛰어넘기 위해서는 브랜딩 전략이 필요합니다.

● Personal Statement: 감정을 자극하는 광고

PS는 가장 결정적인 역할을 하는 광고입니다. 스펙이 중요하지 않

을 정도로 감정을 자극해서 '이 사람을 꼭 뽑고 싶다'는 욕구를 만들어내야 합니다.

나라는 상품을 어떻게 팔아야 프로그램이 구매하고 싶어할지를 보여주는 전략적 영업 도구입니다. 자아 성찰을 잘 하는 것도 중요하지만, '이 사람을 뽑으면 우리 프로그램에 이런 이득이 있다'는 구매 욕구를 자극해야 합니다.

● 추천서: 신뢰할 만한 구매 후기

아무리 화려한 스펙과 매력적인 광고가 있어도, 결정적 하자를 드러내는 악평을 보면 구매 욕구가 사라집니다. 추천서는 그 제품을 실제로 사용해본 사람의 구매 후기와 같습니다.

누가 후기를 썼는지가 구매 욕구에 큰 영향을 미칩니다:

✗ 그냥 좋다고 하는 사람 → 신뢰성 제로

✗ 돈 받고 쓴 것 같은 후기 → 설득력 없음

✗ '오늘 잘 받았어요. 아직 뜯지는 않았지만 포장은 잘 되어 있네요. 후기가 좋았으니 괜찮겠죠' 같은 무내용 후기 → 시간 낭비

☑ 제품을 꼼꼼하게 살펴보고, 오래 사용해보고, 애정을 갖고 균형 잡힌 리뷰를 한 사람 → 최고의 설득력

실제 많은 지원자가 추천인 선택에 실패해서 무내용 후기나 신뢰성/설득력이 떨어지는 후기를 모아 제출하고 있습니다.

- 인터뷰: 제품 설명회

3가지 서류로 브랜딩을 해서 구매 고려 대상에 포함되면 인터뷰라는 제품 설명회를 할 수 있는 기회를 얻게 됩니다.

여기선 새로운 내용을 개발해서 발표하는 게 아닙니다.

앞서 만든 브랜드 전략으로 모든 질문에 응대하면 됩니다.

"왜 우리 프로그램을 선택했나요?"–내 브랜드가 이 프로그램과 어떻게 시너지를 낼 수 있는지

"가장 큰 약점이 뭐라고 생각하나요?"–내 브랜드의 성장 스토리로 전환

"10년 후 자신의 모습은?"–내 브랜드가 궁극적으로 지향하는 비전

모든 답변이 하나의 일관된 브랜드 스토리로 연결되어야 합니다. 그러려면 '나조차 헷갈리는' 나의 브랜드 가치를 가지고 임하면 안 되겠죠?

인터뷰를 내 브랜드를 각인시키는 기회로 활용하세요.

서류에서 약속한 가치를 인터뷰에서 증명하고, 프로그램이 당신을 선택해야 하는 명확한 이유를 남기세요.

❖ 성공적인 매칭은 운이 아닌 전략의 결과입니다.

고객 맞춤형 마케팅 전략

- 타겟 고객 분석이 먼저

어떻게 마케팅 전략을 짜느냐에 따라 구매할 소비자가 달라집니다.

- 저가형 마케팅: '안전한 선택, 검증된 실력'

- 중급형 포지셔닝: '검증된 잠재력, 안정적 성장이 보장된 선택'
- 고급형 포지셔닝: '혁신적 인재, 프로그램을 한 단계 끌어올릴 게임체인저'

● 전략적 접근의 핵심

1. 고객 세분화(Customer Segmentation): 어떤 프로그램을 타겟으로 할 것인가? academic medical center vs. community hospital? inner city vs. suburban?
2. 니즈 파악(Needs Analysis): 그 프로그램이 진짜 원하는 것은 무엇인가? 연구 실적 vs. 임상 역량 vs. 다양성
3. 레버리지 포인트 발견: 구매 욕구를 자극할 핵심 지점은 어디인가? 부족한 부분을 메울 수 있는 나만의 강점
4. 맞춤형 공략: 레버리지 포인트를 정확히 타격하는 메시지 전달

☑ 성공하는 마케팅: 타겟 마케팅

10-15개 프로그램을 철저히 분석해서 각각에 맞춤형 접근

✗ 실패하는 마케팅: 전면광고 신드롬

체크리스트처럼 작성해서 100군데에 뿌렸다면? 이는 우리가 일간지에서 흥미 없어서 건너뛰는 전면광고와 같습니다. 광고비는 엄청 썼는데 광고 효과는 미미한 셈이죠. 어쩌다 얻어걸리는 구매자만 있을 뿐.

이건 인생을 그저 운에 맡기는 거죠.

양방향 마케팅: 당신도 고객을 선별해야 합니다

● **절대 피해야 할 포지셔닝: '처분용 상품'**

만약 구매자의 돈이 아니라 정부나 회사 예산이고, 올해 살 수 있는 제품 개수가 정해져 있다면 어떨까요? 그냥 대충 구매하고 마음에 안 들면 버릴 생각을 할 수도 있습니다. 이런 제품이 되면 절대 안 됩니다.

레지던시도 마찬가지입니다. 당신의 기술과 노동력과 젊음을 바쳐야 하는데, 쉽게 뽑고 착취하고 쉽게 해고할 수도 있는 곳에 가면 안 됩니다.

● **블랙 컨슈머 프로그램 피하기**

우수한 영업맨은 나쁜 고객을 피할 줄 압니다:

피해야 할 프로그램의 특징:

- 부주의한 관리: 레지던트 복지나 교육에 무관심하고 단순 노동력으로만 취급
- 실컷 쓰고 버리기: 수련과정에서 최대한 부려먹고 이후 관심 없음
- 단순 변덕: 일관성 없는 정책, 예측 불가능한 프로그램 운영
- 교환/환불 요구: 계약 조건을 일방적으로 변경하거나 불합리한 요구

블랙 컨슈머 프로그램 식별법:

- 레지던트 턴오버 비율
- 현재 레지던트들과의 비공식 대화

- 온라인 리뷰나 평판 조사
- 인터뷰 때 프로그램이 묻는 질문의 질

통합 마케팅의 위력

- ● 성공적인 브랜딩

제품 스펙 + 매력적인 광고 + 신뢰할 만한 후기가 일관된 메시지를 전할 때:

- 고객 반응: '이 제품에 대해 완전히 확신이 선다'
- 결과: 구매 욕구 극대화
- ● 브랜딩 실패: 혼란스러운 메시지

스펙, 광고, 후기가 서로 다른 이야기를 할 때:

- 예시: 임상 중심 이력서 + 연구 이야기 PS + 인성 얘기만 하는 동아리 지도교수 추천서
- 고객 반응: '도대체 이 제품은 어디다 쓰는 거지?'
- 결과: 구매 의욕 상실

마케팅 전략 수립 가이드

1. 시장 조사
   - 타겟 프로그램의 특성과 니즈 분석
   - 구매 패턴 분석
   - 경쟁자 분석
   - 차별화 포인트 발굴

2. 포지셔닝 결정
- 나만의 독특한 가치 제안(Unique Value Proposition)
- 브랜드 아이덴티티 확립
- 일관된 메시지 개발
- "tell me about yourself"에 답할 수 있는 elevator speech(빠르고 간단한 요약 설명)

3. 통합 커뮤니케이션
- 스펙: 포지셔닝을 뒷받침하는 데이터
- 광고: 감정적 어필과 차별화된 스토리
- 후기: 신뢰성을 보장하는 제3자 검증

성공하는 마케터의 체크리스트

- 내 타겟 고객(프로그램)이 누구인지 명확히 정의했는가?
- 그들의 진짜 니즈를 파악했는가?
- 세 가지 마케팅 도구가 일관된 브랜드 스토리를 전달하는가?
- 경쟁자 대비 명확한 차별화 포인트가 있는가?

이제 체크리스트를 확인했다면, 당신만의 마케팅 전략을 실행할 시간입니다.

- 기억하세요 – 성공적인 매칭은 준비된 자의 몫입니다.

브랜딩 사례 예시

아래 예시들은 여러 지원서를 컨설팅하며 발견된 공통된 문제점들을 종합해 만든 가상의 사례들입니다.

- '신뢰할 수 있는 문제 해결사' 브랜딩

> 타겟: Internal Medicine 프로그램
> 브랜딩 키워드: Dependable, Methodical, Thoughtful, Reliable

- 일관된 메시지

핵심 테마: '체계적이고 신뢰할 수 있는 문제 해결 능력'
- 스펙: 200+ 환자 체계적 분석, 다학제팀 협업
- 광고: 사례를 통한 체계적 접근법 입증
- 후기: 1년간 연구 프로젝트를 멘토링한 추천인이 문제 해결을 어떻게 했는지 사례를 들며 신뢰성과 체계성 확인

- 부정적 신호 가득한 패키지

> 타겟: Surgery 프로그램(잘못된 접근)
> 의도한 브랜딩: '열정적인 외과의사'
> 실제 드러난 특성: Immature, Disorganized, Narcissistic

- 제품 스펙(이력서)-문제점들

Research Experience: 'Participated in various surgery-related research projects. Helped with data collection and attended lab meetings. Presented poster at local conference. Currently working on multiple manuscripts.'

- 부정적 신호들:

- 'Various projects' → Disorganized, 일관성 없음

- 'Helped with' → 주도성 부족

- 'Currently working on multiple' → 비현실적 혹은 숟가락 얹는 사람

- 역효과 나는 광고(Personal Statement)

문제투성이 Opening: 'Ever since I was young, I dreamed of becoming a surgeon because surgery is so cool and exciting. I love the adrenaline rush and the power to save lives with my own hands. I know I'm destined to be a great surgeon because I have always been the smartest person in my class.'

- 부정적 신호들:

- 'So cool and exciting' → Immature, 피상적 이해

- 'Adrenaline rush' → Sensation-seeking, 잘못된 동기

- 'Power to save lives' → Narcissistic, 권력 욕구

- 'Destined to be great' → Arrogant, 현실감각 부족

- 'Smartest person' → Narcissistic, 협업 능력 의심

- 겉만 번지르르한 포장의 함정

이 사례를 보면서 '저렇게 유치하게는 안 쓰지'라는 생각이 들 수도

있겠지만, 생각보다 많은 지원자들이 편집 업체에 돈을 주고 글쓰기만 다듬었을 뿐 내용은 이런 수준을 크게 벗어나지 않습니다.

같은 내용, 겉만 포장한 버전:

'From my earliest recollections, I have harbored an unwavering aspiration to pursue surgical medicine, drawn by the profound intellectual stimulation and dynamic nature inherent in the operating theater. The synthesis of precision, urgency, and life-altering responsibility creates an unparalleled professional environment that resonates deeply with my temperament. I am particularly compelled by the extraordinary privilege of wielding transformative medical intervention—the capacity to fundamentally alter patient outcomes through skilled manual dexterity and clinical acumen.

Throughout my academic trajectory, I have consistently demonstrated exceptional intellectual capability, maintaining academic distinction that has positioned me at the apex of my peer cohort. This sustained pattern of scholastic excellence, I believe, serves as a compelling indicator of my inherent suitability for the rigorous demands of surgical practice. My consistent ability to exceed the performance benchmarks established by my contemporaries suggests a natural aptitude that will translate seamlessly into surgical excellence.'

표면적으로는 세련되어 보이지만 본질적 문제는 동일합니다. 환자 치료보다는 개인적인 흥미에 초점을 맞춘 점, 권력과 통제에 대한 강조, 단순히 학업 성취만으로 위대함이 운명지어졌다고 가정하는 점, 겸손의 부재, 무엇보다 외과를 공감, 헌신, 협력이 필요한 분야로 이해하지 못하는 점이 우려스럽습니다. 혹시나 뽑는 사람이 비슷한 성향이라면 이해를 받을 수 있을지도 모르지만 그런 사람과 일하는 것이 교육적일지에 대해서는 회의적입니다.

● 더 큰 문제: 위계질서 무시

'During my surgery rotation, I sometimes disagreed with the residents' decisions and would suggest better approaches based on what I learned in textbooks. I believe fresh perspectives are important, even if some people don't appreciate innovative thinking.'

● 치명적 신호들:

- 'Disagreed with residents' → Oppositional-defiant
- 'Suggest better approaches' → Arrogant, 위계질서 무시
- 흔히 하는 착각: 미국은 교수도 이름으로 부르고 서로 반말하니 수평적인 관계일 것이라고 생각하는데 미국인들은 조직의 위계질서를 존중해야 조직이 유지될 수 있다는 근본적인 생각이 깔려 있음

- 'Some people don't appreciate' → Blame others, 성찰 부족
- 신뢰성 없는 구매 후기(추천서)

From Family Friend(의사): 'I have known Sarah's family for many years and have watched her grow up. She has always been a bright and enthusiastic student. I'm sure she will make a fine doctor someday. She is very determined and never gives up on what she wants.'

- 부정적 신호들:

- 'Family friend' → 편향된 관계, 객관성 의심
- 'Watched her grow up' → 개인적 관계, 전문적 평가 아님
- 'Bright and enthusiastic' → 구체성 없는 형식적 표현
- 'Never gives up on what she wants' → Selfish로 해석 가능

From Previous Supervisor(6주 관찰): 'Sarah completed her rotation with us. She showed interest in learning and asked many questions. She was always punctual and followed instructions well. I believe she has potential for development.'

- 부정적 신호들:

- 'Completed rotation' → 최소한만 했다는 뉘앙스
- 'Asked many questions' → 기본 지식 부족 암시. 혹은 스스로 답을 찾으려는 노력 없음. 생각하지 않고 충동적으로 질문이 생기

면 바로 물어봄.

- 'Followed instructions well' → Submissive, 창의성 부족
- 'Potential for development' → 현재는 부족하다는 완곡한 표현

● 일관성 없는 혼란스러운 메시지

문제점들:
- 스펙: 구체성 없고 수동적 참여만 나열
- 광고: 미성숙하고 자기중심적 동기, 협업 능력 의심
- 후기: 편향된 관계와 피상적 평가, 구체적 성취 없음

결과: '함께 일하기 어려운 미성숙한 지원자'라는 인상

브랜딩 성공을 위한 최종 체크포인트

- 내 서류를 읽은 사람이 어떤 형용사로 나를 기억할까?
- 그 형용사들이 의료진에게 필요한 자질과 일치하는가?
- 세 문서에서 일관되게 같은 인상을 받을 수 있는가?
- 구체적 근거가 모든 주장을 뒷받침하는가?

마지막으로 기억하세요:

성공하는 지원자들은 운을 기다리지 않습니다. 그들은 성공을 설계합니다.

이력서의 진짜 역할:
당신의 업무 능력을 예측하는 도구

염선영, 천효림

ERAS CV는 단순한 경력 나열이 아닙니다. 글자 제한과 정해진 구조라는 모두에게 동일한 조건하에서 중요 정보를 전략적으로 prioritize하고 present하는 능력을 평가받는 실전 테스트입니다.

이력서가 말하는 것들

- 완성도 높은 이력서 → 성실하고 책임감 있으며 문제해결 능력이 뛰어난 미래의 의사
- 정돈되지 않은 이력서 → 논리적 사고와 정리 능력의 부재 혹은 완성도 있는 일을 하려는 의지가 없음
- 핵심 정보를 찾기 어려운 이력서 → 읽는 사람에 대한 배려가 없음, 다른 업무에서도 마찬가지일 듯

- 인터뷰 초대받지 못하는 지원자들의 공통점

시험 점수 우수 + 연구 경력 충분 + USCE 완료, 그러나 수치 외 모든 서류가 읽기 어렵게 작성됨(즉, 성의가 없거나 커뮤니케이션 능력이 떨어짐)

4대 핵심 작성 원칙

1. 능동적 표현으로 주도성 보여주기

✗ 'participated in research'

☑ 'performed data extraction and statistical analysis'

2. 구체적 동사로 전문성 드러내기

✗ 'did', 'helped'

☑ 'designed', 'coordinated', 'initiated', 'analyzed', 'implemented'

3. 성과 중심 서술로 결과 강조

- 과정 + 결과 + 영향 모두 포함
- 가능한 한 구체적 수치와 성과 지표 활용

4. 전문성 드러내기

- 적절한 의학 용어 활용으로 전문성 어필

Most Meaningful Experience 전략적 선정

- 임팩트에 대한 오해

흔한 착각: Most meaningful experience에서 자신이 가장 자랑스러운 achievement를 쓰는 경우가 많습니다. 'high impact를 쓰라'는

족보의 영향으로 객관적 성과 규모에만 집중하는 것입니다.

실제 평가 기준: 단순히 임팩트 크기 〈 전략적 가치

선정 기준(우선순위)

    1. 전공 연관성: 지원 분야와의 직접적 관련성

    2. 개인적 성장: 의사로서의 성장을 보여주는 경험

    3. 잠재력: 레지던트 성공 가능성을 시사하는 요소

        예시: 국제 수학/화학 올림피아드 금메달 〈 의료 봉사에서 환자 복약 순응도를 개선한 경험

화려한 성과보다는 지원 분야에 대한 이해와 적합성을 보여주는 경험이 더 설득력 있습니다.

섹션별 작성 전략

- Research Experience

필수 포함 요소:

- 연구 방법론 + 본인의 구체적 역할
- 결과/출간 상황
- Data integrity와 clinical relevance 강조
- 특히 좋은 것: 본인 궁금증을 연구로 설계한 내용

- Clinical Experience

✗ 절대 주의: 의대 필수 rotation 포함 금지(차별화 없음)

☑ 포함할 것: USCE, 추가 elective, 특별한 clinical exposure만

- 강조 요소: 환자 접촉 시간/케이스 수, 의료진 협업, 학습한 임상 술기
- ★미국 병원 혹은 다른 영어권 국가의 교육 병원에 학생 elective 경험 강추. 학교가 교류 프로그램을 만들어주길 기다리지 말고 직접 개척해보세요!

● Post-Graduate Training
- 한국에서 인턴, 레지던트를 완료했다면 반드시 이 섹션에 기재
- ACGME accredited program이 아니어도 작성 가능
- Clinical Experience 섹션과 혼동하지 말 것

상업화된 옵저버십의 경우 법적, 윤리적 문제 주의. 상업화된 경우가 아니라도 그렇게 오해받을 소지 제거 필요

● Volunteer Work

차별화 전략: 책임 + 지속성

1. 지속성의 스토리텔링
   a. '4년간 매주 일요일' 같은 구체적 시간 투입
   b. 연속성 있는 역할 발전(예: 안내 → 약 포장 → 복약지도 → 약국 시스템 보완)
   c. 계절성/일회성 봉사가 아닌 장기 commitment 증명
2. 책임감의 구체화

대상 인지 프로그램 보조, 개별 상태 관찰 일지 작성 및 담당 간호사

와 정기 피드백 진행

'취약계층에 대한 이해와 compassion' 드러내기

3. Impact Measurement

    a. 정량적 지표: 몇 명, 몇 시간, 몇 년

    b. 정성적 변화: 프로그램 개선사항, 자신의 관점 변화(성장 스토리)

    c. 내가 얻은 것만이 아니라 커뮤니티와 함께 상생, 같이 성장을 모색하는 모습이 좋은 스토리

● 컨텐츠 전략

1. 취약계층 이해도 어필

    ✗ 불쌍해서 도왔다

    ☑ 사회적 격차를 이해하고, 의사로서의 역할을 고민하게 되었다

2. 의료 관련성

    a. 의료 관련 봉사

    b. 지원 전공 관련된 곳이면 더 좋음

3. 팀워크, 리더십 균형

    a. 창의적 기획력보다는 reliable team member 어필

    b. 조직의 mission을 이해하고 충실히 수행

    c. 필요시 리더십, 평상시 협력

● 피해야 할 함정들

✗ 친목 모임 임원을 봉사로 포장

× 일회성 대외활동을 과대포장
× 자기 성장에만 초점
× 추상적 표현('사회에 기여', '보람')

핵심은 '나 좋은 사람이에요'가 아니라 '사회적 책임을 이해하고 실천하는 사람이에요'를 보여주는 것입니다.

● Leadership

핵심: 구체적 성과 + 팀에 긍정적 영향
• 갈등 해결이나 문제 해결 경험
• 의료진 리더십 자질과 연결

● Hobbies and Interests: 인간적 매력 어필의 기회

× 금지: 단순 나열(달리기, 그림, 사진, 등산)
☑ 필수: 각 취미의 의미 + 개인적 성장 설명

전략적 작성법:
• 음악: 연주 수준 + 좋아하는 작곡가와 이유
• 여행: 테마 여행을 통한 문화적 학습 + 여행 블로그
• 요리: 다문화 음식을 통한 사회/문화 이해 + 요리 블로그

● Language Skills

• 'None'으로 남겨두지 말 것
• 한국어 당연 포함

- 제2외국어: 사전을 활용해 독해나 간단한 대화가 가능한 수준이면 기재
- 수화 능력도 포함 가능

Online Links: 효과적 어필 도구
- 특별한 재능이 있다면 연주 YouTube/그림/인스타그램 링크 포함
- 장황한 글보다 훨씬 효과적

실전 Before & After

×[수정 전]

I participated in auto-immune neuropsychiatric syndrome research. I handled bigdata. I participated in research meetings, studied relevant literature. I presented an abstract and a paper is in preparation.

☑[수정 후]

Extracted and analyzed autoimmune neuropsychiatric syndrome data from a national database. Performed data cleaning, data coding, and visualization to identify clinically informative patterns. Conducted thorough literature reviews for clinical interpretation. Authored first-author abstract presentation and currently preparing manuscript for peer-reviewed publication.

흔한 실수와 해결책

- **실수 1: 나열식 서술**
  - 문제: 'Shadowed doctors, observed surgeries, attended rounds'
  - 해결: 'Observed 50+ surgical procedures across multiple specialties, actively participated in patient rounds, and documented clinical findings under attending supervision'

- **실수 2: 성과 없는 서술**
  - 문제: 'Worked on research project about diabetes'
  - 해결: 'Analyzed glucose monitoring data from 150 diabetic patients, identified key compliance patterns, and contributed to manuscript currently under review'

- **실수 3: 수동적 표현**
  - 문제: 'Was involved in quality improvement project'
  - 해결: 'Led quality improvement initiative that reduced patient wait times by 30% through workflow optimization'

- **실수 4: 중복 내용**
  - 방지법: 각 섹션의 고유 가치 부각, 동일 활동 반복 금지

성공의 최종 공식

ERAS CV = 일 잘하는 예비 전공의의 잠재력을 보여주는 전략적 압축

무엇을 어떻게 보여줄지를 고심해서 prioritization, organization, presentation 장인으로 두각을 나타내세요.
300자 제한은 장애물이 아닌 당신의 능력을 보여주는 기회입니다.

推薦書의 진짜 역할:
인격 보증서

염선영

추천서의 진짜 역할: 인격 보증서

추천서는 지원자를 훌륭해 보이게 만드는 홍보 도구가 아닙니다. 프로그램 디렉터는 이미 지원자의 이력서를 검토하고, personal statement를 읽고 나름의 판단을 내린 상태입니다. 추천서의 진짜 목적은 인격적 문제가 없는 신뢰할 수 있는 사람임을 보증하는 것입니다.

이력서의 성취 뒤에 있는 인간성과 성품을 검증하고 Personal Statement에서 보여준 성찰이 진정한 것인지를 제3자의 눈으로 확인해줍니다.

프로그램 디렉터가 가장 걸러내고 싶은 유형:

  1. 인격적 문제: 동료들과 갈등을 일으키고 팀워크를 해치는 성격

2.Free rider: 다른 사람의 노력에 편승하여 성과만 가져가려는 사람

의사가 될 정도로 똑똑한 사람들은 단기간에는 모두 유능해 보입니다. 하지만 3-6개월 이상 함께 일해보면 스트레스 상황에서의 진짜 성품, 팀워크 능력, 책임감이 드러납니다. 추천서는 바로 이런 장기 관찰을 통한 인격적 신뢰성을 검증하는 핵심 도구입니다.

추천인 선택: 생각보다 위험한 게임

추천인 선택은 매우 신중해야 합니다. 추천서를 써주겠다고 동의한 사람이 반드시 긍정적인 인격 보증을 해주는 것은 아니기 때문입니다.

특히 모든 사람에게 좋은 사람으로 보이려는 슈퍼바이저나 정치적인 성향의 추천인들은 위험할 수 있습니다. 이들은 웃으면서 추천서 요청을 수락하고 겉으로는 거절이나 부정적인 내색을 하지 않기 때문입니다. 오히려 "물론이지"라고 흔쾌히 수락할 것입니다. 그리곤 비공식 소통에서 진짜 생각을 털어놓거나(이마저도 직접적 비판 대신 우회적 표현으로 의구심이 들도록) 아무 의미 없는 일반적 코멘트로만 채워진 형식적 추천서를 써줄 수도 있습니다.

- 실제 위험 사례들:
  - "이 사람을 뽑지 말라"고 조언
  - "No comment"로 대답 회피
  - 능력은 인정하지만 "함께 일하기 어려웠다"고 언급한 경우
  - 추천서를 회수하는 경우(작성해줄 때는 지원자와 함께 일하기 시작한 시

점이었는데 시간이 지나고 보니 첫인상과 달라 평가가 바뀜)

긍정적 추천인 식별하기

● 확실한 지지 신호들:
- 다른 사람들 앞에서 여러분의 성품을 긍정적으로 언급
- 다시 함께 일하고 싶다는 의사를 명확히 표현
- 실수나 부족함에 대해서도 솔직하게 지속적으로 피드백을 주고 그 피드백을 고민하는 태도를 칭찬
- 추천 요청 시 구체적 강점 즉시 언급

● 위험 신호들:
- 성격적 문제나 팀워크 이슈를 지적
- 추천 요청에 즉답하지 않고 시간을 끄는 경우
- '능력은 좋지만….'이라는 식의 유보적 평가
- 협업했던 프로젝트에서 여러분의 기여에 만족하지 않음

● 인격 보증 의향 확인 방법:
"제가 [전공] 레지던트에 지원하려고 하는데, 선생님께서 보시기에 제가 이 분야에서 동료들과 잘 협력하며 일할 수 있는 성격이라고 생각하시나요?"라는 질문에 확신에 찬 긍정적 대답을 받았을 때만 추천서를 요청하세요.

전략적 추천인 선택

1. 갈등과 스트레스 상황을 지켜본 추천인 우선

최고의 추천인: 어려운 상황에서 여러분과 함께 일해본 사람

- 연구 프로젝트에서 예상치 못한 문제가 발생했을 때
- 임상에서 응급상황이나 환자 클레임이 있었을 때
- 팀 내 갈등이나 의견 충돌이 있었을 때
- 마감 압박이나 업무 과부하 상황에서
- 꾸준히 참여한 봉사활동, 내가 아닌 우리로서의 성과

이런 상황에서 여러분의 대응을 지켜본 사람의 추천서는 신뢰를 높여줍니다.

2. 협업 프로젝트 추천인

Free rider가 아님을 증명해줄 수 있는 추천인:

- 팀 프로젝트에서 여러분의 구체적 기여도를 알고 있는 사람
- 여러분이 맡은 역할과 책임을 명확히 파악한 사람
- 다른 팀원들과의 협력 과정을 직접 관찰한 사람

3. 장기간 관계 추천인

최소 6개월 이상, 이상적으로는 1년 이상 지속적으로 함께 일한 사람이 좋습니다. 짧은 기간의 좋은 인상보다는 장기간에 걸친 일관된 성품을 증명해줄 수 있기 때문입니다.

효과적인 인격 보증 표현들

- **팀워크와 협력:**
  - "모든 일을 대충 해서 사실상 업무에서 배제되었던 팀원에게도 할 수 있는 일을 정해 나눠주고 끝까지 같은 팀으로 이끌었습니다."
  - "의견 충돌이 있을 때 건설적인 해결책을 제시했습니다."

- **책임감과 성실성:**
  - "작은 일이라도 고심의 흔적이 느껴지는 완성도 높은 결과물을 가져왔습니다"
  - "다른 사람이 보지 않는 상황에서도 같은 수준의 성실함을 유지했습니다"
  - "지역 요양원에서 2년간 매주 토요일 독서 봉사를 한 번도 빠지지 않고 참여하며, 화려한 리더 역할보다는 어르신들 개별 관심사에 맞는 도서 선별과 큰 활자 출력 등 눈에 띄지 않는 준비 업무를 묵묵히 담당했고, 다른 봉사자들이 없는 명절에도 변함없이 나타나 말수 적은 어르신들과도 조용히 함께 시간을 보내는 등 일관된 성실함을 보였습니다"

- **갈등 해결과 성숙함:**
  - "비판적 피드백을 성숙하게 받아들이고 즉시 개선 노력을 보였습니다"

- "팀 내 긴장 상황에서 중재자 역할을 자연스럽게 수행했습니다"
- "개인적 어려움이 있어도 업무에 영향을 주지 않았습니다"

- 피해야 할 인격적 Red Flag 표현들
- 'Independent worker'(같이 일하는 것이 힘들다는 우회적 표현)
- 'Strong opinions'(고집이 세다)
- 'Needs clear direction'(주도성이 부족하다는 뜻)
- 'Does what is asked'(시키는 일만 한다)
- 'Adequate performance'(최소한만 한다)

추천인별 맞춤 전략

- Clinical Supervisor

중점: 환자 케어에서의 성품, 의료진 협력

핵심 사례: 응급상황에서의 침착한 대응과 팀워크

- Research Mentor

중점: 학술적 정직성, 연구에서의 기여도

핵심 사례: 예상과 다른 결과에 대한 정직한 대응

- Long-term Mentor

중점: 전반적 인격과 성장 과정

핵심 사례: 시간에 따른 성숙과 리더십 발전

추천서 요청 시 최적화 팁

1. 구체적 상황 정보 제공

- 갈등 해결 경험과 대응 방식
- 팀워크에서의 구체적 협력 사례
- 어려운 상황에서의 책임감 있는 행동

2. 성장 스토리 요청

- 처음과 비교한 변화와 발전
- 어려운 피드백에 대한 성숙한 반응
- 리더십과 팀워크의 구체적 개선점

국제적 맥락에서의 보증

- 한국 vs 미국 문화적 차이

  한국 추천인의 장점:
  - 장기간 관계를 통한 깊은 인격적 이해
  - 어려운 상황에서의 지원자 행동 관찰 경험
  - 진정성 있는 인격 보증 가능

  주의사항:
  - 미국식 직접적 표현 방식 필요
  - 구체적 사례 중심의 서술 요구
  - 문화적 맥락 설명 포함

  최적화 전략: 추천인에게 미국 의료 환경에서 중요한 인격적 자질들을 설명하고, 해당 자질들을 보여주는 구체적 사례를 요청하

세요.

품질 평가

● 우수한 추천서의 특징

1. 구체적 갈등/스트레스 상황과 대응 과정 포함
2. 팀워크에 대한 구체적 기여도와 협력 방식 명시
3. 실수나 실패 상황에서의 성숙한 대응 사례 포함
4. '다시 함께 일하고 싶다'는 명확한 의사 표현

● 개선 필요 신호

- 능력과 성과만 나열하고 성품 언급 없음
- 일반적이고 모호한 인격적 표현만 사용
- 구체적 협업 경험이나 갈등 해결 사례 부재
- 추천인의 개인적 확신이나 애정이 느껴지지 않음

결론: 신뢰의 증서

최고의 추천서는 '이 사람은 인격적으로 문제없고, 어떤 상황에서도 신뢰할 수 있으며, 함께 일하고 싶은 동료'라는 확신을 주는 것입니다. 이를 위해서는 능력보다는 인격적 신뢰성에 초점을 맞춘 장기적 관계 구축이 필수입니다.

추천서는 여러분의 성과를 홍보하는 도구가 아니라, 인격적 신뢰성을 보증하는 증서입니다. 그런 추천서를 받기 위해서는 평소 어려운 상황에서도 성숙하고 책임감 있게 행동하며, 진정한 팀 플레이어로서 동료들의 신뢰를 얻어야 합니다.

추천서 핵심 요약

항목	주요 내용 및 기준	추가 팁/설명
추천서의 역할	인격적 신뢰성 보증, 성격상 문제가 없는지 확인	단순 홍보가 아닌 신뢰의 증서
추천인 선택	지원자를 장기간, 다양한 상황에서 관찰한 사람	인격 보증 의향 직접 확인 권장
추천서 내용	구체적 사례(갈등, 스트레스, 팀워크 등)와 인격적 성장 과정 포함	성과만 나열하는 것은 효과 떨어짐
피해야 할 표현	팀워크, 책임감 관련 부정적 언급, 모호한 칭찬	예: '괜찮은 사람인 것 같음' 등
국제적 맥락	한국 추천인은 장기 관찰 가능, 미국식 구체적 사례 중심 서술 필요	문화적 차이 설명 포함 권장
추천서 품질 평가	구체적 사례, 따뜻한 표현, 함께 일하고 싶다는 의사 명확히 표명	일반적/모호한 칭찬은 효과 미흡

인터뷰의 본질:
함께 일할 수 있는 사람인지 확인하는 것

염선영, 천효림

레지던시 매치에서 인터뷰는 서류 심사를 통과한 지원자들 사이의 최종 변별 단계입니다. 인터뷰어들은 이미 지원자의 능력을 인정했기 때문에, '이 사람과 함께 일하고 싶은가?'라는 핵심 질문에 집중합니다.

함께 일할 수 있는 사람인가?

평가의 진짜 기준:

- 인격적 신뢰성: 동료들과 건설적 관계를 유지할 수 있는가?
- 팀워크 역량: 협력적이고 책임감 있게 업무를 수행하는가?
- 스트레스 관리: 압박 상황에서도 전문성을 유지하는가?
- 의사소통 능력: 환자, 보호자, 동료와 효과적으로 소통하는가?
- 프로그램 적합성: 우리 조직 문화와 조화를 이룰 수 있는가?

전공별 인터뷰 전략

● Internal Medicine

인터뷰 특성: 대규모 그룹 인터뷰, 제한된 시간

핵심 평가: 임상 사고력, 팀워크, 평생 학습 자세

준비 포인트:

- 기본 내과 질환 접근법(chest pain, SOB, abdominal pain)
- 다학제 팀 협력 경험과 evidence-based medicine 이해도
- 지속적 학습 의지와 구체적 계획

● Surgery

인터뷰 특성: 스트레스 테스트, 압박 상황 반응 관찰

핵심 평가: 수술실 협력, 스트레스 관리, 정밀성

주의사항: 거만함이나 공격성 피하기, 실수 인정과 겸손한 학습 자세, 체력적 한계에 대한 부정적 언급 금지

핵심 준비사항:

- 수술실 경험과 배운 점들
- 긴 시간 집중력 유지 경험
- 정확성과 신속성이 요구되는 상황 대처법
- 위계질서가 있는 환경에서의 적응력

● Psychiatry

인터뷰 특성: 심층 개별 인터뷰, 장시간 대화

핵심 평가: 자기성찰력, 인간 이해, 독서 습관

특별 준비: 최근 독서 목록(정신과 관련 고전/현대 작품), 자기소개서와의 일관성 필수(스토리 불일치 탐지 훈련받은 면접관들), 문학/철학/예술 관심사

- Pediatrics
  - 핵심 평가: 아동 소통 능력, 부모 관계 형성, 공감력
  - 준비사항: 아동 발달 단계별 소통법, 어려운 가족 상황 대처 경험, 아동 학대 접근법

- Emergency Medicine
  - 핵심 평가: 빠른 의사결정, 멀티태스킹, 위기관리
  - 준비사항: Triage 경험, 시간 압박하 의사결정 사례, 불확실한 상황 대처 능력

자주 나오는 핵심 질문과 답변 전략

1. 'Why this specialty?'

효과적 답변 구조:
- 개인적 경험이나 깨달음의 순간
- 해당 전공의 특별한 매력 요소
- 자신의 성격/능력과의 적합성
- 향후 기여하고 싶은 방향

피할 답변: 금전적 동기, 다른 전공 비하, 교과서적 답변

예시: During my third-year rotation, I met a patient with… I was fascinated by… The experience made me realize… I believe my…. skills make me well-suited for … and I hope to contribute to patient care in… ways. [PS 내용을 압축]

2. 'Why our program?'

필수 준비: 웹사이트 철저 분석, 교수진 연구 분야, 프로그램 고유 특성, 지역 특성 파악

답변 요소: 구체적 강점 + 개인 목표 연결 + 기여 방안

3. "Tell me about yourself" "What are your strengths?" "What are your weaknesses?" 등

핵심 원칙:
- 첫 문장을 impactful하게 시작(형식적 인사 금지)
- 적절한 길이 유지(지루함 방지)
- 전공 특성에 맞춘 강점 부각
- 정신과 지원자는 성격이론 하나 이상 숙지 권장

예시:

- My journey in medicine began when I witnessed my grandmother's resilience in facing chronic illness, inspiring me to pursue a career where I could make a meaningful difference.

- As someone who thrives in fast-paced environments and values teamwork, I've always been drawn to the dynamic world of emergency medicine.

- My surgical journey began with a fascination for anatomy and a desire to make a tangible impact through precision and teamwork.

4. 'Describe a challenging situation'
- Situation: 상황 배경 설명
- Task: 자신의 역할과 책임
- Action: 구체적 행동과 노력
- Result: 결과와 배운 점

피해야 할 답변: 남 탓, 결과 없는 이야기, 모호한 사례

역질문 전략

- 프로그램 이해를 위한 질문:
- "이 프로그램에서 가장 성공적인 레지던트들의 공통점은 무엇인가요?"
- "프로그램의 가장 자랑스러운 부분은 무엇인가요?"
- "레지던트들이 직면하는 가장 큰 도전은 무엇인가요?"
- 교육 철학 등

- **조직문화 파악 질문(매우 중요!)**

입국 후 문제가 될 조직문화를 미리 파악하는 마지막 기회입니다. 아래 질문을 대하는 태도가 대답의 내용보다 더 핵심 정보를 제공해 줄 수도 있습니다.

- "What would current residents say is the most challenging aspect here?"
- "How would you describe the overall morale among residents?"
- "What type of resident tends to thrive or struggle most?"

금기 질문: 급여, 휴가, 근무시간 등 조건, 웹사이트 정보, 부정적 뉘앙스, 타 프로그램과의 직접 비교

IMG 특화 전략

- **언어적 우위 확보**
- 정확성〉속도: 명확한 발음과 간단한 문장 구조
- 의학 전문성: 의학 용어와 일상 표현의 적절한 균형

- **문화적 브릿지 구축**
- '한국에서는…' → '이전 경험에서…'
- 시스템 차이보다는 환자 케어 본질에 집중
- 한미 의료 시스템 비교 분석(간략하게)
- 배운 점과 적용 가능성 강조

- 적응 의지 보여주기
  - US 경험 있다면 적극 활용
  - 지역 사회 참여: 봉사활동이나 문화 교류 경험
  - 지속적 학습: 미국 의료 시스템에 대한 이해도 향상 노력

인터뷰 스케줄

무조건 아무 때나 맞추겠다고 하기보다는 한국 시차를 고려해서 미국의 오전 시간으로 배려를 정중히 요구하는 것도 전략입니다. 밤이 늦으면 국어 표현도 잘 떠오르지 않을 수 있는데 외국어로 한참 졸린 시간에 인터뷰하면 최적의 상태를 보여주기 어렵습니다.

인터뷰 당일 실전 팁

- 시간별 체크리스트

2시간 전: 기술 장비 점검 + 비상계획, 복장 정리, 자료 검토

30분 전: 환경 확보, 물 준비, 긴장 완화

- 고급 대화 스킬

핵심 태도: 진실성, 정직성, 존중, 적절한 여유, 프로페셔널한 미소

대화 기술: 명확한 논리적 표현, 적극적 경청, 심화 질문 능력, 성숙한 대인관계

- 절대 금기사항
  - 모니터 읽기: 눈동자 움직임이 부자연스럽게 노출됨
  - 장황한 일방적 설명
  - 부정적 경험 토로
  - 타 프로그램 비교("__는 __을 제공하는데 여기도 되나요?" 같은 협상)

- 자연스러운 답변 비법

카메라 옆에 핵심 키워드만 메모 → 자신의 언어로 자연스럽게 설명 → 진정성 있는 개인 경험 중심

화상 인터뷰 환경 최적화

- 필수 장비 세팅
  - 연결: 유선 인터넷 + 스마트폰 백업
  - 화질: 눈높이 카메라 + 별도 웹캠(필요시)
  - 음질: 외장 마이크/헤드셋(에코 방지)
  - 조명: 자연광 또는 링라이트(얼굴 앞 45도)

- 환경 최적화
  - 배경: 깔끔한 실제 배경(가상 배경 시 단색)
  - 복장: 진한 네이비/차콜 정장 + 흰 셔츠
  - 소음 차단: 가족 공지, 휴대폰 무음, 반려동물 대비
  - 투명 컵 물(음료 오해 방지)

- 소프트웨어 준비

10분 전 접속 대기, 플랫폼 사전 테스트, 프로필 세팅

인터뷰 후 전략적 후속 관리

- Thank You Letter(24시간 내 필수)

대상: 모든 면접관(교수, 레지던트, 스태프)

구성: 감사 → 인상적 내용 언급 → 관심 재확인 → 연락처 제공

예시:

Dear Dr. _____,

Thank you for taking the time to interview me yesterday for the Internal Medicine residency program. I was particularly impressed by your discussion about _____.

Our conversation reinforced my strong interest in your program, especially the emphasis on _____.

I am excited about the possibility of contributing to such a collaborative learning environment.

Please let me know if you need any additional information. I look forward to hearing from you.

Sincerely,

이름

연락처

- 지속적 관심 표현(월 1회 수준)
- 추천받은 자료 후기
- 프로그램 성과 축하
- 의미 있는 개인 업데이트

거절 시 프로페셔널한 대응:

- 기회를 준 것에 대한 감사 표현
- 아쉬움보다는 긍정적 메시지
- 향후 기회에 대한 문을 열어두기
- 프로그램의 성공을 기원하는 메시지

치명적 실수 방지 체크리스트

실수 유형	방지 전략
과도한 긴장	모의 인터뷰 + 대화 마인드셋 + 호흡 조절
기계적 답변	유연한 표현 + 흐름 적응 + 진정성
사전 조사 부족	웹사이트 정독 + 교수진 조사(개인 SNS 추적 금지)
스토리 불일치	PS 완벽 숙지 + 일관된 스토리라인
콘텐츠 부족	Personal Statement 파트의 '나는 무엇을 하고 싶은가' 섹션 참고

성공의 핵심 요소

인터뷰는 상호 평가의 장입니다. 지원자가 프로그램을 평가하는 기회이기도 하므로, 자신감 있되 겸손한 태도로 임하세요.

최종 성공 공식: 철저한 준비 + 진정성 있는 소통 + 전략적 후속 관리 = 함께 일하고 싶은 동료로 인식

제 4 부

Personal Statement는 자기소개서?

The Personal Statement

Personal Statement는 미국 전공의 지원에서 모든 것을 뒤바꿀 수 있는 핵심 서류여서 따로 하나의 항목으로 구성했습니다.

Personal Statement는
- 당신이 누구인지
- 왜 이 전공을 선택했는지
- 어떤 의사가 되고 싶은지

를 직접 전달할 수 있는 유일한 기회입니다.

프로그램 비서는 지원서의 최소 기준 충족 여부를 스크리닝한 뒤 디렉터에게 전달하며, 많은 디렉터가 가장 먼저 읽는 문서이자 면접 초대 여부를 결정하는 핵심 스크리닝 도구로 작용합니다.

낮은 USMLE 점수도 설득력 있는 스토리로 극복할 수 있고, 평범한 경험도 개인적 의미와 성장을 강조하면 특별해집니다.

수백 명의 동종 스펙 지원자 사이에서 당신만의 목소리와 진정성으로 차별화할 수 있는 핵심 무기이기 때문에, 다른 어떤 준비보다 더 많은 시간과 정성을 쏟아야 합니다.

 하지만, 한국에 도는 '족보'에서는 이를 흔히 '자기소개서'로 번역하면서 상당수의 후배들이 '나열형 개인사'에 초점을 맞춘 엉뚱한 내용을 작성했습니다.

 ERAS상의 Personal Statement는 '왜 이 전공을 선택했는지'와 '전공의 과정을 통해 어떤 의사가 되고자 하는지'를 집중 기술하는 문서입니다. 풀어서 설명해줘도 여전히 학력 · 경력 · 개인사 등 나열적으로 '자기소개'를 작성해 오는 후배들이 있어서 '지원 동기 및 목표 진술서'라고 번역해보았습니다.

이 파트는 다음의 내용을 포함합니다:

1. Personal Statement 개론
2. 족집게 글쓰기 과외
3. PS에 담을 내용 찾기

지원 동기 및 목표 진술서
(Personal Statement)

이주영

지원 동기 및 목표 진술서(Personal Statement, 이하 PS)는 레지던시 매치 과정 중 ERAS 포털을 통해 업로드해야 하는 필수 서류 중 하나입니다. PS는 이력서(Curriculum Vitae; CV)에 담지 못하는 지원자의 인격체로서의 모습을 보여줄 수 있는 중요한 도구입니다. 이력서가 지원자가 지금까지 이룩한 것들을 나열하는 데 의의가 있다면, PS는 이 이력들을 지원자가 어떻게 이루었는지, 내적 동기, 동력, 철학, 인간적인 강점 등을 부각합니다. 겸손이 미덕인 한국 사회에서 자란 지원자의 경우, 자신을 빛나게 하는 글을 쓰는 것이 생각보다 어려울 수 있습니다. PS의 분량은 보통 Letter 용지 1장으로 4-6문단, 총 500-800단어 정도입니다.

잘 작성된 PS는 인터뷰 초대받을 확률을 높일 수 있습니다. 잘 쓰여진 PS는 인터뷰어들이 지원자를 만나보는 것을 기대하게 만듭니다. 즉, PS는 인터뷰 당일 만남에 대한 기대치를 설정해 줍니다. PS에 인상적인 내용을 적으면 인터뷰 당일에 나누게 되는 대화가 그 인상적인 인생 이야기 주변으로 어느 정도 제한되는 효과가 있습니다. 많은 인터뷰어들이 PS에서 인상적이었던 부분을 메모해 두었다가 지원자를 직접 인터뷰할 때 관련된 질문을 합니다. PS를 통해 지원자에 대해 가지고 있던 인상을 인터뷰 당일에 확인합니다. 글로 기술된 내용을 말로도 일관되게 풀어낼 수 있는지를 인터뷰 당일에 확인합니다.

PS는 USMLE 점수만큼 인터뷰 초대 여부를 결정하는 강한 요소는 아니지만, 큰 실수를 드러내는 PS의 경우 좋은 USMLE 점수에도 불구하고 인터뷰 초대를 받지 못하는 결과를 낳을 수 있습니다. 질 높은 PS를 실수 없이 작성하기 위해 지켜야 할 원칙은 다음과 같습니다.

1. 진솔한 개인적 경험

자신의 경험을 진솔하게 담아내는 것이 좋습니다. 해당 과에 지원하게 된 동기와 연결될 수 있는 인생 경험을 솔직하게 담아내세요. 많은 지원자들이 첫 번째 문단을 개인적인 이야기로 시작합니다. 독자들이 나머지 글을 읽고 싶어질 만큼 흥미로운 이야기면 좋습니다. 어린 시절에 겪었던 가족의 건강 문제나 학생 실습 때 본 케이스에 관해 이야기할 수 있습니다. 개인적인 이야기는 진정성을 보여주고, 지원자의 자아성찰 기능을 잘 들여다볼 수 있게 합니다. 감정 관련 단어를 많이 사용하여 인간적인 면을 부각시키세요. 그러나 레지던시 지원 과정은 직장을 구하는 과정임을 명심하세요. 자신의 정신 건강이나 만성 질환에 대해 기술하는 것은 피하는 것이 좋습니다. 레지던트 선발자는 중도에 이탈하거나 근무지를 오래 비워야 하는 지원자를 뽑는 것을 지양하기 때문입니다. 이러한 건강상의 문제는 매치가 된 후 공개하는 것이 좋습니다.

2. 명확하고 일관적인 목표

많은 지원자들이 CV에 기록된 일련의 이력들이 일관적이지 않아 보일 수 있습니다. 실제로 여러 방면에서 시도해봤을 수도 있고, 어쩌다 보니 여러 일을 맡아서 했을 수도 있습니다. 그러나 중구난방으로 보이는 이러한 이력도 하나의 이야기로 엮어낼 수 있는 기회가 되는 공간이 PS입니다. CV에 기록된 현재까지의 이력과 미래의 목표를 하나의 스토리로 엮어낼 수 있다면 신뢰도 높은 PS가 될 것입니다. 마지막 문단에 레지던시 프로그램을 통해 이루고자 하는 목표를 명확히 하세요. 어떤 분야에 관심이 있는지, 그리고 그 분야에서 어떤 기여를 하고 싶은지를 적으십시오. 특정 질병에 관한 연구를 하고 싶다거나, 특정 지역사회에서 의료 서비스를 제공하고 싶다는 목표 등을 기술할 수 있습니다. 이러한 목표는 지원자의 열정과 비전을 보여줍니다.

3. 강점을 보여줄 때는 예시와 함께

자신의 강점이 되는 능력과 자질을 보여줄 때는 반드시 구체적인 사례를 들어 설명하세요. 보통 PS에는 2-3가지 강조하고 싶은 강점을 기술합니다. 유연성(flexibility), 회복 탄력성(resiliency), 인내(perseverance), 지적 호기심(intellectual curiosity), 팀플레이(team play) 능력 등이 레지던트 선발 때 강조되는 덕목입니다. 지원서를 검토해본 제 경험에 따르면, 과거 큰 고난을 어떻게 극복해냈는지에 대한 이야기를 자신의 강점으로 보여주는 PS가 많습니다. 그러나 이러한 점을 보여줄 때 구체적 사례가 없는 추상적 문장만 사용하면 설득력이 떨어집니다. PS에 구체적 경험이나 예시로 뒷받침되지 않는 추상적 문장은 과감히 지우세요. 임상 경험이나 연구 경험 등을 통해 얻은 교훈을 반드시 엮어서 이야기하세요. 특정 환자를 돌보면서 배운 점이나 연구 프로젝트에서 겪은 도전과 극복 과정을 설명할 수 있습니다. 하나의 강점을 뒷받침하기 위해 여러 예시를 들 수도 있습니다. 이러한 예시는 지원자가 실질적인 경험을 자신의 인간적 강점과 연결 짓는 능력을 잘 보여줍니다. 자신의 강점을 잘 활용하고 한계를 잘 깨닫는 것은 지원자로서 큰 강점입니다.

4. 간결하고 명확하게

글을 간결하고 명확하게 작성하세요. 불필요하고 장황한 설명은 피하고, 핵심 내용을 중심으로 두괄식으로 작성하세요. 매 문단의 첫 문장은 나머지 문장들을 모두 포괄할 수 있어야 합니다. 인터뷰어들은 바쁜 임상 도중에 짬을 내서 PS를 읽게 됩니다. 그렇기 때문에 쉽고 빠르게 읽힐 수 있게 쓰는 것이 좋습니다. 미사여구를 생략하고, 문장을 짧고 명확하게 쓰십시오. 짧고 명확한 문장이 무엇인지를 이해하고 싶다면 헤밍웨이의 『노인과 바다』를 영어로 읽어볼 것을 권유합니다. 인터뷰어들은 PS를 보면서 지원자가 나중에 프로그램에 오면 어떤 글을 의무기록에 남길지 예측합니다. PS를 통해 지원자가 레지던시 트레이닝 중 의무기록을 얼마나 목적에 맞게 짧고 굵게 쓸 수 있는지를 가늠할 수 있습니다. 의무기록은 중요한 내용은 꼭 포함하면서도, 필요 없는 내용은 잘 생략해서 너무 길지 않게 작성하는 것이 이상적입니다. 그러나 미국은 한국보다 기본적으로 작성해야 하는 의무기록이 매우 길며, 특히 수련의에게는 생략 없는 전체 문장(full sentences)을 사용할 것을 요구합니다. 글을 통해 지도 전문의가 전공의들의 생각의 흐름을 이해하고 이를 첨삭해주기 위함입니다.

5. 퇴고와 첨삭

문법과 맞춤법에 신경을 많이 써야 합니다. 문법이나 맞춤법 오류는 글 전체의 신뢰성뿐 아니라 지원자에 대한 신뢰도를 떨어뜨릴 수 있으므로, 꼼꼼히 확인하는 것이 중요합니다. 특히 영어가 모국어가 아닌 한국 지원자의 경우 인터뷰어들은 PS를 더 꼼꼼히 확인할 가능성이 큽니다. 요즘은 ChatGPT와 같은 AI의 프롬프트를 사용한 편집 기능이 있기 때문에 과거보다 퇴고에 많은 시간과 비용이 들지 않을 겁니다. 같은 해에 지원하는 다른 이들과 어떤 AI 프롬프트가 더 나은 편집 결과를 이끌어내는지 공유하면 좋겠습니다. 동료들뿐 아니라 미국 수련병원에서 일해본, 실제 레지던시 지원자들의 PS를 많이 읽어본 사람들에게 꼭 검토를 부탁하세요. 글에는 단순히 맞춤법을 넘어서는 문화적 요소가 녹아 있기 때문입니다. 자신도 모르는 사이에 한국에서는 미덕이 되나 미국에서는 논란이 될 수 있는 내용을 포함시켰을 수 있기 때문입니다. 전체적인 흐름, 일관성, 수련의로서의 자세 등의 종합적 검토를 위해 꼭 앞서 이 길을 걸은 선배들의 도움을 받기를 강하게 권유드립니다.

PS 한 편이 인생을 바꾼다

염선영

프롤로그: 두 PS의 운명이 갈리는 순간

수백 개의 지원서가 쌓인 책상 앞에서, 한 정신과 교수가 피곤한 눈을 비비며 다음 서류를 집어든다. 하루 종일 비슷비슷한 이야기들을 읽어온 그에게, 이번에도 또 다른 '평범한' 지원자의 사연이 기다리고 있을 뿐이다.

같은 경험, 같은 아픔, 같은 꿈을 가진 두 명의 지원자.

하나는 3초 만에 불합격.

다른 하나는 면접 확정.

그 차이는 무엇일까?

그 차이는 바로 어떻게 이야기하느냐에 있다.

1부: 운명을 가르는 첫 문장

● 3초의 기적 혹은 재앙

'제가 정신과에 지원하게 된 동기를 말씀드리고자 합니다.'

교수의 손이 이미 다음 서류로 향한다. 첫 문장만 읽어도 뻔하다. 또 다른 뻔한 이야기의 시작이다.

'중학교 2학년, 평범했던 어느 봄날이 갑자기 무너져 내렸다.'

교수의 손이 멈춘다. 무슨 일이 일어났을까? 왜 무너져 내렸을까? 그는 자신도 모르게 다음 문장으로 시선을 옮긴다.

3초 안에 승부가 난다. 당신의 첫 문장은 어떤가?

● 두 버전의 극명한 대조

같은 지원자의 이야기를 두 가지 버전으로 써보았다.

[비교적 흔한 지루한 버전]

제가 정신과에 지원하게 된 동기를 말씀드리고자 합니다. 중학생 때 가장 친한 친구였던 사촌동생이 자살로 생을 마감했습니다. 그리고 그 일로 인해 많은 생각을 하게 되었습니다. 또한 왜 그런 일이 일어났는지 이해하려고 노력했습니다. 그래서 관련 영화도 보고 책도 읽었습니다. 더불어 무엇이 그를 그렇게 절망적으로 만들었는지 궁금했습니다….

[몰입형 버전]

중학교 2학년, 평범했던 어느 봄날이 갑자기 무너져 내렸다. 가장 친한 친구였던 사촌동생이 스스로 세상을 떠났다는 소식을 들었을 때, 나는 한동안 그 말의 의미조차 이해할 수 없었다.

왜였을까. 단순했던 나는 그 이유를 찾기 위해 발버둥쳤다. 죽음을 다룬 영화들을 찾아보고, 절망에 관한 책들을 읽어내려갔다. 무엇이 한 소년을 그토록 깊은 어둠 속으로 밀어넣었을까….

차이가 보이는가? 첫 번째는 읽는 이로 하여금 '또 뻔한 이야기구나' 하며 관심을 잃게 만든다. 두 번째는 '어떤 이야기일까?' 하며 끝까지 읽고 싶게 만든다.

- 첫 문장만 읽고도 궁금증이 생기는가?

2부: 연결의 기술 – '그리고'의 함정과 '그런데'의 마법

단조로운 연결어가 만드는 지루함
'그리고, 또한, 더불어, 그래서…'

[지루한 버전]
시간이 지나면서 슬픔이 줄어들었습니다. 그리고 고등학교를 열심히 다녔습니다. 또한 매일 생활하다 보니 의대생이 되었습니다. 그리고 임상실습을 하게 되었습니다. 더불어 정신과 실습도 했습니다. 그리고 폐쇄 병동의 환자들을 보았습니다. 또한 사촌동생을 잃었을 때의 감정

이 다시 떠올랐습니다.
지루한 버전을 읽다 보면 이런 연결어들이 기계적으로 반복된다. 마치 로봇이 작성한 것 같은 느낌을 준다. 각 문장이 개별적으로 존재할 뿐, 하나의 흐름 있는 이야기가 되지 못한다.

• 당신의 PS는 어떤 연결어를 주로 사용하고 있었나?

자연스러운 전환이 만드는 몰입
'그러나, 그런데, 하지만, 그 순간…'
몰입형 버전에서는 이런 자연스러운 전환어들이 독자를 이야기의 흐름 속으로 끌어들인다. 각 문장이 다음 문장에 대한 궁금증을 불러일으키고, 독자는 자연스럽게 끝까지 읽게 된다.

[몰입형 버전]
그러나 시간은 모든 것을 희석시켰다. 슬픔은 점차 일상에 묻혔고, 나는 그저 하루하루를 살아갔다. 고등학교를 졸업하고, 어느새 의대생이 되어 있었다. 그 모든 시간 동안 사촌동생은 내 기억 한편에 조용히 잠들어 있었다.
그런데 정신과 실습 첫날, 폐쇄 병동의 문이 열리는 순간 모든 것이 되살아났다. 앙상한 손목에 남은 상처들, 허공을 응시하는 공허한 눈빛, 약물로 흐려진 의식 속에서도 새어 나오는 깊은 절망. 그 순간 십 년 전 잃어버린 친구의 얼굴이 선명하게 떠올랐고, 가슴 깊숙이 묻어두었던 그날의 충격이 고스란히 되살아났다.

이런 전환어들이 만드는 리듬감이 독자를 사로잡는다.

• 각 문장이 다음 문장에 대한 기대감을 만드는가?

3부: 어휘 선택과 글 리듬의 힘

● 밋밋한 표현 vs 생동감 있는 묘사

같은 상황을 묘사하는 두 가지 방식을 비교해보자.

지루한 표현	몰입형 표현
'많은 생각을 하게 되었습니다'	'발버둥쳤다'
'슬픔이 줄어들었습니다'	'시간은 모든 것을 희석시켰다'
'환자들을 보았습니다'	'앙상한 손목에 남은 상처들, 허공을 응시하는 공허한 눈빛'
'의문이었습니다'	'가슴 깊숙이 묻어두었던 그날의 충격이 고스란히 되살아났다'

왼쪽 표현들은 추상적이고 거리감이 있다. 오른쪽 표현들은 구체적이고 감각적이어서 독자가 마치 그 현장에 있는 것처럼 느끼게 만든다.

● 문장 구조가 만드는 리듬감

지루한 버전은 비슷한 길이의 문장들이 기계적으로 반복되어 읽을 때 리듬이 없다.

몰입형 버전은 짧은 문장과 긴 문장이 리듬감 있게 배치된다:

- '왜였을까.'(짧은 문장으로 강조)
- '무엇이 한 소년을 그토록 깊은 어둠 속으로 밀어넣었을까. 어떻게 나는 바로 옆에 있으면서도 그의 고통을 전혀 눈치채지 못했을까.'(긴 문장으로 깊이 있는 성찰 표현)

이런 리듬의 변화가 독자의 감정을 고조시키고 완화시키며 자연스럽게 이야기 속으로 끌어들인다.

4부: 몰입형 PS의 핵심 원칙

● 원칙 1: 첫 문장이 모든 것을 결정한다

수백 개의 지원서를 검토하는 심사위원들에게 첫 문장은 생사를 가르는 순간이다. 독자의 뇌리에 즉시 의문을 심어야 한다. '무슨 일이 일어났을까?' '왜 그랬을까?' 이 궁금증이야말로 독자를 끝까지 이끄는 원동력이 된다.

● 원칙 2: 나를 보여주는 것이 아니라, 나를 뽑아야 하는 이유를 보여준다

지원 동기 및 목표 진술서는 자아 성찰의 장이 아니다. '나는 이런 사람입니다'를 보여주는 것이 아니라 '나를 뽑으면 이런 이익이 있습니다'를 증명하는 문서다.

개인적인 상처를 단순히 털어놓는 것과, 그 경험이 어떻게 환자에 대한 깊은 공감 능력으로 발전했는지 보여주는 것은 완전히 다르다. 전자는 동정을 구하는 것이고, 후자는 전문적 자질을 입증하는 것이다.

● 원칙 3: 환자를 중심에 둔 철학이 모든 것을 관통한다

의사에게 정답이 있다면 그것은 '환자를 위해서'다. 자신의 성취나 야망을 나열하는 것보다 환자 케어에 대한 헌신을 보여주는 것이 훨씬 설득력 있다.

사촌동생에게 미처 건네지 못한 그 말들을 비슷한 아픔을 겪는 사람들에게 전하고 싶다고 표현하면 개인적 아픔이 환자를 향한 치유 의지로 자연스럽게 연결될 수 있다.

● 원칙 4: 명확함이 문학적 표현보다 우선한다

시적이고 추상적인 표현은 종종 메시지를 흐린다. 수백 건의 원서를 빠르게 검토하는 심사위원에게 '도대체 무슨 소리인지' 이해하기 어려운 글은 치명적이다.

• 문제 유형 1: 지나친 문학적 표현

가끔 멋있게 보이려고 지나치게 문학적인 표현을 쓰는 지원자들이 있다. 예를 들어 이런 식이다:

"나는 상처받은 영혼들의 정원사가 되고 싶다. 메마른 마음의 토양에 희망이라는 씨앗을 심고, 절망의 잡초를 뽑아내며, 치유의 꽃이 피어나도록 돌보는 것이 나의 소명이다."

이런 문장을 읽은 교수는 속으로 이렇게 생각할 것이다. "PS가 뭐하는 문서인지 모르는군. 무슨 일을 해야하는지 정확히 파악하고 하지 않고 하고 싶은대로 할 사람인듯"

아무리 아름다운 비유도 문서의 목적에 부합하지 않고 메시지가 불분명하면 의미가 없다.

대신 생동감 있으면서도 명확해야 한다. '폐쇄 병동의 문이 열리는 순간', '앙상한 손목에 남은 상처들'과 같은 표현은 구체적이고 직관적이다. 독자가 즉시 상황을 그려볼 수 있으면서도 감정적 임팩트를 전달한다.

기억하자: 문학 작품을 쓰는 것이 아니라 직업을 구하는 문서를 쓰는 것이다.

- 원칙 5: 남의 말이 아닌 자신만의 통찰을 보여준다

- 문제 유형 2: 인용문과 독서 자랑

또 다른 흔한 실수는 유명한 의사의 명언을 인용하거나 읽은 책을 나열하는 것이다:

'히포크라테스는 '~'라고 말했다. 이 명언이 나에게 큰 감동을 주었다. 또한 아툴 가완디의 『ooo』를 읽고 깊은 성찰을 하게 되었다.'

교수의 반응: '정작 본인의 생각은 어디에 있는가? 자신의 생각이나 의견에 자신이 없어서 자꾸 다른 사람 말을 인용해야만 하는 걸까?'

지식의 양이 아니라 사고의 깊이를, 남의 말이 아니라 자신만의 통찰을 보여주어야 한다. 현학적 과시보다 진정한 성찰을 우선해야.

예를 들어: '가완디의 책을 읽고 감동받았다'가 아니라 '환자의 죽음 앞에서 의료진이 느끼는 무력감을 읽으면서, 사촌동생을 구하지 못한 내

경험이 떠올랐다. 그때는 단순히 '내가 부족해서'라고 생각했는데, 이제는 그 무력감이야말로 더 나은 의사가 되려는 동력이 될 수 있다는 것을 깨달았다.'

후자는 책의 내용을 자신의 경험과 연결하고, 그로부터 새로운 통찰을 얻은 사고 과정을 보여준다. 이것이야말로 교수들이 보고 싶어 하는 것이다.

● 원칙 6: 함께 일하고 싶은 동료상 제시

결국 PS의 최종 목표는 '이 사람과 함께 일하고 싶다'는 생각을 심사위원에게 심어주는 것이다. 완벽한 슈퍼맨이 아니라 진정성 있고 성장 가능성이 있는 동료의 모습을 보여주는 것이 더 효과적이다.

5부: 실전 비교-같은 이야기, 다른 운명

[지루한 버전(탈락 확률 높이기 공식)]

정신과에 지원하게 된 동기에 대해 말하고자 합니다. 중학생 때 가장 친한 친구였던 사촌동생이 자살로 생을 마감했습니다. 그 일로 인해 많은 생각을 하게 되었습니다. 또한 왜 그런 일이 일어났는지 이해하려고 노력했습니다. 그래서 관련 영화도 보고 책도 읽었습니다. 더불어 무엇이 그를 그렇게 절망적으로 만들었는지 궁금했습니다. 그리고 왜 내가 그의 고통을 몰랐는지도 의문이었습니다.

시간이 지나면서 슬픔이 줄어들었습니다. 그리고 고등학교를 열심히 다녔습니다. 또한 매일 생활하다 보니 의대생이 되었습니다. 그리고 임상실습을 하게 되었습니다. 더불어 정신과 실습도 했습니다. 그리고 폐쇄 병동의 환자들을 보았습니다. 또한 사촌동생을 잃었을 때의 감정이 다시 떠올랐습니다.

하지만 실습을 마친 후에도 여전히 잘 모르겠습니다. 그리고 그가 왜 죽어야 했는지도 이해하기 어렵습니다. 또한 내가 무엇을 할 수 있었는지도 확실하지 않습니다. 더불어 지금 무엇을 해야 그런 죽음을 막을 수 있는지도 의문입니다. 그래서 한번 깊이 공부해보고 싶어졌습니다. 나는 내가 정신과에 적합한 사람인지 확신이 없습니다. 그리고 다른 사람의 인생에 도움을 줄 수 있을지도 의문입니다. 하지만 삶의 희망을 찾을 수 있게 도와주는 의사가 되고 싶습니다.

지루한 버전을 읽는 교수의 마음
- '또 뻔한 이야기구나' → 관심 상실
- 기계적으로 작성된 느낌 → 진정성 의심
- 예측 가능한 전개 → 읽기 포기

결과: 읽다 말고 '불합격' 더미행

[몰입형 버전(높은 확률로 면접 확정)]

중학교 2학년, 평범했던 어느 봄날이 갑자기 무너져 내렸다. 가장 친한 친구였던 사촌동생이 스스로 세상을 떠났다는 소식을 들었을 때, 나는 한동안 그 말의 의미조차 이해할 수 없었다.

왜였을까. 단순했던 나는 그 이유를 찾기 위해 발버둥쳤다. 죽음을 다룬 영화들을 찾아보고, 절망에 관한 책들을 읽어내려갔다. 무엇이 한

소년을 그토록 깊은 어둠 속으로 밀어넣었을까. 어떻게 나는 바로 옆에 있으면서도 그의 고통을 전혀 눈치채지 못했을까.

그러나 시간은 모든 것을 희석시켰다. 슬픔은 점차 일상에 묻혔고, 나는 그저 하루하루를 살아갔다. 고등학교를 졸업하고, 어느새 의대생이 되어 있었다. 그 모든 시간 동안 사촌동생은 내 기억 한편에 조용히 잠들어 있었다.

그런데 정신과 실습 첫날, 폐쇄 병동의 문이 열리는 순간 모든 것이 되살아났다. 앙상한 손목에 남은 상처들, 허공을 응시하는 공허한 눈빛, 약물로 흐려진 의식 속에서도 새어 나오는 깊은 절망. 그 순간 십 년 전 잃어버린 친구의 얼굴이 선명하게 떠올랐고, 가슴 깊숙이 묻어두었던 그날의 충격이 고스란히 되살아났다.

하지만 실습을 마친 지금도 여전히 답은 찾지 못했다. 그는 정말 왜 죽어야 했을까. 그때 내가 할 수 있었던 일은 무엇이었을까. 그리고 지금의 나는 또 다른 누군가의 마지막 선택을 막을 수 있을까.

솔직히 고백하자면, 아직도 확신은 없다. 내가 과연 정신과 의사로서 적합한 사람일까. 타인의 가장 깊은 상처에 다가가 진정한 위로를 건넬 수 있을까. 때로는 내 자신조차 이해하지 못하는 날들이 있는데, 과연 다른 누군가의 마음을 온전히 이해할 수 있을까.

하지만 그 실습 기간 동안, 작은 변화들을 목격했다. 며칠째 말 한마디 하지 않던 환자가 내게 "고맙다"고 속삭였던 순간. 퇴원을 앞둔 한 청년이 "선생님 덕분에 다시 살고 싶어졌어요"라며 눈물 글썽이던 모습. 그때마다 가슴 한편이 뜨거워지면서, 이 길이 틀리지 않았다는 작은 확신이 생겼다.

사촌동생을 구하지 못한 그 무력감은 여전히 내 안에 남아 있다. 아마 평생 완전히 사라지지 않을 것이다. 그러나 그 아픔이 이제는 나를 무너뜨리는 것이 아니라, 같은 고통에 빠진 다른 이들을 향한 깊은 공감으로 바뀌고 있음을 느낀다.

나는 완벽한 의사가 될 수 없을지도 모른다. 때로는 환자의 아픔 앞에서 함께 울 수밖에 없는, 여전히 서툰 사람일 수도 있다. 하지만 그래서 오히려 더 진심으로 다가갈 수 있지 않을까. 전문 지식만으로는 채울 수 없는 마음과 마음 사이의 빈 공간을, 따뜻한 손길 하나로 메워갈 수 있지 않을까.

사촌동생에게 미처 건네지 못한 그 말들을 이제는 다른 누군가에게 전하고 싶다. "괜찮다, 네가 혼자가 아니야. 함께 견뎌보자." 그렇게 한 사람씩, 한 마음씩 어루만지며 배워가고 싶다. 어떻게 하면 절망에 잠긴 마음에 작은 빛 한 줄기라도 스며들게 할 수 있는지를.

몰입형 버전을 읽는 교수의 마음

- 첫 문장부터 '어떤 이야기일까?' → 집중도 상승
- 지원자의 솔직한 자기성찰 → 진정성 인정
- '이 학생은 환자의 마음을 진정으로 이해할 수 있겠구나' → 전문적 자질 인정
- '완벽하지 않아도 되니까 함께 배워가자' → 가르치고 싶은 마음 생성

결과: "꼭 만나보고 싶다"며 면접 확정

6부: 브랜딩 전략의 함정과 기회

지원자가 어떤 브랜드 가치를 내세우느냐에 따라 이 글의 효과가 극명하게 갈린다. 몰입형 버전을 사용해도 브랜드 포지셔닝에 따라 타겟 독자의 기대치가 다를 것이고 이에 따라 성공적인 어필이 될 수도, 역효과를 낼 수도 있다.

- 신진 치료자 브랜딩 시 → Goal-aligned
  - 진정성과 열정이 핵심 강점으로 어필
  - 성장 가능성과 순수한 동기 부각
  - 학생 수준에서는 충분히 감동적이고 설득력 있는 서사

- 연륜 있는 전문가 브랜딩 시 → Goal-incongruent
  - 전문성 부족의 신호로 해석될 위험
  - 치료적 미숙함의 증거로 인식 가능

- 하지만 이 몰입형 PS를 연륜과 경력을 강조한 지원자가 썼다면? – 생기는 의문점과 우려들

  치료적 경계 설정 이슈

  '함께 울 수밖에 없는'이라는 표현에서 countertransference에 대한 성찰 부족과 감정적 경계 위반 우려. 과도한 감정적 개입을 치료적 경계의 위반으로 지적할 가능성.

  동기 순수성 의문

"덕분에 다시 살고 싶어졌다"는 환자의 말을 개인적 성취로 해석하는 측면에서, 치료가 치료자의 narcissistic needs를 충족시키기 위한 수단으로 작용할 위험성 경고.

임상적 성숙도 부족

공감적 이해의 중요성은 인정하되, 전문적 거리두기와 체계적 접근법에 대한 언급 부재로 인한 미숙함 노출.

동일한 서사도 브랜딩 전략과 타겟 독자의 기대치에 따라 완전히 다른 메시지로 해석될 수 있다. 이는 지원서 작성 시 명확한 포지셔닝 전략의 중요성을 보여주는 전형적 사례라 할 수 있다.

- 내 PS는 내 브랜드 전략에 잘 부합하는 광고인가?

한 편의 글이 바꾸는 인생

같은 경험, 같은 아픔, 같은 꿈을 가진 두 지원자의 운명이 갈렸다. 그 차이는 단순히 '글쓰기 실력'이 아니다. 어떻게 독자의 마음을 움직일 것인가에 대한 전략적 사고의 차이다. 한편으로는 읽는 이에 대한 배려의 차이다.

성공적인 Personal Statement는 진정성과 전략성의 절묘한 결합이다. 진짜 경험에서 출발하되, 그것을 어떻게 전문적 자질과 연결하고 독자의 마음을 움직일지 치밀하게 계산해야 한다.

결국 PS는 단순한 정보 전달이 아닌, 독자의 마음을 움직이는 스토리텔링이어야 한다. 같은 내용이라도 연결어와 어휘 선택, 문장 구조만

바꿔도 '지루한 이야기'가 '함께 일하고 싶은 동료'로의 인식 전환을 만들어낼 수 있다.

이것이 바로 전략적 진정성의 힘이다. 그리고 이 한 편의 글이 한 사람의 인생을 바꿀 수 있는 이유다.

Epilogue

● AI시대의 딜레마

요즘 많은 지원자들이 AI를 활용해 Personal Statement를 작성하고 있습니다. 하지만 여기에는 기회와 위험이 공존합니다.

● AI가 정말 잘하는 것들

- 문법과 구조 교정: 자연스러운 영어 표현으로 다듬기
- 논리적 흐름 개선: 단락 간 연결과 전체적 구성 최적화
- 표현력 향상: 단조로운 문장을 더 매력적으로 변환

● 효과적 활용 전략

AI를 편집자로 활용하세요:

- 본인이 먼저 초안 작성 → AI로 문체 개선
- 구체적 경험 제공 → AI로 표현 방식 다양화
- 여러 버전 비교 → 최적의 표현 선택

AI 대화 예시:

- 이 부분을 좀 더 간결하게 표현할 수 있을까?

- 이 단어를 쓰긴 했지만 내가 정말 원하는 느낌은 이런 건데, 대안이 있을까?
- 제안 중 2, 4번이 가장 근접한데, 2번은 이런 부분이 아쉽고 4번은 이런저런 부분이 아쉬워. 내가 원하는 건 이런 거야.
- 문장이 너무 긴 것 같은데 문장을 분리하니 또 생각이 분리된 것 같은데, 솔루션이 있을까?
- 이 부분이 읽으면서 걸려. 내용 전환이 갑작스러워. 자연스럽게 연결되도록 하려면?
- 이 부분이 좀 비판적인 어투인데, 정보 제공이 우선적 목표야. 어떻게 손봐야 할까?
- 중복되는 내용을 걸러줘.

AI의 한계: Generic함의 함정

● AI가 만들어내는 문제들
- 다른 사람과 비슷한 내용과 구조
- 표면적 감동: 진정성 없는 클리셰와 상투적 표현
- 경험의 추상화: 구체적 디테일이 사라진 일반론
- AI 탐지 위험: 점점 정교해지는 AI 검출 프로그램

나는 무엇을 하고 싶은가

염선영

글쓰기 기법을 가르치고, 선발위원회가 원하는 것이 무엇인지 설명한 후에도 여전히 남는 문제가 있었다.
'무엇을 써야 할지 모르겠다.'
글쓰기는 편집 업체에 돈을 지불하면 잘 만들어진 글로 완성해줄 수 있다. 그러나 내용이 공허하면 아무리 화려한 포장지로 감싸도 빈 상자일 뿐이다.
흥미롭게도, 글솜씨가 뛰어나지 않아도 하고 싶은 게 명확한 사람은 다르다.
왜일까?
이들의 이력서엔 일관성이 있다. 추천서엔 진정성이 묻어난다. Personal Statement에는 앞선 두 문서와 연결되는 뚜렷한 주제가 보인다. 이런 사람은 이미 자신의 뜻을 세운 사람이다. 그래서 또래에 비해 성숙해 보인다. 그리고 이런 후배들은 USMLE 점수, 미국 클럭십 유무와 상관없이 원하는 프로그램에 들어갔다.

그래서 나는 후배들에게 물었다.

'정말 뭘 하고 싶은가?'

1단계: 현실 직시하기

이 질문 앞에서 많은 후배들이 멈춰 섰다.

의사가 되고 싶은 이유를 묻자 돌아오는 답변은 뻔했다.

"환자를 돕고 싶어서요."

"의학 발전에 기여하고 싶어서요."

계속 캐묻는다. 그러면 문득 드러나는 진실이 있다.

본인도 모른다는 것.

내가 만난 많은 후배들에게 삶의 목표는 늘 시험 통과였을 뿐이다. 초등학교 때부터 고등수학, TOEFL 만점이 목표, 그룹과외와 학원을 다니며 달려온 길. 점수와 등수가 정체성이 되어버린 경우가 많았다.

답을 가져오는 후배들도 있었다.

"교수가 되고 싶다."

"연구자가 되고 싶다."

"유명한 대학의 교수가 되고 싶다."

이들의 공통된 욕구는 인정받고 싶다는 것이었다.

 이런 마음 자체가 나쁜 건 아니다. 환자 진료를 잘하는 것이 자존감의 원천이 된다면 최선을 다하게 된다. 자기애적 성향이 적응적으로 작용하는 셈이다. 하지만 여기에는 미묘한 함정이 있다. 실제 역량을 기르는 것과 그런 모습으로 보이는 것 사이의 차이다. 성과 지표에 집착하고, 대외적 평판을 쌓는 활동에 몰두하며, 전문가로서의 이미지를 구축하는 데 에너지를 쏟게 된다. 이때 환자의 실질적 치유는 부차적 목표가 되고, '훌륭한 의사'라는 정체성 자체가 추구의 대상이 된다.

- 1단계 핵심 질문: '나는 정말 무엇을 하고 싶은가?'

2단계: 뽑는 사람의 관점 이해하기

ERAS에 들어가는 서류는 지원자에 대한 다층적 데이터 패키지다. 선발위원회는 이 패키지를 종합적으로 본다. 어떤 사람은 정량적 부분을 중요하게 보고, 어떤 사람은 정성적 부분을 더 중요하게 본다. 비중이 다를지언정 전체적인 그림을 본다는 건 변함없다.

언제 지원자를 원하게 될까? 장점이 단점보다 많을 때. 뽑아야 할 이유가 뽑지 말아야 할 이유보다 더 많을 때.

그런데 이 과정에서 장점을 덮을 만큼의 뚜렷한 단점이 나타나면 걸러진다.

Personal Statement는 이 저울을 기울이는 핵심 요소다.

상상해보자. 시험 고득점에 학교 성적도 좋다. 이력서에는 다양한 활동이 나열되어 있다. 그런데 추천서는 모두 단기간 만난 사람들뿐이다. 자기소개서에는 겉멋만 든 내용이 가득하다.

선발위원회는 생각한다. '이 사람과 함께 일하고 싶은가?'

- 2단계 핵심 질문: 나를 뽑아야 하는 이유는?

3단계: 그들이 찾는 것과 피하는 것 이해하기

선발하는 사람이 선호하는 특성들은 다음과 같다:

- 부지런하고 꾸준한 – 단기간이 아닌, 지속적인 노력을 보여주는
- 성숙하고 책임감 있는 – 어려운 상황에서도 맡은 일을 완수하려는
- 융통성 있고 효과적인 – 예상치 못한 상황에서도 해결책을 찾는
- 윤리적이고 원칙이 있는
- 인내심 있는
- 창의적인 – 기존 방식에 안주하지 않는

반면 걸러내려는 특성들도 있다:

- 쉽게 포기하거나 대충 하는
- 미성숙하고 남 탓하는
- 무기력하고 비효율적인
- 기회주의적인
- 성급한
- 경직된 사고를 가진
- 오만하거나 의존적인

물론 완성된 인간을 찾는 건 아니다. 성숙을 향해 나아가고 있는 사람을 찾는 것이다.

- 3단계 핵심 질문: 나는 그들이 선호하는 특성을 보여줄 수 있는가?

4단계: 실전 자기 탐색법

기질은 타고나는 부분이 많다. 그래서 스스로 내가 어떤 사람인지 이해하고 자신의 장점이 빛을 발할 환경을 찾아가야 한다.

예를 들어, 충동적 기질이 높은 사람을 생각해보자. 이런 사람은 모든 정보를 수집하고 포괄적으로 검토하는 곳보다는 직관적이고 빠른 판단을 요하는 상황에서 유능할 수 있다. 프로젝트를 끝까지 마무리하는 것은 어려워도, 시작과 초기 추진력은 누구보다 뛰어날 수 있다.

이런 사람이 내과를 지원한다면 자기의 스토리를 풀어가기 어려울 것이다. 반면 본인의 기질을 이해하고 스토리를 잘 풀어가면 응급의학과에서 매력적인 후보가 될 수 있다.

 타고난 기질과 달리 자율성, 연대감 같은 성격은 스스로 수양을 통해 다듬어가는 것이다. 이게 낮은 사람은('low character') 전공의 생활을 견뎌내기 어렵고, 주변 사람들이 고생할 확률이 높다.

- '시련이 없었다'는 착각

"시련을 어떻게 극복했는지 쓰라고 하는데, 저는 시련이 없었어요."
이런 말을 자주 듣는다. 정말일까?
인간은 누구나 내적 갈등과 성장의 순간들을 겪는다. 기회의 순간에 성장을 향한 선택을 해온 사람이라면 오히려 너무 많은 경험 중 어떤 이야기를 선택해야 할지 고민하게 될 것이다.

"시련이 없었다"고 말하는 것은 무엇을 의미할까? 선택의 갈림길에서 늘 안전한 길, 정체되는 길을 택해왔을 수도 있다. 혹은 솔직하지 못하거나 방어적인 태도일 수도 있다. 아니면 독립적인 문제 해결 경험이 부족할 수도 있다.

물론 모든 PS가 극적인 시련 극복 이야기를 담아야 하는 것은 아니다. 회복력, 통찰력, 적응력, 협응력, 자율성은 다양한 방식으로 드러낼 수 있다.

● 성찰 능력이 중요한 이유

"장단점이 뭔가요?"라는 질문도 같은 맥락이다.

이 질문의 핵심은 자기 이해 능력을 보는 것이다. 내가 환자를 진료할 때 나의 강점과 약점이 어떻게 작용할지 아는 것이 중요하기 때문이다. 예를 들어, 윤리적 기준이 높은 것은 의사에게 큰 장점이다. 하지만 같은 기준을 환자에게도 적용하면? 임신 중 마약을 하는 산모나 불륜이 들킬까 봐 불안해서 정신과를 찾은 환자에게 판단적인 태도를 보일 수도 있다.

내 가치관과 성향이 환자 관계에 어떤 영향을 미치는지 알아야 치료적으로 대응할 수 있다.

● 심층적 자기 이해를 위한 선택지

도저히 모르겠다면 전문적인 심리 분석을 받아보는 것도 하나의 방법이다.

시중에 유행하는 간단한 성격 검사가 아니라, 내가 보여주고 싶은 모습이 아닌 진짜 내 모습을 드러내는 깊이 있는 검사 말이다.

실제로 몇몇 후배들과 함께 이런 검사를 해보기도 했다.

결과는 다양했다. PS를 쓰는 것뿐만 아니라 어떤 과를 왜 지원해야 하는지에 대해서도 생각이 정리가 되었다는 후배도 있었다. 반면 자기도 아는 자신의 싫은 모습을 파헤친 것이 괴로웠다며 도움이 되지 않고 의욕만 꺾어버렸다는 사람도 있었다.

두 번째 반응도 이해할 만하다. 하지만 내가 나의 진짜 모습과 마주하기를 거부한다면 성장하기 어렵다.

● 체계적 접근법

성찰할 시간은 부족하고 당장 지원서를 써야 한다면 다음 방법을 시도해보자:

1단계: 핵심 경험을 선정
- 임상 실습 중 가장 인상 깊었던 환자 사례
- 의료인으로서의 방향성을 깨닫게 해준 순간
- 장기간 지속한 의미 있는 활동이나 프로젝트

2단계: 각 경험을 구조화

1. 상황: 무슨 일이 있었는지 구체적으로
2. 감정: 그때 느낀 감정들
3. 사고: 왜 그렇게 반응했는지 분석
4. 학습: 어떤 깨달음을 얻었는지

5. 적용: 앞으로 어떻게 활용할 것인지

6. 연결: 선택한 전문과와 어떻게 이어지는지

3단계: 논리적 흐름 만들기

과거 경험 → 현재 관심사 → 미래 목표

- '되고 싶은 것'이 아니라 '하고 싶은 것'에 집중!

4단계 핵심 질문: 내가 정말 하고 싶은 일은 무엇인가?

진짜 질문

시험 고득점이 중요하다는 조언도, 특정 추천서가 필요하다는 이야기도 들린다. 하지만 이런 개별 정보들을 전체 맥락에서 바라봐야 한다. 의대 진학과 졸업, USMLE 통과로 기본적인 지적 능력은 이미 검증되었다. 좋은 점수가 도움이 되기도 하지만, 자기성찰 능력이 부족하고 미성숙한 사람이라면 만점을 받았다 해도 함께 일하고 싶은 동료가 아니다.

시험 준비에는 몇 달을 투자하면서 Personal Statement는 며칠이면 충분하다고 여기는 이유는 무엇일까? 아마도 많은 후배들이 측정 가능한 것들에만 익숙해져 있기 때문일 것이다. 의업을 행함에 있어 오로지 측정 가능한 것만 좇는 의사를 만나는 것은 환자에게 불운일 것이다.

진짜 질문은 이것이다: '당신은 어떤 의사가 되고 싶은 사람인가?'
이 질문에 진솔하게 답할 수 있을 때, Personal Statement는 단순한 지원서를 넘어선다.

성숙을 향해 나아가는 사람, 자신을 이해하고 성장하려는 사람, 그리고 무엇보다 진정으로 하고 싶은 것이 있는 사람의 이야기가 된다. 함께 일하고 싶은 동료. 그런 사람이 되는 것이다.

그것이 알고 싶다 1

'나도 할 수 있을까?'
자기 평가와 준비 전략

염선영, 천효림

'나도 미국 레지던시에 지원할 수 있을까?'

이 질문이 머릿속을 맴돌며 한 발짝도 나아가지 못하고 있다면, 당신은 혼자가 아닙니다. 수많은 성공한 선배들도 바로 이 지점에서 시작했거든요.

여기 중요한 진실이 있습니다: ERAS 서류들을 채울 진심 어린 노력을 할 의지가 있다면, 누구든 시작할 수 있습니다. 완벽해야 시작하는 게 아니라, 시작해야 완벽해지는 것입니다.

1단계: 나는 얼마만큼 준비되어 있는가?

- 기본 자격 확인
  - 의대 졸업(또는 졸업 예정)

• ECFMG certification

이 두 가지를 충족했다면? 축하합니다! 당신은 이미 전 세계 수많은 의대생들과 어깨를 나란히 할 자격을 갖췄습니다. 이제 여기서부터가 진짜 여정의 시작입니다.

● USMLE 점수에 대한 현실적 관점

전공의 지원 과정에서 USMLE 고득점이 엄청 중요한 것처럼 족보로 내려오고 있습니다. 하지만 면허 시험은 통과하면 되는 것이지, 굳이 만점에 가까운 점수를 목표로 할 필요는 없습니다.

운수 업체에서 기사를 모집한다고 생각해보세요. 운전면허 필기시험 70점으로 합격했지만 자가용 차량 무사고 10년 경력의 운전자와, 갓 면허를 땄지만 필기시험 만점자가 있다면 누구를 뽑을까요?

만약 모든 지원자가 무경력자라면 서류 전형에서 필기시험 점수를 고려할 수도 있습니다. 그러나 그마저도 면접에서 주는 인상에 따라 순위는 얼마든지 바뀔 수 있습니다.

전공의 선발도 마찬가지입니다. USMLE는 기본 자격을 증명하는 도구일 뿐, 여러분의 의사로서의 잠재력을 평가하는 유일한 기준이 아닙니다. 임상 경험, 연구 활동, 추천서, 개인적 성장 스토리 등이 모두 종합적으로 고려됩니다.

● 현재 상태 진단

완벽함을 추구하지 마세요. 모든 경험을 다 꽉꽉 채워야 하는 건 아닙니다. 당신만의 브랜딩에 필요한 이력을 전략적으로 쌓아가면 됩니다.

연구 경험을 돌아보며:

- 의미 있는 연구 프로젝트에서 실제로 기여한 적이 있나요?
- 단순 관찰이 아닌 주도적 참여를 했나요?
- '내 연구'라고 자신 있게 말할 수 있는 프로젝트가 있나요?
- 어떤 계기로 연구 주제를 찾게 되었나요? 연구 질문은 어떻게 구체화했나요?

임상 경험을 통해:

- 미국 의료 환경에 적응할 수 있다는 구체적 증거가 있나요?
- 환자와의 진정한 교감 순간이 있었나요?
- 의료진과 협업하며 무엇을 배웠나요?
- 국제 진료 경험?

리더십과 봉사:

- 누군가를 이끌어본 경험이 있나요?
- 꾸준히 지속한 의미 있는 활동이 있나요?
- 문제를 해결해낸 구체적 이야기가 있나요?

2단계: 나만의 브랜드 만들기

- 미국이 찾는 인재의 모습

이런 사람을 원합니다:

- Dependable(믿고 맡길 수 있는)
- Curious(끊임없이 배우려는)

- Methodical(체계적이고 꼼꼼한)
- Strategic(전략적으로 사고하는)
- Mature(성숙하고 안정적인)
- Logical(논리적이고 합리적인)
- Thoughtful(깊이 있게 생각하는)

● 피해야 할 부정적 신호들

이런 특성들이 드러나면 기회가 사라집니다:

- 업무 능력 의심받는 특징들: 정리정돈 못 하기, 논리 없는 주장, 일관성 없는 행동
- 팀워크 불가능 신호들: 이기적 행동, 동료 불신, 지나친 수동성이나 의존성
- 감정 조절 실패: 작은 비판에 과민반응, 갑작스러운 화, 어린아이 같은 행동
- 협업 거부 태도: 권위에 반항, 책임 회피, 과도한 관심 끌기

이런 특성들은 이력서, PS, 추천서 어디서든 포착되면 탈락으로 이어집니다.

● 차별화 포인트 발굴하기

1. 남들과는 다른 배경이나 경험
2. 평범한 경험에서 특별한 의미 찾기
3. 구체적이고 설득력 있는 미래 계획

4.증명 가능한 성취들

3단계: 성공의 진짜 의미 이해하기

● 선발은 시작일 뿐입니다

의대에 합격하면 끝이 아니듯 레지던시에 합격해도 끝이 아닙니다:

- 매년 계약 갱신: 지속적인 성과 증명 필요
- 무사 졸업: 모든 수련 기준 충족
- 전문의 취득: 다음 단계로 나아가기 위한 자격 달성

레지던트를 시작하면 Medical Doctor 학위를 가진 doctor이지만 아직 면허를 가진 physician이 아닙니다. 일정 기간의 수련을 완주해야 비로소 진짜 의사가 되는 것입니다. 면허를 취득하지 못하면 다음으로 이어지는 여정이 어려워집니다.

4단계: 실전 무장하기—선배들의 생생한 조언

● 미국 의료 시스템 미리 배우기

법적/윤리적 개념들: Health care proxy, Legal guardian, Patient's rights, Case manager, Social worker, End of life care, Ethical dilemma, 의사의 의무와 환자 자율권 사이의 갈등

병원 내 팀워크 시스템: Physical/Occupational/Respiratory/Speech therapy, Wound care 등 다양한 전문가들과의 협업 방식

● 의료 영어 실력 향상

Progress Note 작성의 현실:

- 한국에서 온 의사들의 접근: 짧은 단어 몇 개로 요약
- 미국식: 필요한 내용을 함축하되 일목요연한 문장으로 표현

알아두어야 할 중요한 현실:

- 환자들이 의사 노트를 실시간으로 확인 가능
- 단어 선택 하나로 천국과 지옥을 오갈 수 있음
- Medicolegal document로서의 책임감 필요

구체적 학습 방법

1. NEJM Case Presentation 소리 내어 읽기 – 정확한 의료 영어 체득
2. Medicolegal document에 적합한 어휘와 표현 학습
3. 문단 전체를 외울 정도로 반복 학습하여 자신의 것으로 습득

격려의 메시지

모든 성공한 선배들도 정확히 당신과 같은 질문에서 시작했습니다.

'나도 할 수 있을까?'

차이는 단 하나입니다. 질문에서 멈췄느냐, 행동으로 옮겼느냐.

당신이 지금 이 글을 읽고 있다는 것 자체가 이미 시작할 준비가 되어 있다는 증거입니다. 완벽한 계획을 세우려고 기다리지 마세요. 막연한 꿈을 구체적인 첫걸음으로 바꿀 시간입니다.

오늘 당장 첫걸음을 내딛으세요.

나머지는 걸으면서 배우게 될 것입니다.

그것이 알고 싶다 2

미국 비자와 영주권

염선영, 천효림

미국에서 취업하고 정착하기 위해서는 합법적인 비자(Visa)가 필요합니다. 대부분 미국으로 건너오는 한국 의대 졸업생의 경우 J1 비자 또는 H1B 비자로 시작하게 되므로, 이 두 가지 비자에 대해 집중적으로 설명하겠습니다. 미국 영주권이나 시민권을 소지한 분들은 이미 합법적으로 취업할 수 있는 신분을 획득했기 때문에 이 파트를 읽지 않으셔도 됩니다.

2025년 1월 현재, 한국의 특수한 정치적 상황으로 인해 H1B 비자의 선호도가 J1 비자에 비해 더 커졌습니다. 그러나 레지던트 수련과정을 H1B 비자로 스폰서하는 프로그램은 많지 않습니다. 저의 경우, 레지던트 지원 당시 세 번째로 랭크했던 프로그램에 매치되어 수련을 받았습니다. 가장 위에 랭크했던 두 개 프로그램은 모두 H1B 비자를 지원했었습니다. 랭크가 더 낮은 프로그램 중에도 H1B 비자를 스폰서하는 곳이 있었지만, 교육 프로그램의 질을 고려하여 J1 비자만 스폰서했던 메릴랜드 대학 프로그램을 더 높이 랭크했습니다. 그러나 현재와 같은 국내 정치 상황에서는 어떤 판단을 했을지 의문이 듭니다.

앞으로 한국 의대 졸업생들 사이에서는 H1B 비자가 J1 비자에 비해 월등히 가치가 높은 비자로 자리매김할 것입니다. 자유로운 경제 활동을 보장하는 영주권을 획득할 때까지 걸리는 시간이 짧다는 것이 가장 큰 장점입니다(약 3-4년 차이). 두 비자 간 영주권을 발급받을 확률상 차이는 없다고 봐도 됩니다.

J1 비자의 새로운 리스크는 한국 보건복지부가 해외수련추천서(Statement of Need, 이하 SON)를 발급하는 과정에서 발생합니다. 2024년에는 J1 비자로 매치되어 근무를 시작해야 하는 지원자들에게 보건복지부가 수련계획서 분량이 짧다는 이유로 SON 발급을 지연시킨 초유의 사태가 있었습니다. 발급이 거절된 사람은 다행히 없었지만, 평년보다 1-2개월 늦어진 SON 발급 때문에 미국 입국을 예정보다 미뤄야 했던 사람들이 많았습니다. 2024년 이후 보건복지부는 국내 상황을 언급하며 미국 레지던시 지원자들에게 SON 발급 업무에 더 많은 제약을 가할 가능성이 큽니다. 의료 인력 유출을 막기 위함입니다.

J1 비자

J1 비자는 일반적인 매치 과정을 거쳤을 경우, ECFMG에서 스폰서(후원)하는 비자입니다. 의사라면 일반적으로 Physician Clinical J1이라는

구체적인 카테고리의 J1 비자를 받게 됩니다. J1 비자는 기본적으로 교육 및 문화 교류를 목적으로 하기에 비거주자 카테고리의 비자입니다. 따라서 J1 비자 상태에서는 영주권 신청 작업을 시작할 수 없다는 치명적인 단점이 있습니다. 앞서 언급한 것처럼 한국 보건복지부에서 SON을 발급받아 제출해야 J1 비자를 발급받을 수 있습니다. 처음에는 J1 비자로 7년간 미국 체류가 가능하며, 추가 서류 제출을 통해 예외적으로 연장도 가능합니다.

레지던시와 마찬가지로 많은 펠로우십 프로그램이 J1 비자를 후원하지만, H1B 비자는 지원하지 않습니다. 따라서 J1 비자는 레지던시 졸업 후 바로 이어서 펠로우십 수련을 받기에 더 수월한 비자입니다. H1B 비자로 레지던트를 마치고 J1으로 전환하여 펠로우십을 하기에는 아래에 설명할 본국 의무 거주 조항이라는 큰 장애물이 있기 때문입니다.

J1 비자는 근무일 30일 전부터 미국 입국이 가능합니다. J1 비자의 경우, 배우자가 J2 비자하에 EAD(즉, Work Permit)를 받아 취업을 할 수 있으며, EAD가 있으면 배우자가 Social Security Number도 발급받을 수 있습니다. 일반적으로 J1 비자 소지 당사자(레지던트)보다 연봉이 적어야 한다는 암묵적인 규칙이 존재합니다. 또한, J1 비자로는 레지던트 과정 중 병원 내 야간 부업을 통해 추가 수입을 올리는 것이 불가능합니다.

J1 비자는 첫해 수련 계약에 맞게 1년 기한으로 초기에 발급이 됩니다. 이후 매년 수련 계약이 갱신될 때마다 DS-2019라는 문서를 가지고 합법적인 체류 신분을 이어가게 됩니다. 여권의 J1 비자 유효기간이 만료

되어도 최신 DS-2019만 가지고 있다면 캐나다나 멕시코 단기 여행을 다녀올 수 있습니다. 그 외 국가(한국 포함)를 가게 되면 주한 미국 대사관을 통해 J1 비자 스탬프를 다시 받아야 합니다.

J1 비자 소지자는 수련을 마치면 본국(한국)에서 2년간 거주해야 하는 요건이 있습니다. 이 요건을 충족하지 않으면 H1B 비자나 영주권으로 변경할 수 없습니다. 그러나 대부분의 사람들이 이 본국 거주 요건을 면제(Waiver) 받기 위한 방법을 택합니다. J1 Waiver 방법을 아래에 간단히 설명하겠습니다.

J1 Waiver 방법	설명
Conrad 30 Program	- 각 주에서 운영되며, 매년 최대 30명의 의사를 후원해 줍니다. Washington DC는 1개의 주로 인정되어 매년 30명의 의사에게 수도에서 일할 기회를 줍니다.
	- 의사는 연방 정부가 지정한 의료 인력 부족 지역(Health Professional Shortage Area, HPSA)이나 의료 서비스가 부족한 지역(Medically Underserved Area, MUA)에서 최소 3년간 근무해야 합니다. 각 주마다 신청 절차와 기한이 약간씩 다르므로, 해당 주의 보건부 웹사이트를 통해 자세한 정보를 확인해야 합니다. 이미 해당 주에서 Waiver 경험이 있는 선배 한국인 의사에게 연락해 후기를 들어보는 것도 좋습니다.
연방 정부 기관 후원	- 미국 보건복지부(HHS)나 보훈병원(VA) 같은 연방 정부 기관이 후원할 수 있습니다. 이 경우, 의사는 HPSA나 MUA에서 근무해야 하며, 주로 1차 진료 분야의 의사들이 대상이 됩니다. HHS 면제 프로그램은 Conrad 30 프로그램과 달리 연간 의사 수 제한이 없습니다.

J1 Waiver 방법	설명
Persecution Waiver	– 의사가 본국으로 돌아가면 극심한 어려움이나 박해를 겪을 것이라고 증명할 수 있는 경우, 하드십 면제를 신청할 수 있습니다. 이를 위해서는 본국의 상황을 상세히 설명하는 서류와 증거를 제출해야 합니다. 한국은 가능성이 낮은 국가로 전통적으로 분류되었지만, 한국의 정치 상황에 따라서는 고려해볼 만한 옵션입니다.
Hardship Waiver	– 의사가 미국 시민권자나 영주권자인 배우자 또는 자녀를 두고 있는 경우, 이들이 본국 귀환으로 극심한 어려움을 겪을 것이라는 증거를 제출하여 면제를 받을 수 있습니다. 한국은 가능성이 낮은 국가로 전통적으로 분류되어 있지만, 심각한 수준의 가족의 건강, 재정, 교육 등의 문제를 들어 성공하는 경우도 소수이지만 존재합니다. 반드시 경험이 있는 변호사와 진행해야 합니다. 생각보다 처리 시간이 길기 때문에 중간에 O 비자를 1년 발급받아야 할 수도 있습니다.
국익 면제	– 의사가 미국의 국익에 중요한 기여를 할 수 있다고 인정되는 경우, 국익 면제를 신청할 수 있습니다. 이를 위해서는 고용주나 관련 기관의 추천서와 함께, 의사의 기여가 미국에 얼마나 중요한지를 설명하는 서류를 제출해야 합니다. 미국에서 발생한 펀딩으로 진행되는 연구의 중추 과정을 맡고 있다면 고려할 수 있는 방법입니다.

다수의 수련의들이 Conrad 30으로 J1 Waiver를 하여 H1B 비자로 신분을 변경하게 됩니다. 그러나 각자의 상황에 따라 다른 방법이 더 유리할 수 있습니다. 면제 방법들은 각각의 조건과 절차가 다르므로, 면제를 신청하기 전에 해당 업무를 처리해 본 경험이 있는 변호사와 상담하는 것이 좋습니다. 면제 신청이 승인되면, H1B 비자나 영주권을

신청할 수 있는 자격을 얻게 됩니다. H1B 이후 영주권 신청 과정은 아래 H1B 파트를 참고하시기 바랍니다.

H1B 비자

H1B 비자는 병원에서 직접 후원해주는 비자이며 J1 비자에 비해 훨씬 선호되는 비자입니다. H1B 비자를 받을 수 있다면 강하게 추천합니다. H1B 비자를 신청하기 위해서는 고용주(병원)가 노동 조건 신청서(LCA)를 미국 노동부에 제출하고 승인받아야 합니다. 이후, 고용주는 이민청(USCIS)에 비자 청원서를 제출합니다. H1B 비자를 받으려면 근무를 시작하는 매해 6월 이전에 USMLE Step 3에 합격해야 합니다. 참고로, H1B 비자 획득을 위해서가 아니더라도 매치 경쟁력 확보를 위해 USMLE Step 1-3에 모두 합격하고 매치에 도전하는 것이 좋습니다.

H1B 비자는 최대 6년까지 지속 가능하며, 이민 비자 중 하나입니다. 이민 의사가 처음부터 있다고 가정하게 됩니다. 따라서 H1B 비자로 있는 동안 영주권 신청이 가능합니다. 주변에서 레지던트 도중에 NIW를 통해 영주권을 신청하여 레지던트 졸업 전후에 영주권을 받은 사례도 보았습니다. H1B 비자를 받으면 병원 내 야간 부업을 통해 추가 수익 창출이 가능해집니다. 미미한 단점으로, H1B는 J1 비자에 비해 근무 시작 전 미국에 미리 입국해서 보낼 수 있는 시간이 짧습니다(약 2주 정도 짧음).

H1B는 다년의 유효기간을 가지고 발급되기 때문에 수련 기간 중 타국(한국 포함) 여행을 하는 것이 더 유용합니다. 미 영사관을 들러 비자 갱

신을 할 필요가 없기 때문입니다.

레지던시 프로그램을 마치면 H1B 비자를 연장하면서 봉직의로 취직을 하거나, 추가적인 H1B를 후원하는 펠로우십 프로그램에 참여할 수 있습니다. 최대한 많은 펠로우십 기회를 원하는 분들은 영주권을 취득한 후 펠로우십에 지원하게 됩니다.

J1 waiver를 하게 되면 한국에 귀국하지 않고 비자를 J1에서 H1B 비자로 바꿀 수 없습니다. 출국해서 미 영사관에 들르지 않으면 여권에 H1B 비자 스탬프가 없는 상태인데요. 이렇게 돼도 문서만으로 합법적으로 미국에 체류하게 됩니다. H1B 비자가 없어도 Automatic Revalidation이라는 과정으로 캐나다와 멕시코를 단기 방문할 수 있습니다. 제가 직접 스탬프 없이 멕시코 여행을 다녀와 봤습니다. 합법적인 방법이지만 공항에서 이 경로를 모르는 경우가 많기 때문에 좀 혼란을 경험할 수 있습니다. 이렇게 해외 여행 시 꼭 고용주와 상의하시기 바랍니다.

H1B 비자로 미국에 있는 의사들이 영주권(Green card; permanent residency)을 받기 위한 방법을 설명해드리겠습니다. 영주권 진행 절차는 비용이 들더라도 꼭 해당 경로 경험이 있는 변호사의 도움을 받기를 추천합니다.

영주권 경로	설명
국익 면제 (NIW)	- 의사가 미국의 국익에 중요한 기여를 할 수 있다고 인정되는 경우, 국익면제(National Interest Waiver, NIW)를 신청할 수 있습니다. 이를 위해서는 고용주 후원이 필요하지 않으며, 의사는 자신의 연구, 교육, 진료 기능이 미국에 얼마나 중요한지를 증명해야 합니다. 이를 증명하기 위해 7-8장의 추천서를 필요로 합니다. - J-1 waiver 기간이 시작되자마자 I-140 청원서를 이민국에 제출하여 영주권 신청을 시작할 수 있습니다. 단, 이 경우 I-485 신분 조정 신청서는 3년의 임상 근무가 끝나야 제출할 수 있습니다. 보통 I-485와 함께 I-765를 신청하는데, 이렇게 하면 영주권 이전에 Work permit (EAD)이 2-6개월 이후 발급됩니다. 이를 이용하면 제한 없는 자유로운 취업이나 개업이 가능해집니다. 동시에 I-131 (Advanced Parole)을 신청하게 되는데, 이것이 있으면 영주권이 나오기 전이라도 미국에 합법적으로 재입국할 수 있습니다. 즉, H1B 스폰서 없어도 해외여행이 가능해집니다. EAD와 Advanced Parole을 흔히 '콤보 카드'라고 부릅니다. - 참고로 I-140은 보통 추가 금액을 내고 프리미엄 프로세싱을 하면 빠르면 1달 만에 승인이 됩니다. 영주권 신청 순서를 나타내는 Priority date는 NIW의 경우 I-140 제출 날짜를 기준으로 하기 때문에, Conrad-30을 하고 있는 경우라면 굳이 프리미엄 프로세싱으로 서두를 필요가 없습니다. 단, I-140이 승인되면 배우자가 H4 비자로도 취업할 수 있는 EAD 발급이 가능해지므로, 배우자 상황에 맞게 결정하면 되겠습니다.
의사 국익면제 (Physician NIW)	- 신청자는 지정된 의료 서비스 부족 지역(Health Professional Shortage Area, HPSA), 의료 서비스가 부족한 지역(Medically Underserved Area, MUA), 또는 재향군인 병원(Veterans Affairs facility)에서 5년 간 풀타임으로 임상 업무를 수행해야 합니다. 이 5년은 Conrad-30 프로그램으로 H1B로 근무 3년을 포함한 시간입니다. J1 비자로 있는 시간은 이 5년으로 카운트되지 않습니다. - J-1 waiver 3년 근무에 추가로 2년을 더 풀타임 임상 의사로 의료 취약지나 VA 병원에서 근무하게 되는 것입니다. 같은 주 취약지 내부에서 직장 이동이 가능합니다. 위 NIW와 같은 수준의 연구 이력이 필요하지는 않습니다. - 총 5년 근무를 서약하는 I-140 청원서를 제출해야 합니다. I-140 이 승인되고 Priority date가 되면 I-485, I-765, I-131을 신청할 수 있습니다(각 서류의 목적은 위 NIW를 참고). 5년 근무가 끝나면 워크 퍼밋으로 자유롭게 바로 구직/개업할 수 있으며 거의 바로 영주권이 나오게 됩니다.

영주권 경로	설명
PERM 노동 인증	− 이는 고용주가 미국 내에서 해당 직무를 수행할 적격한 미국인을 찾을 수 없다는 것을 증명하는 과정입니다. 고용주는 직무 광고를 게시하고, 지원자들을 평가한 후, 미국 노동부에 PERM 신청서를 제출합니다. PERM은 영주권 진행 과정에서 해당 병원에 종속될 가능성이 있다는 점에서 NIW와 차이가 있습니다. − 보통 H1B 비자로 2년 근무가 끝날 무렵 PERM 프로세스를 시작해야 합니다. − PERM 노동 인증(Labor Certification) 단계에서 고용주는 미국 의사를 직장에서 고용할 수 없었다는 증거를 기반으로 PERM 지원서를 노동부(Department of Labor)에 제출하게 됩니다. 승인까지 보통 6-12개월이 걸립니다. − PERM 노동 인증이 승인되면, 고용주는 I-140 이민 청원서를 USCIS에 제출합니다(프리미엄 프로세싱하면 2-3주). I-140 청원서가 승인되면, 의사는 우선순위 날짜(priority date)를 받게 됩니다. − 우선순위 날짜(priority date)가 도래할 때까지 H1B 비자를 계속 연장할 수 있습니다. 날짜가 오면 I-485, I-765를 함께 제출할 수 있습니다. EAD는 보통 2-6개월 후에 발급됩니다. 그 후 I-485 신청서가 최종 승인되면 영주권을 받게 됩니다. 보통 PERM 프로세스를 시작해서 영주권을 받을 때까지 약 3년이 걸립니다.

부록

후배가 묻고
선배가 답하다

후배가 묻고 선배가 답하다 1

공통 관심사 Q&A

이 섹션은 한국 의료계의 어려움 속에서 미국 진출을 고민하는 후배들이 실제로 궁금해하는 질문들을 모아, 미국에서 활동 중인 선배 동문들이 온라인 커뮤니티를 통해 답변한 내용을 정리한 것입니다. 다양한 시기에 미국에 정착한 선배들의 경험이 담겨 있어, 각자의 상황과 시대적 배경에 따라 의견이 다를 수 있음을 참고하시기 바랍니다.

미국 이민

Q1 아시안이 미국에서 의사로서 자리 잡는 과정에서 어려움을 많이 겪는지 궁금합니다.

외국인의 미국 외과 진출은 거의 불가능하다고 들었던 것 같은데, 이외에도 현실적으로 병원 생활이나 환자와의 관계 등에서 차별이 심하게 존재하는지,

또는 아시안이라서 겪는 어려움이 있는지 궁금합니다. 한국보다는 미국이 치안이 좋은 편은 아닌 것 같은데, 근무하고 싶은 도시를 선택해서 취직할 수 있는 상황인지, 아니면 외국인이다 보니 선택해서 취직하기는 어려운지도 알고 싶습니다.

답변 1 언어 때문에 고생한 사람들도 많았고, 토플은 시험이니까 고득점 받아도 병원에 가면 잘 안 들리고 특히 만취한 환자 영어는 한 마디도 안 들리고…. 그래도 다들 몇 달이면 훌륭하게 적응하고 잘 살았어요.

치안은, 대부분 대학병원은 땅값이 싼 곳에 커다랗게 자리 잡고 있어서 그 주변은 위험한 곳이 많아요. 외국인 노동자로 다들 고생도 많았어요. 정치적 분위기도 중요한 것 같아요. 부시 정권 시절에는 외국인 혐오가 고조됐었고 오바마 때는 외국인이어서 비행기 탈 때, 운전면허 갱신할 때 등 겪었던 갖은 혐오성 행동이 현저히 줄어들었어요. 지금은 오히려 정부가 혐오를 부추기니 사람들은 더 반대로 행동하려고 하는 것도 같아요.

일단 전문의가 되면 병원에 취직하는 데는 실력이 중요하지 인종이 중요하지는 않고, 문제는 외국인이라는 신분이 여러 제약을 준다는 거예요. 영주권이 없으면 연구비 신청도 안 되고… 일단 영주권을 따면 거의 대부분의 문제가 사라집니다.

답변 2 미국 의료계에서 아시안만 소수 인종이 아니에요. 그것보다는 이민자로서의 아이덴티티 때문에 처음에 고생할 수 있습니다. 한국에서 태어나서 살면 '살고 있다'는 느낌이지 '한국에서 살고 있다'는 생각으로 살진 않잖아요? 미국에 오면 초반에 '내가 미국에서 이민자로 산다'는 느낌에 적응하는 데 몇 년이 걸립니다. 개인차는 있는데, 보통 평균 3년이 걸린다고 해요. 언어, 문화 차이에 익숙해지는 시간입니다. 병원에서는 환자로부터 차별 없습니다.

답변 3 물론 한국에서 생활을 하는 것과는 큰 차이가 있습니다. 말씀하신 모든 문제들이 생깁니다. 그럼에도 불구하고 미국에서 생활하는 것에 장점이 있다고 생각이 되면 미국에 머무는 것이고, 아니면 다시 돌아가서 한국에서 생활하시면 됩니다. 젊기 때문에 다양한 선택지가 있을 것입니다. 지금은 외부상황 때문에 마음에 여유가 없으시겠지만, 유연하게 생각하시는 것이 좋을 것 같습니다.

답변 4 미국 인종차별은 한국에 존재하는 각종 차별에 비하면 정말 작은 스트레스입니다.

Q2 이민을 결심하려면 무엇을 고려해야 할까요?

답변 1 너무나 비장하게 조국을 버리고 신세계에 간다, 이런 식으로 생각할 필요까지는 없는 것 같아요. 얼마든지 한국 오갈 수 있고 디지털로 연결도 잘 되어 있고, 가서 살아보고 돌아오고 싶으면 돌아오면 되는 거고요.

답변 2 현실적으로 이민을 결심하려면, 이민을 어떤 식으로 할 것인지, 예를 들면 투자 이민, 아니면 미국에서 학교에 진학할 것인지, 전공의를 할 것인지, 학계나 회사를 생각하는지에 대해서 생각해봐야 합니다. 미국이 이민자의 나라이기는 하지만, 비자를 받고, 영주권을 받고,

시민권을 취득하기까지는 십수 년의 시간이 걸립니다. 일단은 현실적으로, 비자를 받는 방법을 생각해보십시오.

Q3 결혼, 부모님, 육아 문제

친정 엄마 없이 출산은 힘든지, 육아에 조부모 도움 없이 가능한지

답변 1 한국처럼 독박육아를 하는 경우는 거의 없고 근무시간도 탄력적일 수 있고 아이를 키우는 환경은 한국보다 편한 것 같긴 해요.

답변 2 애들 셋 모두 맞벌이하면서 키웠습니다. 애들 모두 daycare 갔고요. 막내는 생후 9주부터 daycare 갔습니다. 셋 다 한국 부모님 도움 거의 없이 낳고 키웠어요.

답변 3 조부모님들이 미국에 오시는 경우도 많이 봤습니다.

답변 4 아기가 어릴 때는 저축을 안 하고 아이 양육에 돈을 쓴다고 생각하고, 풀타임 데이케어에 보내서 키웠습니다. 데이케어 비용은 지역 편차가 있습니다.

아이들 교육비 등 양육비는 어느 정도인가요?

답변 5 가족 도움 없으면 돈이 많이 듭니다. 특히 미국에서 수련하는 동안은 많이 힘들어서 한국에서 주기적으로 가족이 와서 도와줘야 합니다. 집에 풀타임 아이 케어할 사람이 없다면요.

답변 6 이건 개인 교육 철학의 문제입니다. 5살이 되어서 Kindergarten 공교육에 편입되면 최소한으로 드는 돈이 많이 줄어듭니다. 다만 공교육에 편히 보낼 정도의 동네를 고른다면, 집에 상대적으로 돈을 써야 합니다(그렇다 해도 서울 집값에 비하면 매우 쌉니다).

몇 학년 정도에 가야 아이들이 문제없이 잘 적응할 수 있나요?

답변 7 어릴수록 잘 적응할 것 같지만 의외로 모국어가 완전히 자리 잡고 자아도 어느 정도 성장한 후에 더 적응을 잘하는 것 같기도 합니다. 학교에서 겪는 일들과 그로 인한 감정을 인지하고 부모에게 표현하고 대화할 수 있는 능력을 키워서 가시면 어려도 적응을 잘할 수 있을 것 같습니다. 고3 때 가서도 적응 잘하고 대학 잘 가는 경우도 봤습니다.

답변 8 아이들은 한국 교육만 떠나면 다들 잘 적응하는 것 같습니다. 중고등학교에 오는 경우라면, 아시안이 그래도 학교에서 10-15% 이상 있는 지역을 추천합니다. 이건 Ethnic identity development 문제 때문입니다.

Q4 처음 가서 체류를 어디서부터 어떻게 시작해야 할까요?

답변 1 어떤 비자로 체류를 할 것인지가 먼저 결정되는 게 중요합니다.

답변 2 여행하는 것이 아니라면, 체류 기간에 따라서, 혹은 경제적 여유에 따라서, 다른 선택지가 있습니다. 단기 연수를 나오시는 교수님들이 미리 체류할 곳을 정하지 못하고 오게 되면, 한국인이 운영하는 하숙집에 머물면서 정보를 구하는 경우를 자주 봤습니다.

답변 3 작은 도시들은 혹시나 미주 선배님 중에 그쪽에 계신 분이 계신지 알아보고 조언을 구하세요. 유학생이 많은 대도시의 경우에는 유학생 커뮤니티도 있고 인터넷 검색으로 숙소 구하기부터 다 찾을 수 있어요. 처음에는 아무래도 대중교통이 발달해 있는 곳이 여러모로 편할 수 있어요. 그런데 이런 곳은 또 생활비가 비싸긴 해요. 한 친구는 보니 개종해서 한인 교회에 나가니까 거기서 다 도와줬어요.

Q5 현실적으로 미국에 자리 잡기까지(경제적으로) 투자금이 많이 필요한지 궁금합니다. 막연히 미국이라고 하면 생활비가 많이 들고 월세도 비싸다는 등의 이미지가 있는데, 미국 진출 시 도움받을 수 있는 funding이 있는지, 또는 self-funding 시 어느 정도 규모의 지출을 예상하고 시작해야 하는지 궁금합니다.

답변 1 일단 전공의가 되고 나면 월급으로 생활은 가능해요. 특별히 씀씀이가 크지 않으면 별다른 지원은 필요 없어요. 그리고 뭐 돈 쓸 시간도 없어요. 그런데 전공의가 되기까지는 지원금이 필요해요. 항목으로 보자면, USMLE 시험 비용, 레지던트 지원 원서비용, 인터뷰를 다닌다면 인터뷰 다니는 비용, 인터뷰 기간 동안 미국 체류 비용(월세, 생활비—예전에는 이 비용이 가장 컸는데 코로나 이후로 비대면 인터뷰를 하면서 이제는 비용 걱정이 많이 줄었습니다), 매치 후 집 보증금, 자동차 구입 비용 정도 필요할 것 같아요.

답변 2 research하는 자리를 match 전에 찾는다면, 그 기간 동안의 비용도 생각해보아야 합니다. research boss가 월급을 줄 수 있으면 좋지만, 때로는 non-paid position을 구해야 할 수도 있거든요. 또는 학위를 하나 한다면 학비도 생각해야겠지요.

답변 3 요즘은 인터뷰 여행 비용이 없어져서 예전만큼 돈이 들지는 않아요. 모든 레지던시 인터뷰가 버추얼로 바뀌어서요. 저는 수련의로 애기 둘 낳고 근근이 버티며 살았습니다. 주요 대도시에서는 힘들 거고요. 지역마다 생활비가 다르니 경제적으로 긴축모드이면 매칭 리스트 작성 시 그걸 반영해서 우선순위를 매기세요.

답변 4 생활비는 지역마다 큰 차이가 있습니다. 예를 들어, 보스톤 지역의 생활비는 이 문서(https://www.massgeneralbrigham.org/en/about/for-employees/global-professionals-scholars/boston-living/cost-of-living)를 참조하시면 어느 정도인지 알 수 있습니다. 가시고자 하는 지역의 병원이나 학교에서도 이러한 정보를 제공하므로 찾아보시면 도움이 될 것 같습니다.

답변 5 비용이 미국에 진출하는 데 큰 이슈가 되지는 않는다고 봐요. 가능하다면 usmle 공부하는 동안 아르바이트 같은 거 하면 도움이 되기도 하겠지만. 남자분 같은 경우엔 공보의로 갈 수 있으면 그 기간 동안 돈을 좀 모을 수도 있겠지요. 미국 의대 졸업생들 보면 다들 학자금 융자로 수천 혹은 억대로 빚을 진 상태에서 수련 시작하는 경우도 흔하고요. 레지던트 기간에 연봉 한 7천 불 주니까 생활에는 큰 지장은 없죠, 특히 싱글인 경우에는요. 뉴욕처럼 물가가 비싼 곳은 아예 병원에서 아파트 한 채를 사서 전공의한테 싸게 렌트해주는 곳도 많고요.

답변 6 미국 어느 지역으로 오는지, 부양가족이 얼마나 되는지에 따라서 필요한 금액은 차이가 많이 날 겁니다. 저는 미국 중서부에서 시작했는데 생활비가 얼마 들지 않았지요. 가족이 있으면 어느 정도 준비를 하고 오시는 것이 좋을 겁니다.

후배가 묻고 선배가 답하다 2
전공의 지원 관련 Q&A

외국 국적 IMG가 지원해서 성공 가능성 있는 과는?

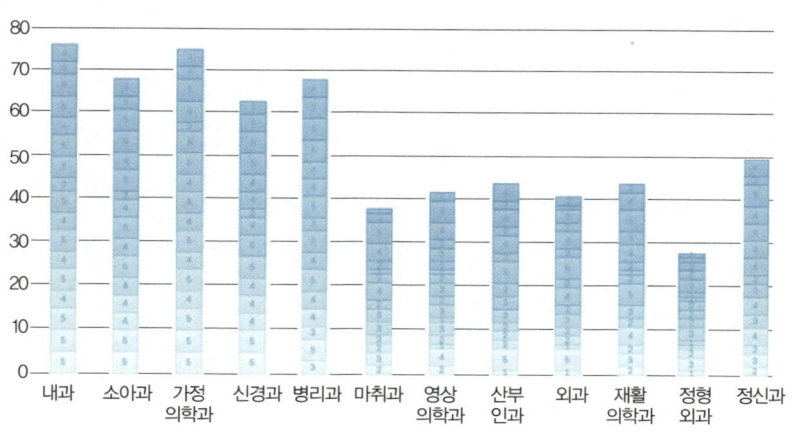

과별 매치 가능성

전공의 지원

Q1. 미국은 인맥사회라던데 전공의 들어갈 때 인맥이 필요한가요?

답변 1 인맥 중요합니다. 그래서 학생들이 조기에 연구에 참여하고 일찍 국제학회도 다니고 하면 정말 좋겠어요! 매칭 지원 시 그런 의사분들에게 올해 매칭 사이클에 지원한다고 어필해 볼 수 있겠죠.

답변 2 나라가 크고 인구가 많으며 다양한 이민자들이 오는 만큼, 한국보다 인맥, 학연, 지연 등이 더 크게 작용한다고 생각됩니다. 고용을 결정하는 사람에게는 레퍼런스가 중요한 고려 대상 중 하나입니다. 일반적으로 이전 직장의 상사나 동료 등 최소 3인의 레퍼런스가 필요합니다만, 레퍼런스를 제공하는 사람에 대한 정보가 없으면 그 내용을 신뢰하기 어렵습니다. 이런 이유로, 아는 사람의 소개가 중요한 역할을 합니다.

답변 3 미국에서 사람 뽑을 때, 누가 개인적으로 faculty나 interviewer에게 추천을 했는지도 중요하게 봅니다. 같은 조건이라면 그렇게 추천이 들어온 사람을 더 좋게 볼 가능성이 높지요.

답변 4 뭔가를 구매할 때 제품 스펙시트, 광고, 후기도 열심히 볼 수 있지만 구매 결정을 할 때 신뢰하는 친구의 강추만큼 큰 영향력을 발휘하는 게 없죠. 똑같아요. 프로그램디렉터가 신뢰할 만한 사람이 직접 추천해주는 것이 가장 확실해요.

답변 5 전공 과별로 네트워킹의 중요도가 좀 다른 것 같습니다. 모든 과에 도움이 되지만 외과계열은 거의 필수적인 것 같습니다. 어떤 인맥도 단순한 이용관계가 아닌 진정성 있는 관계 구축이 중요합니다.

Q2. Step 2 고득점이어야 하나요?

답변 1 지원하는 과에 관심을 오래도록 보였다는 것을 증명할 수 있는 특별한 이력이 없다면 이게 우선시될 듯합니다. 아무 특별한 게 없다면 점수를 볼 수밖에 없습니다.

답변 2 Step 1이 합불로 바뀐 이상 고득점 필수입니다. Step 2 CK 안 그래도 점수 인플레이션이 일어나서(미국 학생들도 열심히 보기 시작해서) 평균이 250이라고 합니다.

답변 3 점수는 높을수록 좋긴 하겠지요. 요즘 인도에서 오는 졸업한 지 1-2년 이내인 친구들은 USMLE 점수가 정말 좋습니다. 그런 사람들과 경쟁해야 하니까, 일단 서류심사를 통과해서 인터뷰까지 받으려면 점수가 높으면 도움이 되겠지요.

답변 4 자기 국시 점수 기억하는 분?

답변 5 100명 중에 한 명 정도 CV(봉사이력, 지원과 관련 다양한 경력들, 특이한 경험들), 성숙한 사람이라는 걸 알 수 있는 PS, 진심 어린 LoR로 서류가 반짝반짝 빛나는 사람들이 있어요. 이런 사람 서류에서 USMLE 점수는 턱걸이해도 하나도 안 중요해요.

Q3. '좋은' 병원도 갈 수 있나요?

답변 1 가능은 함. 보통 인맥(연구소 경력 등으로 쌓은 인맥의 추천 등). 2차 병원에서 시작해서 연차 올라가면서 대학병원 옮겨갈 수도 있음.

답변 2 좋은 병원 가시고 싶으신 분들은 미국 내 학위나 research position을 먼저 하시라고 추천합니다. 미국 시골에 있는 대학병원으로 시작해서 fellowship을 유명한 병원으로 가는 것도 방법입니다. 미국에서 Practice 하시는 게 목표라면 굳이 큰 병원으로 가지 않아도 대부분의 프로그램들이 충분한 clinical training을 제공합니다.

답변 3 그렇다면 리서치, publication 경력이 필수입니다. 펠로우십은 비교적 쉽게 3차 대학병원으로 갑니다.

답변 4 답변2에 동의합니다. 일단 수련을 마치고, 펠로우십을 랭킹이 높은 병원에서 하는 것이 현실적인 방법 같습니다.

답변 5 왜 나를 뽑아야 하는지, 왜 내가 그 프로그램에 적합한지를 설득할 수 있다면 어디든 갈 수 있습니다. 그런데 이건 시험 다 보고 급하게 꾸린 서류로 할 수 있는 게 아니고, 처음부터 목표를 뚜렷하게 잡고 거기에 맞게 체계적으로 준비해야 해요. 뽑는 사람 입장에서 생각해보세요. 학생 때 이 프로그램에 elective를 가거나 프로그램 faculty와 연구, 봉사(국제/온라인 환우회 등) 협업 기회를 모색하는 등 구체적 준비 전략 필요.

Q4. 추천서를 미국 의사에게 꼭 받아야 하나요?

답변 1 읽는 사람 입장에서 생각해보시면 답이 나올 것 같아요. 나를 꾸준히 지켜보고 잘 아는 사람이 써준 것이 더 신뢰가 갈지, 잠깐 만난 미국 의사의 말이 더 신뢰가 갈지⋯ 한편으로는 미국에서도 좀 저명한 학자 이런 분들이 추천해주시는 건 무게가 또 다르긴 합니다.

답변 2 미국 저명한 의사와 같이 연구를 하면서 추천장을 받지 않는 이상, 잘 모르는 미국 의사에게 받는 추천장은 별로 의미가 없습니다

답변 3 자신이 함께 임상적으로 일한 미국 의사에게 받는 것이 우선 좋습니다. 저는 함께 연구했던 미국 의사 두 분께 받았는데, 매치가 되었습니다.

답변 4 얄팍하게 아는 미국 의사에게 generic 추천서 3개 받은 사람보다(무내용 추천서는 무가치) 모든 추천서를 한국에서 받았지만 장기간 봉사활동을 성실하게 했다는 추천서, 장기간 연구 업적을 지켜본 멘토의 추천서 등을 낸 사람 중 후자가 원하는 곳 매치 확률이 높을 것 같습니다.

Q5. 논문이 꼭 있어야 하나요?

답변 1 있으면 도움이 됩니다. 그렇지만 그걸 만드는 게 목적이어서 큰 의미 없는 논문에 그저 이름만 올린 거라면 또 그렇게 도움이 되지는 않을 수도 있습니다. 그리고 결과가 나오는 데 장기간이 소요되는 연구들이 있습니다. 이런 연구일수록 참여하는 사람의 자격 요건과 training 요건이 까다롭기 때문에 논문이라는 결과물이 없어도 이런 연구에 참여했다는 것이 빠르게 쓰여진 논문 저자 경력보다 더 높게 평가될 수도 있습니다.

답변 2 논문이 있으면 좋습니다. 자신이 이 분야에 얼마나 열정이 있는지를 보여줄 수 있는 객관적인 자료이기 때문이죠. 그런데 꼭 original article일 필요는 없습니다. 저는 다양한 경로의 publication이 도움이 된다고 생각합니다. Wet-lab level 연구일 필요는 없습니다.

답변 3 논문을 짧은 기간에 작성하고 출간하는 것은 어렵습니다. 특히, 시간과 노력이 많이 투입된 논문이 아닌 경우 그 효용성에 의문이 듭니다. 최근 십여 년간 학술 저널의 수가 급격히 증가하였기 때문에, 예외적으로 탁월한 논문에 주요 저자로 기여하지 않는 이상, 출간된 논문이 경력에 큰 도움이 되지 않을 수도 있습니다. 그러나 이력서에서 아무 활동도 없는 기간이 나타나는 것은 바람직하지 않습니다. 학업이나 수련이 외부 요인으로 중단되었다면, 그 기간 동안 어떤 활동을 했는지 기술하는 것이 좋습니다. 가능하다면 진행 중인 연구에 참여하여 이력서에 공백이 없도록 하는 것이 이상적입니다.

답변 4 논문보다는 지원 과와 관련된 장기간 봉사활동이 뽑는 사람 입장에서 더 큰 가치를 가질 수도 있습니다. 전공의는 혼자 잘하는 사람이 아니라 cross-functional, cross-specialty 협력을 잘 이끌어내서 일이 돌아가게 하는 사람이거든요. 의욕 없는 환자도 의욕을 불어넣어 주고 필요하면 보호자도 찾고. 이런 일 하는 사람 뽑는 데 어떤 경력이 제일 쓸모 있어 보일까요?

답변 5 research heavy specialty들이 있습니다. 혹은 clinical specialty이지만 research heavy program들이 있습니다. 제가 전공의를 한 병원은 전공의 학술 업적이 전체 대학에서 전공의 TO를 개별 과에 배분하는 데 영향을 미쳤습니다. 예를 들어 연구 업적이 거의 없는 과의 전공의 정원을 1-2명 실적이 많은 과로 돌려준다든지. 이런 곳에는 있으면 도움이 되죠.

답변 6 의학연구와 의사의 연구를 구분할 수 있으면 좋을 것 같습니다. 후자가 clinical training을 지원하는 데 더 의미 있는 연결점이 되어줄 수 있습니다.

Q6. Personal Statement는 중요한가요? 무슨 내용을 담아야 할까요?

답변 1 아주 중요합니다. 최소한 쓰고, review 받고, 다시 쓰고 하는 것을 10번 이상 하라고 추천합니다. review해 줄 수 있는 사람을 주변 의사한테도 받고, 한국에 대학상담소 같은 데서 자기소개서 도와주는 프로그램 있으면 그런 곳에서도 도움을 받고, 미국인 review도 구해서 받고, 자신을 잘 아는 사람한테도 review를 받으세요. 저는 개인적으로 미국 drama 작가를 우연히 알게 되어서 그 사람에게 비용을 주고 여러 번 교정, feedback을 받았습니다. 자기만의 story telling이 중요합니다. 상대방이 읽고 이 사람을 한번 만나보고 싶다는 생각이 들어야 합니다.

답변 2 Journal of Graduate Medical Education에 출판된 논문, Danielle Jones, J. Richard Pittman, Kimberly D. Manning; Ten Steps for Writing an Exceptional Personal Statement. J Grad Med Educ 1 October 2022; 14 (5): 522-525. doi: https://doi.org/10.4300/JGME-D-22-00331.1 이 자료가 도움이 될 겁니다. 뼈대를 잡는 데 이 논문을 참고하시고요. 미국 의사분들께 첨삭을 받을 수 있으면 좋습니다. 부탁할 때 정중하게 부탁하시고요.

답변 3 나를 모르는 사람에게, 나는 이런 사람이고, 이런 경험과 능력이 있고, 이런 계획이 있다고 소개하는 짧은 기술입니다. 자신을 객관화해서 기술하는 것에는 훈련이 필요하니, 친구, 가족, 동료들에게 읽어보라고 하고, 내가 작성한 글을 읽으면 '나'라는 사람이 상상되는지, 뭘 하려는 사람인지, 라는 관점에서 피드백을 받으면서, 지속적으로 고치셔야 합니다.

Q7. Personal Statement는 하나를 모든 프로그램에 제출하나요?

답변 1 "하나를 모든 병원에 동일하게 뿌리기보다는 감당할 수 있는 수준의 개수를 개별(혹은 비슷한 곳끼리 묶어서) 맞춤으로 공략하는 게 더 좋은 전략으로 보입니다.

커뮤니티 병원에 지원하는데 나는 장래 희망이 연구자고 연구소에서 경력 쌓았고 연구 너무 좋아한다고 쓴다면 전공의가 주로 많은 시간 병원에서 일하기를 기대하는 곳에서는 임상에 관심이 없어 할 것 같으니 제외하겠죠. 대학병원에 지원하면서 나는 너무 성실해서 잠도 안 자고 집도 안 가고 주말도 없고 취미도 없고 연애도 안 하고 일만 할 거야… 라고 하면 읽는 사람이 공포스럽겠죠? 미국 학생들은 몇 개의 병원을 정해두고 그 병원의 강점, 그 병원의 주력에 대해 얼마나 나하고 맞는지에 대한 어필을 하나하나 개별적으로 하기도 합니다."

답변 2 두 개 이상의 과에 지원할 경우 각 과에 맞는 PS를 써야 합니다. 많이 관심 있는 프로그램에는 왜 그 프로그램에 가고 싶은지 personalized PS를 쓰면 좋습니다.

답변 3 다양한 잠재 고객군에게 한 가지 광고를 뿌린 것과 같습니다. 카테고리별 전략을 세울 수도 있습니다. 3-5개 top choice에는 완전 맞춤형 전략. 10개 정도까지 2nd tier choice에는 부분 맞춤형. 불안해서 더 많은 곳에 원서를 내고 싶다면 나머지는 대량 광고 뿌리기. top tier 완전 맞춤에는 프로그램 mission statement 반영, 프로그램의 연구 분야 언급(이건 조금 주의 요망. 연구자들은 경쟁적이어서 내거 아닌 남의 거 찬양하면 삐질 수도), 해당 지역에 대한 개인적 연결고리, 프로그램의 교육의 특이한 점 언급 등. 맞춤형이라도 나의 'statement'의 변화가 있는 건 아니고 이 statement를 해당 프로그램 독자에 맞춰 편집.

Q8. Extra-curricular activity가 필수인가요?

답변 1 work-love-play가 균형 잡힌 건강한 사람을 선호합니다.

답변 2 의사로서의 activity 말고 다른 activity하는 게 있으면 CV에 담아도 좋습니다. 혹시 오랜 기간 동안 volunteer 해오는 게 있다든지, 취미생활하던 게 있다든지, 다른 전공/직업이 있었다든지… 저는 개인적으로 교회활동으로 많은 시간 volunteer를 했었는데, 인터뷰를 다니면서 그것에 대해 물어보는 사람들이 꽤 있었던 기억이 납니다. 어떤 피부과 레지던트는 마술사로 한동안 일했었다고 해서 병원 전체 소문이 자자하게 났던 기억이 나네요. 가르치던 fellow 하나는 피겨국가대표 선수도 있었고요.

답변 3 봉사활동했던 이력은 personal statement에 쓰기도 좋고, 기본적으로 사람의 altruistic 됨됨이를 보여주는 대목이기 때문에 저는 굉장히 중요하다고 봅니다. 한 번도 봉사 이력이 없으면 그것도 참 이상한 거 같아요.

답변 4 리더십, 팀워크, 건강한 생활 패턴 등을 어필할 수 있는 기회입니다. 하지만 합격여부에는 부가적인 요소로만 작용한다고 생각합니다.

답변 5 봉사이력은 몇 번 가고 이런 것은 크게 도움이 되지 않고 장기적으로 한 활동이 의미가 있습니다. 하면서 무엇을 배웠고 역할은 뭐였고 무언가를 개선하려고 한 노력들이 이력서와 PS에 들어가고 봉사기관장의 추천서까지 일관되게 나타나면 좋겠습니다. 그 외 스트레스를 줄이기 위해 취미가 있다든지 이런 것들도 긍정적으로 평가됩니다. 너무 다양한 취미(미술동아리도 하고 음악동아리도 하고 운동동아리도 하고 글쓰기 모임도 갔고… 이런 이력서도 봤는데 뭔가를 꾸준히 못하는 사람이거나 애정 결핍이라고 생각될 지도요.)

답변 6 나열형 활동은 거의 의미가 없고 그 활동이 나의 성장에 어떻게 영향을 줬는지를 잘 풀어가면 상당한 장점이 될 수 있습니다.

답변 7 volunteerism and community service section은 지원자를 고려할 때 상당히 비중이 높은 요소입니다. 이 경험은 cv, interview, personal statement에 다 적용될 수 있습니다. 한국에서는 강조되는 부분이 아니어서 많이 쓸 것이 없을 수도 있으나 그런 경험이 있다면 당연히 강조해주는 것이 좋습니다. Volunteering or community service는 단기가 아니고 장기로, 적어도 일 년 이상의 활동이 높이 평가되나 단기도 없는 것보다는 도움이 될 수 있습니다. 이 경험으로 community 리더십도 강조될 수 있고요.

Q9. 미국 내과 희망합니다. 한국에서 인턴을 하는 건 도움이 될는지요. 한국에서 내과 레지던트도 하면 매치 확률이 올라갈까요?

답변 1 중복수련은 대참사! 수명이 줄어드니 하지 마세요. 인턴도 미국 진출을 위해 도움될까 싶어 하는 거면 하지 마세요. 한국에서 내과 하실 거면 수련 마치고 전문의 취득 후 미국에 수련 없이 오는 방법을 알아보세요.

Q10. 학회 발표나 저널 발표 이력이 도움이 된다는데, 이를 위해 메이저 병원 인턴, 전공의 하면서 교수님들 프로젝트에 참여해야 할까요?

답변 1 학회 발표는 소속이 대학병원이 아니어도 포스터 내면 거의 다 받아줘요. 몇 개의 미국 학회 포스터 심사위원 해봤는데, 큰 대규모 학회일수록 많은 사람들이 등록하고 참석하게 하는 게 목표이기 때문에 최소한의 과학적 논리의 요건만 갖췄으면 가능하면 다 accept 하라고들 합니다.

답변 2 이런 이력을 위해서라면 한국 수련은 제발 하지 마세요….

Q11. Step 3를 전공의 원서 내기 전에 보는 게 좋은가요?

답변 1 아무래도 있으면 좋죠. 그리고 전공의 전에는 해치우고 들어가는 게 마음 편합니다.

답변 2 네 그럼요. H1b 비자 받는 것이 이번 사태 이후 더 중요해졌기 때문이기도 합니다. 빨리 봐두면 7년 룰(Step 1부터 3까지 7년 안에 모두 통과해야 한다는 것)에도 안 걸리니 마음도 편합니다.

답변 3 2년차에서 3년차 진급에 필수 조건인 곳도 있습니다. 2년차는 병원에서 가장 알차게 부릴 수 있는 연차입니다. 현실적으로 공부를 할 시간을 따로 마련하는 것은 쉽지 않습니다. 2년차 일 년치 로테이션 스케줄을 보고 가장 편한 로테이션 중에 공부하고 마칠 때 즈음 휴가

내서 시험 잡을 계획을 세웠다가 계획대로 되지 않은 경우 여럿 봤습니다. 누가 갑자기 아플 수도 있고, 임산부들이 유산하는 곳에서 임신한 전공의를 빼서 대체로 들어가게 되거나 제일 힘든 곳에 가서 기능하지 못하는 애를 빼버리고 대신 투입될 수도 있고. 이렇게 시험에 떨어지고 3년차 진급을 못 하고 transfer도 못 하고 면허도 못 딴 경우도 봤습니다(3년차를 마쳐야 의사 면허가 나오는 주). 그래서 미리 해결해놓고 전공의 시작하는 것을 추천드립니다.

Q12. 인터뷰는 어떻게 준비하나요?

답변 1 1. 지원하는 프로그램에 대한 공부; 궁금한 질문 준비하기 2. 인터뷰어 교수들에 대한 공부; 대화거리 생각해가기(이걸 안 하고 오면 미국 애들은 '숙제를 안 했다'고 하죠) 3. 자소서, 이력서의 내용을 흥미로운 스토리로 풀어나갈 준비 4. 지원하는 과에 대한 기본 공부

답변 2 저는 매칭 카톡방에서 뜻 맞는 사람들끼리 모여서 스터디 카페 잡고 짝지어서 서로 연습했습니다. 자주 나오는 질문 5-6개 정도 있습니다. 그걸 위주로 연습하고요. 그것보다는 인터뷰어에게 '질문하는' 것을 연습해서 편해져야 해요. 대부분 인터뷰에서 지원자의 질문의 '날카로움과 구체성'으로 그 사람 평가를 많이 하거든요.

Q13. 미국에서 PhD를 하는 것이 전공의 지원에 도움이 될까요? 박사를 한다면 한국에서 하고 가는 게 좋을지, 미국에서 하는 게 좋을지요?

답변 1 궁극적으로 한국에서 살지 미국에서 살지에 따라 답이 다를 것

같습니다. 미국에서 살 것이면 미국에서 PhD를 하는 것이 낫고 한국에서 살 것이면 한국에서 하는 편이 나을 것 같습니다. 구체적인 답은 연구분야와 개인적인 상황에 영향을 받겠죠. 미국이 앞서나가는 분야도 있고 차이가 덜 나는 분야도 있을 것입니다.

미국에서 사는 게 목적이라면 미국에서 하는 것이 훨씬 좋습니다. PhD 프로그램들은 대부분 의대와 연계가 되어 있고, 그러면 PhD 하는 동안 관심 있는 과의 교수도 만날 수 있고 shadowing도 할 수 있고, 같이 연구도 할 수 있고, 추천서도 받을 수 있습니다. PhD mentor가 직접 소개도 할 수 있고 추천도 해줄 수 있습니다. PhD를 하는 동안 인맥을 쌓을 수 있죠.

답변 2 인턴+레지던트+전문요원=1+4+5=10년···. 이게 끝나면 미국에서 수련할 기력이 남아 있을까요···. 그리고 한국에서 박사를 하면서 한 연구가 미국에서 좋은 곳 포닥이나 기타 커리어가 열릴 만큼의 경력이 될지도 생각해보셔야 할 것 같습니다. 한국 연구실의 연구 성과를 한국에서 바라보는 가치와 미국에서 보는 가치는 매우 다른 듯합니다.

답변 3 레지던트 지원 때는 다른 조건(시험 점수 등등)이 PhD 학위가 있는 것보다 훨씬 더 크게 작용하는 것 같습니다. 펠로우십을 지원할 때는, PhD 학위가 있는 것이 레지던트 때보다는 더 많이 도움이 된다고 느꼈습니다. 나중에 교육을 끝마치고 독립된 연구자가 되고 팀을 만들고 그랜트 지원할 때, PhD 때 배웠던 경험들이 훨씬 더 중요하게 작용하는 것 같습니다. 단기적으로는 별 의미가 없겠지만, 장기적으로 보았을 때 자신의 커리어가 연구자 아니면 연구자+임상을 같이하는 것이라면, 도움이 크게 된다고 생각합니다.

답변 4 Academic 병원에 지원하는 데에는 PhD가 도움될 수 있습니다. Community hospital에 지원할 때에는 오히려 장애가 될 수도 있습니다. 제 경험으로 '이 사람은 PhD가 있으니까 연구에만 관심이 있고 임상에는 별로 관심이 없을 거야'와 같은 편견을 갖고 있는 program director도 봤습니다. PhD 공부를 하는 동안 임상 경험을 완전히 끊지 않고 shadowing이나 봉사를 하면서 조금 유지를 하는 게 좋습니다. PhD를 할 계획이면 Step 3는 레지던트 지원 직전에 보는 게 좋습니다.

답변 5 의사 면허를 따고도 연구에 관심이 있다면 도움이 많이 되겠죠. 매칭 자체만을 위해서는 비추입니다.

답변 6 유명한 석학 중 논문 검색할 때 미국, 캐나다, 서유럽, 일본 밖에서 나오는 논문은 가져오지 말라고 하신 분도 봤습니다. 한국 박사의 가치를 이런 식으로 해석할 수 있는 미국인들이 있다는 것도 현실

답변 7 환자를 진료해본 경험이 없는데 의미 있는 의학 연구의 질문을 가질 수 있을까요? 의사의 연구는 진료 현장에서 생기는 질문에 대한 답을 구해가는 과정이고 그 결과물은 다시 임상현장에 돌려줄 수 있어야 비로소 의미 있는 연구입니다 – 어린 시절 학교에서 '연구' '논문'에 대한 절박한 얘기들을 많이 듣고 'fancy'한 실험을 하고 싶어 하고 PhD를 먼저 해야 하나 고민하던 저에게 질환에 대한 근본적인 이해를 바꾸는 업적을 이루신 미국 노교수님이 해주신 말씀.

Q14. 영주권이 있어 비자문제가 해결되면 매칭 시 많이 유리한가요?

답변 1 아주 많이 유리합니다. 원서에도 반드시 드러나게 하세요. 비자를 해줘야 하면 원서 단계에서 걸러지는 경우도 많습니다. H1b의 경우 병원에서도 돈이 많이 들고, J1의 경우 대학에서 서류 좀 해주는 거 외에 딱히 어려운 점도 없긴 하지만 J1의 경우 거주지/근무지에서 반경 얼마 이상을 벗어나면 대학에 신고하게 되어 있고 이걸 관리하게 되어 있어서 귀찮고 괜한 위험을 관리한다고 생각하기도 합니다.
답변 2 선택의 폭이 넓고, 유리합니다.
답변 3 미국인 IMG와 동급이 되는 거죠.

Q15. 휴학 혹은 사직한 지금 시점에서 무엇을 해야 할까요?
답변 1 이력에 남길 수 있는 걸 하고 있는 것도 좋아요. 책도 많이 보고 논문도 뒤져 읽고 그러면서 내 가슴이 떨리는 걸 찾는 것도 좋고요. 이 시기에 영어 공부를 하라는 의견도 있어요. 저는 의약분업 파업 때 태권도 시작해서 파업 끝날 때 유단자 되었어요. 우리나라에는 유단자가 많지만 미국 애들은 black belt면 대단한 줄 알더라고요. 책도 많이 봤고요. 지금의 저라면 책 보고 운동하고 혼자만의 시간을 충분히 즐길 것 같아요.
답변 2 영어 공부는 기본입니다. 당장 새벽반 학원부터 등록하시고 듣기 공부, 회화 공부 시작하십시오. 아무리 준비를 많이 하고 와도 일단 미국에 오면 벽에 부딪힙니다. 최근에 학문 간 융합하려는 흐름이 생기면서 의대 졸업생이면서 다른 전공을 가지고 있는 사람도 흥미롭게 봅니다. 혹시 시간이 되시면 의학이 아닌 다른 분야의 석사를 하는 것도 고려해보세요. 한국에서 하셔도 좋고 미국에서 하셔도 좋고요.

답변 3 영어 회화 공부(e.g., ToastMaster 모임, Language Exchange), 영어 시험공부는 도움 안 됩니다. 예과생이나 본과 초반이면 연구실에 affiliate 돼서 성과를 내보는 것도 좋습니다.

답변 4 '지금'이라는 기간이 얼마나 지속될지 알 수 없는 것이 큰 문제이지만, 어느 정도 기간을 예상하고, 그 기간 동안 무엇을 할까, 라고 생각하는 것이 좋을 것 같습니다. 예를 들어, 내년 2월까지, 6개월 동안에 무엇을 할까 하는 것은, 앞으로 3-5년을 무엇을 할까, 그 후에는 무엇을 할까 하는 것과 다른 질문이고, 다르게 접근해야 할 것 같습니다. 6개월 정도의 시간이 있다고 한다면, 저는 막연하게, 본인이 하고 싶었지만 하지 못했던 것들을 해보시라고 하고 싶습니다. 그보다 장기간의 계획에 대해서 고민하고, 6개월을 준비 기간이라고 생각한다면, 미리 간접 경험을 해보는 것을 권합니다. 미국에서 전공의를 하고, 미국에서 생활하는 것이 중장기 계획이라면, 한 달 정도라도 직접 방문해서 문화 차이를 느끼고, 생활방식을 약간이라도 경험해보시면 좋겠습니다. 개개인마다 느끼는 차이가 클 것입니다.

클럭십, 옵저버십

Q1. 미국 진출을 위해 미국 병원에서의 경험이 얼마나 중요한지 만약 중요하다면 어떤 방식으로 이런 경험을 마련할 수 있는지 궁금합니다. 레지던트 매칭 과정에서 미국 병원에서의 경험이 있는 게 좋다는 정보를 들은 적이 있는데, 한국에서 의대를 다니는 학생이 어떻게 미국 병원에서의 클럭십/옵저버십 등을 경험할 수 있는지도 알고 싶습니다!

본과 4학년 일렉티브 기간 동안 경험한 것만으로도 충분한지, 추가적으로 본인이 더 찾아보고 지원해서 해놓는 게 좋은지, 아니면 아예 미국 병원 경험이 없더라도 괜찮은지 등이 궁금합니다.

답변 1 학생 클럭십은 적극 추천합니다! 이것은 신뢰도 높은 정식 교육과정. 특히 좋은 대학병원에서 하시는 것을 추천합니다. 재학 중인 의대에 목 빼고 기다리지 말고, 직접 적극적으로 가고 싶은 곳에 연락해서 알아보세요. 행정절차는 그 뒤에 어떻게든 하면 됩니다. 의료와 교육을 비교 경험하고 시야를 확장하세요. 그리고 여기서 좋은 멘토를 만나면 귀국해서도 remote mentorship을 받고 네트워크를 유지하세요. 미국이 아니어도 좋습니다. 국제 경험 자체가 국내 경험만 있는 것보다는 좋습니다.

졸업 후 옵저버십에 대해선 매우 회의적입니다. 이런 건 크게 도움이 안 되는 것 같아요. 이런 거 할 시간에 지원서 패키지를 더 잘 쓰는 게 더 ROI(Return On Investment, 투자수익률)가 높을 것 같아요.

답변 2 저도 몇 주간의 observationship은 거의 의미가 없다고 생각이 드네요. 제가 Program director라도 그런 observation 해서 받은 추천장은 중요하게 보지 않을 것 같습니다

답변 3 미국 경험이 3개월 정도 있으면 좋겠습니다. 1-2개월도 없는 것보단 낫습니다. 완전히 의료 경험이 없으면 프로그램 입장에서 과연 이 사람을 뽑아도 적응을 바로 할지 의문을 품게 되어 있어요. 그런 Risk를 감내할 다른 강점이 있다면 또 모르겠지만요. 저는 개인적으로

일렉티브 기간 경험＋미국 연구자와의 연구 경험으로 매칭 지원했는데 매치되었습니다. 요즘은 더 경쟁이 치열해져서 이 정도로는 안 될 거 같아요. 반드시 미국 병원 경험을 해야 합니다.

답변 4 최근 IMG에게 USCE와 미국 의사 추천서 패키지를 제공하는 비즈니스 모델들이 증가하고 있습니다. 이러한 상업적 모델에 대해 법적, 윤리적, 환자 케어의 측면에서 우려되는 점들이 많이 제기되고 있습니다. 우선, 환자들이 자신의 진료 과정에 외국인 의사가 관찰하는 것이 알선 업체의 금전적 이득과 연결되어 있다는 사실을 인지하고 있는지에 대한 의문이 있습니다. 환자 동의서는 제대로 받았는지, HIPAA와 개인정보보호 규정은 올바르게 준수되고 있는지에 대한 의문도 있습니다. 더 중요한 문제는 옵저버십 대상자 관리에 대해 수당이나 인센티브를 받는 의사가 작성하는 추천서의 객관성입니다. 금전적 이득이 개입된 상황에서 작성된 추천서는 그 진정성과 신뢰성에 의문을 가질 수밖에 없습니다. 실제로 이런 상업적 모델에 대해 인지하고 있는 프로그램 디렉터들은 이러한 경험과 추천서 모두를 회의적인 시각으로 본다고 합니다. 미국이 넓어서 모든 곳에서 이러한 실태를 파악하지 못할 수도 있지만, 제대로 된 교육 병원이라면 정확히 인지하지 못하더라도 의문을 가질 만한 상황들이 충분히 있습니다. '어디서 이상한 것만 보고 배웠을' 것 같은 인상을 주는 것은 스스로의 가치를 떨어뜨릴 수 있습니다.

Q2. 한 사람과 안 한 사람이 매치 확률이 다를까요?

답변 1 옵저버십 하면서 좋은 추천서를 받기가 어렵고 레지던트 심사 때 보면 generic한 추천서가 대부분입니다. 이런 경우에는 큰 도움이 되지 않습니다. 개인적으로 강한 인상을 남겨서 좋은 추천서를 받을 수 있다면 도움이 될 수 있습니다.

답변 2 다른 분들 답변처럼, 옵저버십 자체보다는 옵저버십을 허락하게 해준 기관의 임상의가 작성해주는 추천서가 중요합니다.

답변 3 저는 개인적으로 옵저버십이 아무런 의미가 없다고 생각합니다.

답변 4 전공의 지원 패키지를 전략적으로 구성하는 데 있어서 이게 필요한지, 왜 필요한지를 고민해보시기 바랍니다. 전략적으로 필요한 것을 갖추기에도 시간이 부족할 텐데요. 선택과 집중을 하시길 권합니다. 지원 패키지는 전체적으로 보는 것이지 스펙 체크리스트를 확인하지는 않습니다.

답변 5 옵저버십은 그냥 관찰 경험으로, 많은 레지던시 프로그램에서 진정한 USCE로 인정하지 않습니다. 현재 IMG를 위한 대부분의 USCE는 유료 옵저버십/externship 형태로 여러 문제점을 가지고 있습니다.

전문의 이후 이민에 대해

Q. "졸업한 지 오래되었고 현재 의대 교수인데, 미국에 이주하는 가장 좋은 트랙은 무엇일지요?(일단 어느 경우든 USMLE는 필요할 것 같아서 진행 중입니다.)"

답변 1 어떤 일을 하고 계신가에 따라 다양한 것 같습니다. 수술 잘하는 분들은 예전부터 그냥 스카우트돼서 해결이 되는 경우들도 있다고 들었고, 연구교수로 가는 사례도 늘었습니다.

답변 2 미국에서도 교수를 하고 싶으면 국제학회를 통해서 Alternative pathway를 지원하는 대학병원 잡을 알아보는 것이 좋습니다. 그것이 아니라면 역시 전공의 매칭부터 시작하는 것이 정도입니다.

답변 3 국제학회에서 쌓은 인맥을 통해서 원하시는 병원에서 1년 visiting scholar를 하시면서 인정받아, 그 병원에서 남으라고 붙잡는 경우가 가장 쉬운(?) 트랙일 것 같습니다.

답변 4 1. 영주권 확보, 2. visiting scholar, 학회 활동을 통한 network 구축, 3. 인맥을 통한 faculty position, 4. clinical position 희망 시에는 USMLE 언젠가 필요.

도미 이유

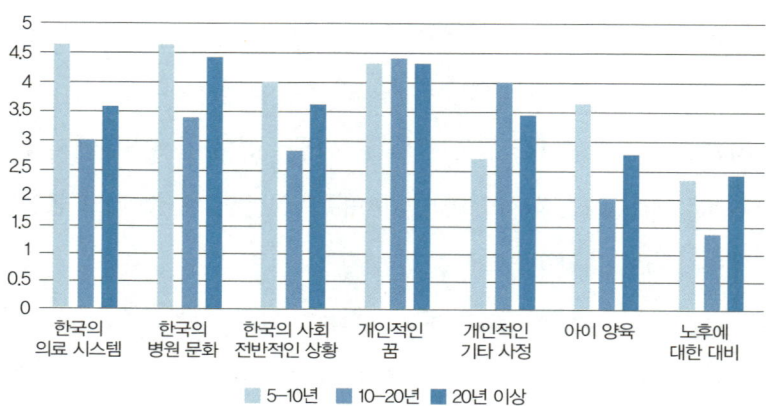

도미에 영향을 끼친 각각의 이유에 대해 매우 중요=5, 비교적 중요=4, 조금 중요=3, 그다지 영향을 미치지 않음=2, 전혀 영향을 미치지 않음=1로 이민 기간 그룹별 평균치 표시

미국 이민 계기

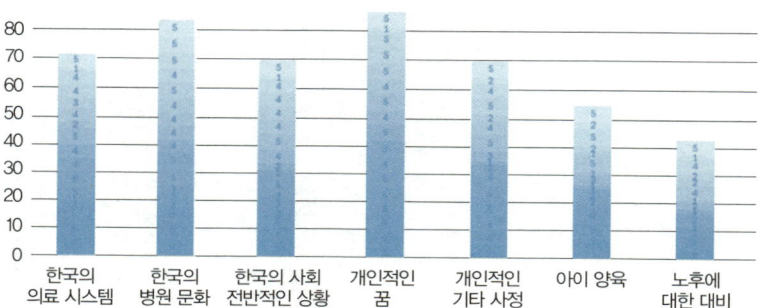

미국 이민 만족도

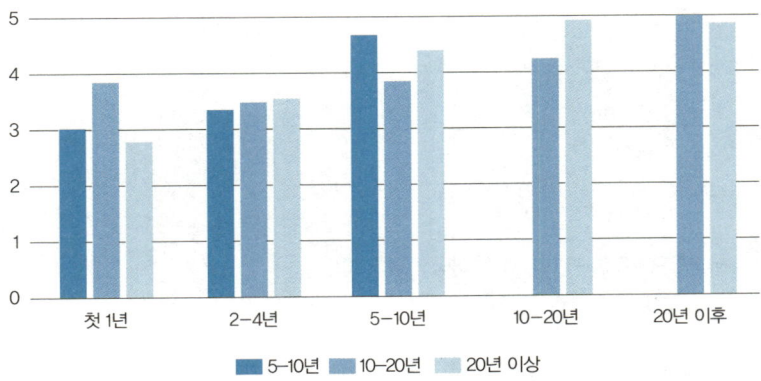

미국 이민 만족도에 대해 매우 만족=5, 비교적 만족=4, 조금 혼란스럽거나 어려웠음=3, 좀 많이 어려웠음=2, 왜 왔는지 후회=1로 이민 기간 그룹별 평균치 표시.

미국 교육, 임상, 연구 환경 만족도

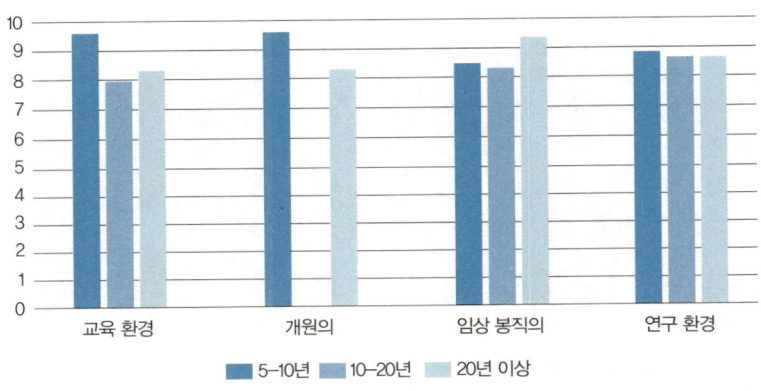

0-10점 numeric rating scale에서 각 환경에 대한 만족도(한국을 5점으로 기준을 잡았을 때)

USMLE부터 매칭까지 한국 의사 미국 진출 가이드
할 수 있다, 미국 의사

초판 1쇄 발행 | 2025년 8월 12일

지은이 | 염선영 외
펴낸이 | 이성수
주간 | 김미성
편집장 | 황영선
디자인 | 여혜영
마케팅 | 김현관
펴낸곳 | 올림
주소 | 서울시 양천구 목동서로 38, 131-305
등록 | 2000년 3월 30일 제2021-000037호(구:제20-183호)
전화 | 02-720-3131 | 팩스 | 02-6499-0898
이메일 | pom4u@naver.com
홈페이지 | http://cafe.naver.com/ollimbooks

ISBN 979-11-6262-065-6 (13510)

※ 이 책은 올림이 저작권자와의 계약에 따라 발행한 것이므로 본사의 허락 없이는
  어떠한 형태나 수단으로도 이 책의 내용을 이용하지 못합니다.
※ 잘못된 책은 구입하신 서점에서 바꿔드립니다.

책값은 뒤표지에 있습니다.